피르케이 아보트

지혜자의 삶의 원리—토라는 무엇을 가르치는가?

VOLUME 2

피르케이 아보트
지혜자의 삶의 원리 - 토라는 무엇을 가르치는가?
RAV LAU ON PIRKEI AVOS

초판 1쇄 인쇄 2018년 7월 26일
초판 1쇄 발행 2018년 8월 3일

지은이 MEIR LAU
옮긴이 하임 편집부
펴낸이 김정희

펴낸곳 하임(the 하임)
등록일 2017년 9월 14일
등록번호 816-91-00330
주소 서울시 마포구 성암로5길 12 101동 1301호
전화 02-307-1007
팩스 02-307-1009
이메일 chaim1007@hanmail.net

디자인 하연디자인

ISBN 979-11-962203-7-2 94230
ISBN 979-11-962203-3-4 94230(세트 전 6권)

* 책 값은 뒤표지에 있습니다.
* 잘못된 책은 교환하여 드립니다.

이 책의 한국어판 저작권은 역자를 통하여 MESORAH와 독점 계약한 하임(THE 하임) 출판사에 있습니다. 신 저작권법에 의해 국내에서 보호를 받는 저작물이므로 무단 전재와 무단복제를 금합니다.

RABBI YISRAEL MEIR LAU

피르케이
지혜자의 삶의 원리-토라는 무엇을 가르치는가?

VOLUME 2 아보트

A COMPREHENSIVE COMMENTARY ON
ETHICS OF THE FATHERS

하임
THE BOOKS

목차

원전 출판사 서문 • 8
저자 서문 • 11
한글 출판사 서문 • 18
감사의 글 • 21

서문 왜 『아보트』로 불리는가? • 24

프롤로그 …………………………………………… 35
미쉬나 1절 …………………………………………… 37
미쉬나 2절 …………………………………………… 51
미쉬나 3절 …………………………………………… 63
미쉬나 4절 …………………………………………… 71
미쉬나 5절 …………………………………………… 81
미쉬나 6절 …………………………………………… 101
미쉬나 7절 …………………………………………… 115
미쉬나 8절 …………………………………………… 121
미쉬나 9절 …………………………………………… 141
미쉬나 10절 ………………………………………… 157
미쉬나 11절 ………………………………………… 161

미쉬나 12절 ………………………………… 179
미쉬나 13절 ………………………………… 185
미쉬나 14절 ………………………………… 199
미쉬나 15절 ………………………………… 207
미쉬나 16절 ………………………………… 227
미쉬나 17절 ………………………………… 235
미쉬나 18절 ………………………………… 243
미쉬나 19절 ………………………………… 255
미쉬나 20절 ………………………………… 265
미쉬나 21절 ………………………………… 275
에필로그 …………………………………… 283

본서는 저명한 작가이며 랍비 의장인 '이스라엘 메이르 라우'(Yisrael Meir Lau,)(שליט״א)의 이름으로 영예롭게 바쳐졌다.

'가온의 랍비 이쯔호크 후트너'(Gaon Rabbi Yitzchok Hutner)(זצ״ל)는 공동체의 랍비를 높은 곳에 걸려있는 마을의 시계에 비유하길 좋아했다. 그것은 반드시 손이 닿지 않은 높은 곳에 있어야 했는데, 그래야 모두가 볼 수 있고, 누군가가 자신이 편하도록 시간을 바꿀 수 없기 때문이다. 바꿀 수 있는 시계는 시계가 아니다. 그것은 모두의 노리갯감이 될 뿐이다.

이스라엘의 랍비는 그런 사람이다.
그는 우리의 시계이고 그의 태엽은 토라이다.
그는 지속적이고, 정직하며,
우리의 영원한 유물인 토라와 할라하에 신실하다.

이는 수십 년간 나의 성실한 친구가 되어준 랍비 의장 라우를 가리킨다. 그의 토라에 관한 폭넓은 지식, 명쾌하고 설득력 있는 표현, 그리고 따뜻하고 관대한 마음은 그를 우리 민족과 세계에서 가장 으뜸가는 토라의 대표자로 만들었다.

여호와 하나님의 은혜로 우리가 그의 지혜와 우정 아래 더욱 보람된

날들을 보낼 수 있길 바라며, 건강하고 풍성한 열매를 맺는 나날이 될 수 있도록 레베친(Rebetzin)(מלכ״א)과 함께 계속해서 여호와 하나님의 공동체를 이끌어 가길 바란다.

쯔비(Zvi)와 '베티 리쯔만'(Betty Ryzman), 그리고 가족

원전 출판사 서문

랍비 이스라엘 메이르 라우의 주석이 포함되어 있는 '피르케이 아보트'(Pirkei Avos)를 세상에 내놓게 되어 영광스럽게 생각한다. 랍비 라우는 느타니아(Netania)의 랍비 의장, '텔 아비브'(Tel Aviv)의 랍비 의장, 그리고 이스라엘의 랍비 의장 등 다양한 경력의 소유자다. 그의 다양한 경력 중에서 중요한 역할은 그가 수많은 유대인들과 토라의 삶의 방식을 조금 이해하거나 혹은 전혀 알지 못하는 비유대인들을 위한 유대교의 얼굴이 되었다는 것이다.

이 일은 그가 랍비로 활동을 시작하던 초창기에 피르케이 아보트를 장별로 가르치면서 시작되었다. 그의 가르침들은 놀랍도록 인기가 있었으며, 가르침들을 계속해서 확장시켰다. 많은 사람들이 그의 교훈을 글로 써 달라고 요청했지만, 그는 영적인 지도자로서 그의 민족을 이끌고, 율법사(posek)와 민족 그리고 세계를 위한 대변인으로서 너무 바빴기에 그 요청을 받아들일 수가 없었다. 마침내 그의 마음에 여유가 생겼고, 그는 많은 시간과 노력을 들여 야헬 이스라엘(Yachel Yisrael)이라는 이름으로 이 주석의 히브리어 버전을 출판하였다.

이 책은 그 내용이 매우 훌륭했기 때문에 모든 나라에서 좋은 인정을 받았다. 그의 다른 재능들에 더하여, 랍비 라우는 여러 종류의 원 자료들(탈무드, 미드라쉬, 고전 주석가들, 하시두스(Chassidus)와 무사르(Mussar)의 문학, 그리고 그 자신이 최고로 높은 랍비 직위에서 겪은 삶의 경험 등)을 모아 집대성할 수 있는 특별한 재능을 가진 최고의 스승(Master teacher)이었다. 완성된 작품은 훌륭했으며, 영어 버전은 히브리어 버전과 같이 열렬한 환영을 받고 높이 평가될 것이다.

우리는 랍비 라우를 우리에게 소개시켜 주고, 그가 히브리어 버전을 출판할 수 있도록 힘을 더해주며, 그것을 영어권 사람들을 위하여 번역하고 적용하는 것을 가능하게 해준 로스 엔젤레스의 랍비 쯔비 라이쯔만(Zvi Ryzman)에게 감사한다. 그와 랍비 라우는 몇 십년간 가까운 친구였다. 레브 쯔비카(Reb Zvika)와 라이쯔먼 부인은 이 책과 여러 아트스크롤(ArtScroll)들을 헌정하였다. 레브 쯔비카는 뛰어난 학자(Talmid Chacham)였으며, 할라하(Halacha), 아가다(Aggadah) 그리고 여러 독창적인 사상(original thought)의 책들을 저술했다.

랍비 라우의 6권으로 된 히브리어 도서를 3권의 영어 번역본으로 정리하는 작업은 매우 어려운 일이었다. 그럼에도 불구하고 성공적인 결과를 가져오게 된 것은 '야아코브 도비드 슐만'(Yaacov Dovid Shulman)의 공로이며, 그는 이 책을 세련되고 성공적인 책으로 완성하였다. 이 책은 그가 아트스크롤의 저자로서 처음으로 모습을 드러낸 것이다(물론 이것이 마지막은 아닐 것이다).

우리의 존경받는 친구 레브 셰아 브랜더(Reb Sheah Brender)는 자신의 뛰어난 능력과 흠 잡을 데 없는 감각으로 이 책을 디자인했다.

    이 책을 만들기 위해 노력한 친구들에게 감사의 마음을 전한다. 이들에 대해서는 이 책의 원 저자도 동일하게 감사하는 마음을 전해 주었다.

    현재 이 3권의 시리즈의 그 다음 책을 진행 중에 있다. 완성이 된다면 피르케이 아보트에 대한 대표적인 주석이자 명저로 인정받을 것이라 의심치 않는다.

랍비 '메이르 즐로토위츠'(Meir Zlotowitz) /
랍비 '노쏜 쉐르만'(Nosson Scherman)

Sivan 5766 / June 2006

저자 서문

הַאי מַאן דְּבָעֵי לְמֶהֱוֵי חֲסִידָא – 사람이 참으로 신실하고 경건하게 되기 위해서는 어떻게 해야 하는 것일까? 탈무드는 '불법행위에 대한 율법과 축복에 대한 율법, 그리고 피르케이 아보트의 가르침들에 주의해야 한다'는 세 가지 방안을 제시한다(Bava Kamma 30a).

주석가들은 현인들이 말하는 이 세 가지 접근 방법이 사람이 인간 존재 자체로서의 완벽함에 가까워지는 것을 가르친다고 설명한다.

불법행위의 율법에 대한 적극적인 지지는 한 사람이 다른 사람에게 어떻게 연결되고 공감할 수 있는지에 대해 가르쳐준다. 축복의 율법은 사람이 하나님과 조화를 이룰 수 있도록 돕는다. 아보트의 가르침은 사람의 성격과 인격을 완벽하게 하며, 자기 자신을 돌아볼 수 있도록 한다.

내가 랍비로 활동했던 지난 40여 년 동안 피르케이 아보트를 설명하고, 연구하고, 가르치도록 도와준 '하셈 이스바라흐'(Hashem Yisbarach)에게 감사를 전한다. 15년 전, 미국의 '모세 골드슈미트'(Moshe Goldschmidt)가 나의 강의들을 녹음하도록 권했다. 그는 녹음과 출판에 필요한 자금을 지원해 주었으며, 그 녹음 테이프들은 이 책들의 기초 자료가 되었다.

토라에는 수많은 보물과 같은 내용들이 있지만, 그 어떤 것들보다 피르케이 아보트에 관심을 갖게된 계기는 무엇이었을까? 이 책을 연구하는 '야헬 이스라엘'(Yachel Yisrael)은 이 책이 내가 랍비로 활동하고 있었던 40년 동안 그러했듯이 '슐한 아루크'(Shulchan Aruch)[1]의 네 가지 항목과 연관이 있다는 것을 알 것이다. 하지만 탈무드와 할라하의 전체 범위를 다루어야만 할 책임이 있음에도 불구하고 아보트의 가르침에 대해 특별한 친밀감을 느꼈다. 그 이유는 무엇인가?

의심할 바 없이 그 뿌리는 예시바(Yeshivah)[2] 경험에 있다. 무사르 운동[3]의 창설자인 랍비 '이스라엘 살란테르'(Yisrael Salanter) 이후 예시바의 교육과정에는 무사르의 연구(윤리적이고 독실한 행동의 고전작과 토라의 관점[Hashkafah])를 하루에 30분씩, 엘룰(Elul)부터 대속죄일(Yom kippur)까지 45분씩 하는 것이 포함되어 있었다. 추가로 학생들은 그들의 마쉬기아흐(mashgiach, 지도자)로부터 무사르 강의를 듣고 그와 함께 그룹 토론에 참여했다. 어린 시절 이후로 나는 무사르의 고전들과 하시드 사상에 노출되어 있었다. 그 둘은 내 안에 하나님과 토라, 그리고 이스라엘에 대한 사랑의 불꽃을 지펴주었고, 그런 사상의 원천에 다가가고 싶은 열망과 아보트의 연구와 사색에 관여할 지속적인 열정을 일으켰다.

---

[1] 슐한 아루크는 유대인들의 권위 있는 법전으로 랍비 요세프 카로와 모세 이싸르레스가 1500년에 완성했다. 이것은 다음의 4가지 항으로 분류된다.
   1. 오라흐 하임(매일의 행동, 기도들, 안식일, 축제 등을 다룸)
   2. 요레 데이아(음식에 대한 금기와 다른 문제들을 다룸)
   3. 에벤 하에이쩨르(개인적인 일과 가정의 문제를 다룸)
   4. 호쉔 미쉬트(민사와 행정을 다룸)
[2] 종교 교육 외에 보통 교육도 하는 유대교의 초등학교와 탈무드 교육과 연구를 하는 유대교 대학교를 일컫는 용어이다.
[3] 무사르 운동은 19세기에 리투아니아에서 시작됐다. 이 운동은 도덕과 관련된 것에 중점을 두고 도덕적인 자기 개선을 학생들에게 가르쳤다.

아보트의 가르침 가운데 하나는 'לֹא הַמִּדְרָשׁ הָעִקָּר אֶלָּא הַמַּעֲשֶׂה', '연구보다 실행이 중요하다'(1:17)라고 한다. 이 문구는 이 책에 계속 등장하는 구절이다. 단어들이나 책은 개인적인 사례와 실제 행위만큼 사람에게 영향을 줄 수 없다.

'הוּא הָיָה אוֹמֵר'라는 문구는 아보트 안에 반복적으로 나타나는데, 그 의미는 '그가 이르기를'이다. 물론 이 의미가 틀림없으나, 주석가들은 더 깊은 의미를 찾았다. 예를 들면, 본질적인 것이라고 할 수 있는 현자의 인격은 그의 가르침을 나타낸다는 것이다. 또한 그가 설교한 것은 그가 행한 것이다. 즉, 그의 가르침은 내면의 반사이다. 그는 다른 사람들을 교정시키려 하기 전에 먼저 자기 자신을 완성해야 한다. 마찬가지로, 내가 아보트를 이해하고 가르치려 할 때, 연구하고 있었던 무사르와 하시드 작품들뿐만 아니라, 내가 알게 되고 가르침을 받으며 내 삶에 있어서 그들의 발걸음을 따라 걷고자 하게 했던 위대한 사람들에 대해서도 집중했다.

내가 연구할 기회를 가졌던 세 곳의 예시바 학교의 위대한 지도자들(Mashgichim)에게도 특별히 감사의 마음을 전하고 싶다. 첫 번째로 예시바 콜 토라(Yashiva Kol Torah)의 지도자였던 랍비 '게달리아 에이즈먼 슐리타'(Gedaliah Eiseman shlit"a)는 학생들을 50년 이상 가르쳤으며, 내가 성인식(bar-mitzvah)을 치를 나이가 되었을 때, 그와의 첫 만남 이후 그의 어록들과 인격은 내 안에 남아있다. 그의 정신은 그에게 가르침 받은 사람의 마음속에 새겨져 있다. 그는 전문적인 교사이자 심리학자로서 모든 학생의 욕구와 잠재성을 이해할 수 있는 특별한 능력을 가지고 있었다. 그는 토라 안의 위대함과 현인들의 숭고한 사상을 분석하고 설명할 수 있는 능력을 겸비하였으며, 아보트의 가르침을 실현하고자 하는 계획을 구체화했다.

나는 콜 토라에서 '크네세트 치즈키야후'(Knesset Chizkiyahu)에 있는 예시바로 갔으며, 그곳에서 동시대에 무사르의 거장이었던 랍비 '엘리야후 로피안 즈트즐'(Eliyahu Lopian ztzl) 아래에서 배우게 되었다. 신학교의 창설자인 랍비 '노아흐 쉬마노비쯔'(Noach Shimanowitz)가 '하존 이쉬'(Chazon Ish)에게 가서 예시바의 의무를 혼자 짊어질 수 없을 것 같다고 슬픈 기색으로 말했을 때, 하존 이쉬는 랍비 엘리야가 그의 런던에서의 직위에서 은퇴하여 예루살렘에서 토라를 연구하며 여생을 보내기로 했다는 사실을 말해 주었다.

하존 이쉬는 "너의 걱정을 모두 해소할 수 있는 조언이 있다. 레브 엘리야에게 예시바의 마쉬기아흐가 되도록 설득하면 학교가 번영하게 될 것이다. 그에게 내가 제안했다고 전해라"라고 하였다. 레브 엘리야는 하존 이쉬로부터 개인적인 부탁을 받은 이후에야 예시바의 마쉬기아흐가 되라는 제안을 받아들였고, 그 이후 예시바는 발전하였다.

하존 이쉬는 자신이 사는 동안 무사르의 세 가지 위대한 인격을 구체화했다고 한다. 포니베흐(Ponivech)의 지도자인 랍비 '엘리야후 엘리에제르 데슬러'(Eliyahu Eliezer Dessler)의 신념이 그의 마음속에 떠올랐다. 또한 레브 엘리야의 신념이 그의 마음속에, 그리고 랍비 '예헤즈켈 레벤스타인'(Yechezkel Levenstein)의 신념은 마치 손 위에 올려놓은 듯 뚜렷이 눈에 보일 정도였다.

랍비 '슐로모 잘만 아우르바흐'(Shlomo Zalman Auerbach)는 "우리는 모두

하존 이쉬의 발 아래 먼지와 같으며, 그는 누군가의 증언이 필요치 않은 사람이다"라고 하였다. 그럼에도 불구하고 나는 세 명의 무사르 거장들의 인격이 그를 형성하고 있었다는 것을 말할 수 있다.

랍비 데슬러를 개인적으로 알지는 못했으나 그의 '미흐타브 메엘리야후'(Michtav MeEliyahu)를 연구한 사람이나, 그의 가까운 제자들, 예를 들어 랍비 '하임 프리에드랜더'(Chaim Friedlander) 같은 제자는 그가 제시한 예리한 분석과 신앙의 기초에 대한 깊은 통찰을 보고 놀라지 않을 수 없었다.

레브 '엘리야 로피안'(Elyah Lopian)은 조금 달랐다. 그는 대단한 수사학적 능력이 있어서 90살이 넘었을 때에도 그의 연설을 듣는 사람들의 마음을 움직일 수 있었다.

랍비 데슬러가 사람의 몸과 영혼이 합쳐진 것이라 증명했다면, 레브 엘리야는 우리의 육체적인 특성이 우리의 하나님이 내려주신 영혼을 짓밟게 놔두어서는 안 된다고 열변을 토해냈다. 그의 말은 지금도 내 귀에 울리고 있다. 하존 이쉬와 랍비 '이쎄르 잘만 멜체르'(Isser Zalman Meltzer)가 보네베즈 예시바를 양도했다는 것에 대한 찬사 역시 50년 뒤인 지금도 내 안에 남아있다. 그가 하이파(Haifa)[4]에서 전한 담론에 대한 인상은 너무 대단하여 네 명의 키부츠(Kibbutz)회원이 매주 안식일(Shabbos)이 끝날 때마다 그를 방문했다. 아보트에 있는 모든 미쉬나를 볼 때, 미쉬나를 예증한 한 남자를 떠올리면 가슴이 따뜻해지고, 그의 카리스마 있는 인격, 그리고 하나님과 그의 친구들과의 관계를 떠올리게 된다.

---

4 이스라엘 북서부의 항구도시

내가 아직 콜 토라에서 배우고 있을 때, 예루살렘의 미레르(Mirrer) 예시바의 지도자는 랍비 '예헤즈켈 레벤스타인'(Yechezkel Levenstein)이었다. 그는 매주 금요일 마아리브(Maariv) 전에 무사르 강연을 하곤 했고, 우리의 지도자 레브 게달리아(Gedaliah)도 참석하곤 했으며, 그의 모범을 본받아 나 또한 그러했다. 내 히브리어 실력은 그렇게 좋은 편이 아니었다. 그래서 모든 것을 이해하는 것이 어려웠지만, 레브 게달리아의 집중하는 모습을 보면서 듣는 방법을 배웠다. 나는 그에게서 미쉬나의 지침인 '현인들의 발 밑에 앉아 그들의 말을 목마른 듯 마셔라'(1:4)를 이해했다.

그의 담론 가운데 하나를 듣던 중에, 하존 이쉬가 레브 하스켈(Chaskel)을 묘사할 때, 그의 신념이 그의 손에 있다고 표현한 것이 정확했다고 이해할 수 있었다. 그가 자신의 생각을 표현하기에 적절한 용어를 찾기 위해 멈추어 "영혼은 …, 영혼은 …"이라고 되풀이 했을 때, 어두운 방은 정적이 흐르고 램프의 불만이 방안을 밝히고 있었다. 그는 용어를 선택할 때 언제나 신중했으며, 조금은 더듬기도 했다. 갑자기 그는 눈을 열고 램프를 바라보았다. 그는 생각을 정했다! 그는 "영혼은 몸의 어두움을 밝히는 램프이다"라고 말했다. 그가 어둠과 빛 사이의 차이를 보았을 때 그는 몸과 영혼 사이의 차이점을 표현할 단어를 찾아낸 것이다. 그리고 그가 말했을 때, 그의 신념은 눈에 보였고, 명백했으며, 마치 그가 뻗은 손 안에 들고 있는 것 같았다.

'가돌 하도르'(Gadol Hador)가 표현했듯이, 랍비 데슬러는 '영혼', 랍비 로피안은 '마음', 랍비 레벤스타인은 '신념'을 구현한 인물들이었다. 레브 게달리아의 영향은 이 무사르의 세 장르를 이해하는데 통로를 만들어주었다.

אֲרוֹמִמְךָ ה' כִּי דִלִּיתָנִי, '여호와 내 하나님이여 내가 주께 부르짖으매 나를 고치셨나이다'(시편 30:2). 나의 개인적인 단계들을 하나하나 거쳐갈 때마다 - 남·북 텔아비브, 네타니아(Netaniah), 텔아비브 야포(Jaffo), 랍비 의장(Chief Rabbinate) - 나는 하나님께 "창조주시여, 내가 당신의 유산을 이해하여 전할 수 있도록 도와주소서"라고 기도했다. 나는 내가 걸어가는 길의 모든 단계에서 이 일을 할 수 있는 최고의 방법은 피르케이 아보트를 통하는 것이라고 믿었다. 나는 지금도 이 책이 하나님에 대한 사람들의 신념과 하나님과 인간과의 관계를 발전시켜 줄 수단이 될 것이라고 믿는다. 현인들이 토라의 빛이 사람들을 회개시킬 것이라 말할 때, 그들이 본질적으로 피르케이 아보트의 빛도 함께 명시한 것이라고 나는 의심치 않는다. 선생들과 학생들이 이 책을 사용하여 지혜를 배우고, '지혜의 시작은 하나님에 대한 두려움'이라는 것을 알아주는 것이 내가 기대하는 보상이다.

한글 출판사 서문

독자들에게

하나님의 한량없는 은혜로 우리나라 독자들에게 귀한 책을 소개할 수 있는 기회를 주신 하나님께 감사드립니다. 우리 출판사가 독자들에게 소개하려는 책은 구전 토라 63권의 책 가운데 한 권으로, 유대인 선조가 후손들에게 들려주는 삶의 지혜서입니다.

전 세계에 디아스포라로 흩어져 살고 있는 유대인들은 그들이 어느 나라에 살고 있든지 모든 가정에서 자녀들에게 이 책을 가르치고 있습니다. 책 제목은 '피르케이 아보트'이며 5장의 본문과 1장의 부록으로 구성되어 모두 6장으로 이루어진 책입니다.

이 도서에 관심을 가지게 된 것은 CBS TV 덕분입니다. CBS TV에서 '변순복의 탈무드 여행'이라는 이름으로 2005년부터 3년여 동안 주 2회의 본방송과 주 2회의 재방송을 방영하는 것을 통하여 귀한 도서를 알게 되었습니다. 212회에 걸쳐 방송된 '변순복의 탈무드여행' 프로그램을 매주 시청하고 함께 나누는 시간을 가졌습니다. 또한 그 때 방송 교재로 도서출판 정금에서 최초로 출판한 '피르케이 아보트' 히브리어 한글 대역본을 만나게 되었습니다.

그 이후 우리 출판사 편집위원들은 탈무드에듀아카데미가 주최하는 토라연구반을 알게 되어 매주 '성문토라'와 '구전토라' 가운데 한 권인 '피르케이 아보트'를 공부하는 즐거움을 누리고 있습니다. 매주 공부 시간에 만나는 선생님은 한국인으로서는 유일하게 랍비대학원에서 '토라'를 연구한 백석대학교 변순복 교수입니다. 또한 변순복 교수는 탈무드에듀아카데미의 성경 앤 탈무드 연구소 소장으로 봉사하고 있습니다.

변순복 교수가 CBS TV '변순복의 탈무드여행' 방송교재로 편집하여 출판한 피르케이 아보트는 미쉬나 본문과 미쉬나 한글번역을 대역으로 편집하고 약간의 해설을 첨가하였습니다. 이처럼 CBS TV 방송교재로 출판된 도서 '피르케이 아보트'는 2006년 2월 13일 초판을 발행한 이후 도서출판 탈무드에듀아카데미로 출판사를 옮겨 탈무드 공부의 가장 기초적인 교재로 지금까지 계속하여 출판되고 있습니다. 백석대학교를 비롯한 몇 대학교에서 '탈무드의 교훈'이라는 과목의 교과서로 이 책을 사용하였습니다.

우리는 이런 과정 속에서 미쉬나에 대한 충분한 해설과 설명이 있는 피르케이 아보트를 출판할 수 있기를 간절히 소망하였습니다. 하나님께서는 마침내 우리의 기도를 들으시고 우리의 소망을 이룰 수 있도록 길을 열어 주셨습니다.

뿌리와가지 교회 내에 있는 성경문화연구원에서 6권으로 된 피르케이 아보트 책을 발견하게 되었습니다. 이 책은 히브리어로 된 도서인데 마소라 출판사에서 영어로 완역하여 3권으로 편집한 책을 찾는 기쁨을 얻게 되었습니다. 그 즉시 마소라 출판사에 연락하여 한글로 번역하여 출판 할 수 있도록 허락해 줄 것을 요구하였습니다. 마소라 출판사는 우리의 번역 출판 요구를 흔쾌히 받아들여 한글번역본 출판을 허락하였기에 이처럼 귀중한 결실을 맺게 되었습니다.

이 도서가 세상에 사는 모든 사람들에게 사람다운 삶을 사는 지혜와 방법을 찾는데 작은 도움이나마 되기 원하는 심정으로 이 책을 세상에 내어 놓습니다. 이 귀한 책이 한글로 번역되어 나올 수 있도록 도와주신 하나님께 다시 한 번 감사드립니다.

도서출판 하임 편집부

감사의 글

유대인들의 지혜의 보고라 할 수 있는 탈무드는 수 천 년 동안 입에서 입으로 전해져 내려오는 구전토라를 중심으로 토론하고 연구한 것을 집대성한 것입니다. 이 탈무드의 본문은 구전토라이며 구전토라를 성문화하여 편집한 것이 미쉬나인데, 미쉬나는 크게 6부분으로 나누이며 63권으로 구성되어 있습니다.

그 중 미쉬나의 4번째 부분에 속한 책 가운데 한 권인 '피르케이 아보트'를 우리나라 독자들에게 소개하려고 합니다. '피르케이 아보트'는 성경이 어디로부터 왔으며 어떤 과정을 거쳐 우리에게 전수되었는지를 가르쳐 줍니다. '피르케이 아보트'는 특별히 사람이 어디에서 와서 어디에서 살다가 어디로 가는지를 가르쳐주며, 그가 사는 곳에서 어떻게 사는 것이 하나님이 기뻐하는 삶인지를 가르쳐 주는 인생 교과서이며 삶의 지혜서입니다.

도서출판 하임에서는 이 귀한 책을 한글로 번역하여 출판하기로 결정하고 수개월 동안 준비해왔는데 마침내 그 결실을 맺게 되었습니다. 이

어려운 작업을 할 수 있도록 도와주신 하나님께 다시 한 번 마음 깊이 감사드립니다.

'피르케이 아보트'는 랍비 의장을 지낸 라우(Lau)가 히브리어 원문의 깊은 의미 분석과 폭 넓은 해설 그리고 다양한 설명을 첨가하여 6권의 장서로 편집하여 출판한 책입니다. 이스라엘 마소라 출판사에서는 이 책을 영어로 번역하여 3권으로 편집 출판하여 영어권 독자들에게 많은 영향을 주었습니다.

수많은 지혜자들의 주옥같은 가르침, 원문의 배경, 다양한 토론과 논증 그리고 깊이 있는 해설을 담고 있는 랍비 의장 라우의 책을 한글로 번역하여 출판할 수 있도록 허가해 준 마소라 출판사에 지면을 빌어 감사를 전합니다. 그리고 토라의 학술적인 자문을 해 주신 토라(성문토라와 구전토라) 전문가인 변순복 교수님과 물심양면으로 헌신하고 기도해 주신 나의 사랑하는 뿌리와가지교회 성도님들, 출판을 위해 헌신해 주신 하임 출판사 사장님, 이사님과 편집부 위원들과 원문 번역에 도움을 주신 여러분께 깊은 감사를 드립니다. 그리고 편집을 맡아 주신 하연 디자인과 원고를 꼼꼼하게 읽어가며 수정하여 준 김현진 전도사님과 송은영 전도사님, 황지현 선생님, 유지영 간사님께 감사를 드립니다.

1권으로 시작하여 2권째 출판이며 앞으로 출판될 총 6권의 장서를 통하여 한글 권 독자들이 하나님을 만나 하나님을 더 깊이 알고 하나님을 닮아 하나님을 보여주는 삶을 사는 하나님의 사람들이 많이 세워지기를 소망합니다.

앞으로 이 귀한 도서가 순조롭게 전권이 출판될 수 있도록 저희 편집부를 위하여 기도해 주시면 감사하겠습니다.

하임 출판사 편집부장

정관창

| 서문 |

왜 『아보트』로 불리는가?

현인들은 민족의 아버지

일반적으로 탈무드 각 책의 명칭은 그 내용을 대변하지만, 때로는 첫 번째 단어나 주제가 명칭이 되기도 한다. 예를 들면, '베이짜'(Beitzah)는 절기를 다루는 책이지만, 첫 번째 단어가 그 책의 명칭이 되었다(beitzah=계란).

그러나 '아보트'의 문자적 의미는 '선조들'(fathers) 또는 '족장들'(patriarchs)이라는 뜻으로 쓰여져 앞에서 언급된 일반적인 원칙을 따르지 않는다. 그 이유를 추론하기로는, 이 책은 선조들인 '아보트'에 의해 전수된 토라를 위하여 헌정되었기 때문인 것으로 보인다.

물론 이 추론도 이해하기가 쉽지는 않다. 왜냐하면 '아보트'라는 단어는 유대교의 세 명의 창시자인 아브라함과 이삭과 야곱을 일컫는 말인데, 이 책에는 아브라함만이 언급되어 있으며, 그것도 오직 제 5장에만 간략하게 언급되어 있기 때문이다.

람밤은 '아보트'가 넓은 의미에서 유대인들의 영적인 아버지인 유대 민족의 지도자라고 주장함으로써 이 난제를 해명하였다. 이는 타나크(Tanach, 유대인의 성경)와 구전 토라(Oral Torah)의 수많은 사례에서도 그 당위성을 인정받는다.

예를 들면, 엘리야 선지자가 승천했을 때, 그의 제자 엘리사가 그를 "내 아버지여, 내 아버지여"(왕하 2:12)라고 불렀으며, 훗날 이스라엘의 왕 요아스는 엘리사를 "내 아버지여, 내 아버지여"(왕하 13:14)라고 불렀다.

탈무드에서는 힐렐과 샴마이가 '세상의 아버지들'(에듀요트[Eduyos] 1:4)이라고 불렸으며, 이전 세대의 현인들은 '첫 번째 아버지들'(토세프타[Tosefta], '테블 욤'[Tevul yom] 1:4)이라고 불렸다. 랍비 타르폰(Tarfon)은 '이스라엘의 아버지'('예루샬미 요마'[Yerushalmi Yoma] 1:1)로 불렸으며, 랍비 이쉬마엘과 아키바(Yishmael and Akiva) 또한 '세상의 아버지들'('예루샬미 셰칼림'[Yerushalmi Shekalim] 3:1)이라 불렸다고 한다.

마지막으로, 현인들은 모세를 가리켜 '모든 선지자들의 아버지'(드바림 라바[Devarim Rabbah] 3:9)라고 불렀으며, 대법관은 오늘날까지 '아브 베이트 딘'(Av Beis Din) 즉, 문자 그대로 '법정의 아버지'라 부르고 있다.

* * *

아보트 1-2장에서 현인들은 우리의 스승 모세로부터 미쉬나의 편집자 랍비 '예후다 하나시'(Yehuda Hanasi)에 이르기까지 스승에게서 제자로 이어지는 전통의 고리에 따라 연대순으로 나열되어 있다.

이는 토라의 스승들이 그 원천이 되는 말씀에서 끊어지지 않았다는 것을 보여준다. 더불어 이 책에 자신의 지혜를 기록했던 현인들은 시내 산에서 주어졌던 토라를 신실하게 전수하였다. 바로 그들이 우리가 지금 걷는 길의 기반을 닦은 것이다.

아버지와 아들

스승이 아버지라고 불린다면 학생은 아들이라고 불려야 한다. 현인들의 가르침에 의하면, 이웃의 자녀에게 토라를 가르치는 사람이 그 아이의 아버지가 된다고 한다. 후마쉬(Chumashe)에 있는 구절이 언급하길, '아론과 모세가 낳은 자는 이러하니라'(민 3:1) 구절 다음에는 '아론의 아들들의 이름은 이러하니'(민 3:2)라는 구절이 따라온다고 지적한다. 이는 모세의 제자들이 그의 아들로 인정되었다는 점을 암시한다는 것이다('얄쿠트 쉬모니'[Yalkut Shimoni], 바미드바르[Bamidbar] 688).

'시프레이'(Sifrei, 얄쿠트 시모니, 바에스하난[Va'eschanan] 841에서 인용)는 '네 자녀에게 부지런히 가르치며'(신 6:7)라는 구절에서 자녀가 제자들을 가리킨다고 말한다. 시프레이는 제자들이 아들로 불린다는 또 다른 증거를 제시한다. 열왕기하 2장 3절에 의하면 '선지자들의 아들들이 나아왔다'라는 구절이 있는데, 여기서 '아들들'은 선지자의 자녀가 아니라 그들의 제자였다는 것이 분명하다는 것이다.

그뿐 아니라, 유대인들에게 토라의 모든 것을 가르친 유다의 왕 히스기야는 제자들을 '아들들'이라고 불렀다(대하 29:11). 마지막으로, 솔로몬 왕은 '내 아들아 네 아비의 훈계를 들으며'(잠 1:8)라고 말한다.

'피르케이 아보트'는 민족의 영적인 아버지들의 이름과 가르침의 교훈을 담고 있다. 우리는 아버지들의 걸음을 비추던 빛을 따라 걸어가고, 그들로부터 흘러나오는 물을 마시며, 그들의 발에서 나오는 먼지 속에서 구르며 살고 있다. 그들이 우리의 아버지였듯이 우리는 그들의 아들이었다.

좋은 성품은 지혜의 아버지이다

주석가들은 '아보트'가 책의 제목이 된 것에 대한 추가적인 근거를 제시한다.

'아보트'가 제목으로 지정된 이유는, 이 책에서 논의되는 주제들이 멀리까지 영향을 미칠 '자손'(offspring)을 가지고 있기 때문이라는 것이다. 이 책에서 주제들을 분류할 때 '아보트'라는 용어가 사용된 곳(안식일에 금지된 일의 종류나 배상의 내용 등)을 보면, 그 주제들마다 '자손'(offspring)이라고 하는 하위 항목이 있다('바바 카마'[Bava Kamma] 2b).

그렇다면 이 책에서 논의되는 주제들의 '하위항목'(자손)은 무엇일까?

파르케이 아보트는 구전 토라의 방대한 문헌에 수록된 셀 수 없이 많은 윤리적 가르침의 원천 지식들로 구성되어 있다. 그들의 교훈의 원천이 모두 여기에 있다는 것이다. 메이리(Meiri)는 "이 책에 들어있지 않은 고상하고 훌륭한 성품은 찾지 못할 것이다"라고 하였다.

무엇보다도 중요한 것은 이 책이 토라 연구의 근거를 이룬다는 것이다. 우리의 현인들은 그 영혼이 온전하여 이를 받아들일 준비가 된 사람만이 토라를 얻을 수 있다고 반복적으로 가르쳐 왔다. 그들은 토라가 있기 전에 '데레크 에레쯔(Derech eretz, 땅의 길)가 먼저 생겼기 때문에 데레크 에레쯔가 없었다면 토라 또한 없었을 것'(3:21)이라고 가르친다. 이 가르침을 삶으로 구체화할 수 있는 사람만이 토라의 멍에와 그 계명(Mitzvos)을 받아들일 수 있다.

* * *

티페레트 이스라엘(Tiferes Yisrael)의 랍비 '이스라엘 리프쉬쯔'(Yisrael Lifschitz)는 미쉬나에 대한 그의 주석에서 '데레크 에레쯔가 생겨난 지 26세대가 지난 후에 토라가 생겼다'라는 미드라쉬의 구절('바이크라 라바'[Vayikra Rabbah] 9:3)을 인용하여 '아보트'를 소개하였다. 이 세상은 정확하고 논리적인 순서로 기초부터 창조되었다. 식물과 동물들이 세상이 창조되기 전에는 존재하지 못했던 것과 같은 이치로 데레크 에레쯔가 없이는 토라도 존재할 수 없었다는 것이다. 따라서 우리의 현인들은 모세가 오직 그의 뛰어난 인품으로 인해 토라를 받을 수 있었다고 가르쳤다는 것을 티페레트 이스라엘은 지적한다.

베르디체브의 랍비 '레비 이쯔하크'(Levi Yitzchak)는 사람의 성품이 토라를 배우는 태도에 영향을 미친다고 가르친다. 한 사람의 정신과 성품은 그가 토라를 배우는 태도 즉, 그가 어떻게 분석하고 배우는지, 그가 어떻게 추론하고 결론에 이르는 것까지 지대한 영향을 미치기 때문이다. 그러므로 토라 연구자는 악한 성품이 그의 생각을 흐리게 하고 토라의 빛을 그의 눈에서 가려버릴 수 있기 때문에 그러한 성품을 피해야 할 책임이 있다. 연구자는 토라가 인생의 독약이 아니라 특효약이 될 수 있도록 반드시 주의를 기울여야 한다.

하지만 좋은 성품은 토라를 받아들이는 데 필요조건을 넘어서는 의미가 있다. 이는 좋은 성품 자체가 토라이기 때문이다. 고요한 정신으로 얻은 토라와 주의가 산만한 사람이 얻은 토라, 그리고 겸손한 사람이 배운 토라와 오만한 사람이 배운 토라는 비교조차 할 수 없다.

더불어 다른 좋은 자질들 또한 연구자에게 좋은 성품과 다른 영향을 끼칠 수 있다. 예를 들면, 천성적으로 선한 사람이 배우고 내린 결론은 타협을 모르는 강직한 사람이 배우고 내린 결론과 같을 수가 없다는 것이다. 이것이 시대를 거치면서 현인들 사이에 일어난 많은 논쟁의 이유이며, 탈무드는 이것을 '두 의견은 모두 살아계신 하나님의 말씀'(에이루빈 [Eiruvin] 13b)이라고 한다.

마하랄(Maharal)은 하나님이 현인들의 가르침들을 먼저 인용하고 난 뒤에 이것들을 모두 동일시한 이유가 바로 여기에 있다고 한다. '그러므로 내 아들 에비아살이 이렇게 말하였다 … 내 아들 요나단이 이렇게 말하였다 …'(기틴[Gittin] 6b). 각 현인이 생각하는 토라는 그의 지능, 성품, 그리고 인격에 따라 서로 다를 수밖에 없다(아보트 6:7에 대한 '데레크 하하임'[Derech Hachaim]의 주석).

아보트의 위치

그렇다면 올바른 행위와 도덕을 주제로 한 이 책의 위치가 주로 금전에 관한 법을 다루는 '너지킨'(Nezikin)에 자리를 잡은 이유는 무엇인가?

메이리는 그의 '베이트 하베히라'(Beis Habehirah)의 서문에서, 원래 '아보트'는 할라하에 대해서는 논하지 않는 책으로써 탈무드의 제일 뒷부분인 '타하로트'(Taharos)에서도 결론부에 등장했다고 한다. 그러나 유대인의 추방과 함께 탈무드 연구는 사람의 일상에서 부딪치게 되는 세 개의 법(모에드, 나쉼, 너지킨)을 중심으로 진행되었기 때문에 피르케이 아보트가 너지킨의 끝자락으로 이동하게 되었다는 것이다.

그러나 람밤은 '아보트'의 위치에 대한 이유를 주제와의 관련성에서 찾았다. 그는 이 책의 많은 내용들이 현인들과 사사들을 염두에 두고 기록되었기 때문에 산헤드린과 관련된 법을 논의한 뒤에 배치되어야 하는 것이 적절하다고 주장한다. 그래서 '아보트'의 첫 번째 가르침인 "판단을 내릴 때에는 신중히 하라"는 당연하게도 법률사건을 판단할 사람들에게 하는 교훈인 것이다.

더욱이 판사가 자신의 윤리와 인품을 다스리는 책임(그의 데레크 에레쯔)은 일반 유대인보다 비교할 수 없을 정도로 막중하다. 뛰어난 인품을 가지지 못한 판사는 주로 자기 자신에게만 해를 끼치게 될 나쁜 성품을 가진 일반인보다 더 많은 사람들에게 해를 끼칠 수 있기 때문이다. 따라서 '아보트'는 산헤드린의 법률 뒤에 위치함으로써 판사들에게 일반인보다 더 높은 윤리성과 인품을 가져야 한다는 자신의 의무를 일깨워 주는 것이다. 판사의 인품은 공동체에서 매우 중요한 역할을 감당해야 하는 사람이 갖추어야 할 필수조건이기 때문이다(람밤은 미쉬나에 대한 그의 주석을 소개하면서 이에 대해 길게 이야기 한다.)

* * *

랍비 '쉬므온 바르 쩨마흐 두란'(Shimon bar Tzemach Duran[Rashbatz, 라쉬바쯔])은 그의 '마겐 아보트'(Magen Avos)에서 '아보트'의 위치에 대해 다른 이유를 제시한다.

바바 카마(30a)에서 현인들은 경건한 사람, 즉 한 사람의 기본적인 의무 너머 스스로 온전한 개인으로 인정받기 위해서는 세 가지 자질을 겸비해야 한다고 가르쳤다.

첫째는 하나님이 베푸신 모든 선한 것에 감사하는 기도를 하는 것이고, 둘째는 이웃의 경제적 안정에 대하여 세심한 관심을 보이는 것이며, 마지막으로는 '아보트'에 기록된 윤리적 가르침에 따라 행동하는 것이다.

라쉬바쯔는 감사 기도문을 마음을 담아 낭송하게 되면 하나님과의 관계에서 더욱 더 경건해지고 감성이 풍부해진다고 설명했다. 이웃의 경제적인 상황에 세심한 주의를 기울이는 사람은 대인관계에서 경건해진다. 하지만 '아보트'의 윤리적 교훈의 지시를 따르는 사람은 앞선 두 분야에서 뛰어난 사람이 된다. 동일한 역량을 가지고도 하나님과 사람에게 동일하게 헌신할 수 있는 진정한 인품을 갖춘 사람을 일컫는 것이다.

라쉬바쯔는 탈무드가 감사의 복과 금전에 관한 법에 대해 논의를 마친 뒤에 사람을 가장 완전한 형태의 경건함에 이르게 하는 '아보트'의 가르침을 제시했다는 것이다. 그러한 사람은 하나님뿐만 아니라 이웃들과의 관계에서도 좋은 관계를 맺을 수 있다.

왜 피르케이 아보트는 여름철 안식일에 배워야 하는가?
피르케이 아보트–토라를 받아들이기 위한 준비

유대인 학자인 '게오님'(geonim)[5]이 언급한 바에 따르면, '피르케이 아보트'는 일반적으로 유월절과 오순절 사이에 배우게 되는데, 주된 이유는 오순절에 토라를 받기 위한 개인적인 준비 기간이 바로 이 여섯 주이기 때문이라는 것이다.

특별히 매우 소중한 선물을 받아들일 때, 우리는 그것을 받고 보존할 준비를 해야 한다. 특별하고 소중한 선물인 토라를 받아들이기 위해 우리에게 필요한 것은 무엇인가? '여호와를 경외함이 지혜의 근본이라'(시 111:10)가 암시하듯이 좋은 성품이다. '데레크 에레쯔'가 토라보다 먼저 생겨났기 때문이다.

토라를 받기 위해, 한 개인을 준비하고 교육시키는 데 '피르케이 아보트'에 비견할 수 있는 책은 없다. 따라서 '피르케이 아보트'를 읽는 것은 토라를 받아들이기 위한 영적인 준비 단계라고 할 수 있다.

* * *

본래 피르케이 아보트는 다섯 장(chapter)으로 이루어져 있었다. 얼마 후에 토라 연구에 관한 주제를 다룬 '바라이쇼트'(Baraishos) 편집본이 여섯 번째 장에 추가되었다(Baraisa[바라이사]는 랍비 예후다 하나시가 편집한 미쉬나와 비슷한 가르침이지만 오늘날의 미쉬나에는 포함되지 않았다). 이 여섯 번째 장이 토라 연구의 가치와 바른 길, 그리고 토라 연구자에 대한 중요성을 주

---

[5] 탈무드에 대한 지식과 지혜가 탁월한 유대인 학자를 일컫는다.

로 다루기 때문에 '토라의 습득'이라는 뜻의 '킨얀 토라'(Kinyan Torah)라고도 불린다.

유월절과 오순절 사이에는 여섯 번의 안식일이 있기 때문에 매 주마다 한 장씩 읽게 되면, 우리는 현인들의 가르침을 통해 온전한 성품에 대해 배우고, 토라를 받기 직전인 마지막 안식일에는 '킨얀 토라'의 장으로 막을 내리게 된다.

역사를 되돌아보면, '세피라트 하오메르'(Sefiras Ha'omer)의 나날들은 랍비 아키바의 제자들이 죽임을 당한 우울한 날이었다(슐한 아루크, '오라크 하임'[Orach Chaim] 493). 탈무드에 의하면, 랍비 아키바는 12,000 쌍의 연구 동역자를 제자로 두었는데, 그들은 유월절과 오순절 사이에 전부 죽었다. 그 이유는 그러한 능력을 가진 사람들에게서 기대할 수 있는 예의로 서로를 대하지 않았기 때문이다(예바모트 62b). 그 결과 그들은 '데레크 에레쯔가 토라보다 먼저 생겼기 때문에'(바이크라 라바 9:3), 그리고 '데레크 에레쯔가 없으면 토라 또한 없다'(3:21)라는 이유로 토라의 습득까지 닿을 수 없었다.

그들이 겪은 끔찍한 형벌은 토라를 받는데 적절한 준비가 필요하다는 것을 강조한다. 현인들은 세피라(sefirah) 기간에 몇 가지 추모의 행위를 하도록 지시하여 무엇이 일어났는지를 회상하고, 토라를 받기 전에 '데레크 에레쯔'를 배우고 익히는데 열심을 다해야 한다는 점을 가르쳤다.

결혼과 여러 즐거움을 금지하는 엄숙한 분위기는 사람이 자기 자신을 돌아보게 한다. 이러한 자기반성의 분위기는 윤리적인 가르침과 책망을 받아들이는 것을 수월하게 한다. 이러한 때에 무엇보다 적절한 행동은 '피르케이 아보트'를 연구하는 것이다.

이 기간에 '피르케이 아보트'의 가르침들은 연구자에게 깊은 깨달음을 주게 된다. 예를 들면, '이 세상은 미래에 오게 될 세상에 들어가기 위한 대기실과 같다. 그러니 스스로를 준비하여 연회장에 들어갈 수 있도록 하라'(4:21), 그리고 '네가 어디서 와서 어디로 가는지를 알고, 너에게 판결과 심판을 내리게 될 존재가 누구인지를 알라'(3:1)라는 이 세 가지를 기억하고 있으면 죄의 손에 떨어지지 않을 것이다.

여름은 자기반성의 시간이다

몇몇 유대인 공동체들은 세피라 기간뿐만 아니라 신년절(Rosh Hashana) 까지 여름 내내 피르케이 아보트를 배우기도 한다. 이 관습은 '투르'(Tur[오라크 하임 282])와 '레마'에도 언급되어 있다(Rema[슐한 아루크 ibid. 2]).

봄과 여름은 자유를 상징하는 계절이다. 자연과 인간이 겨울의 혹독한 제약에서 풀려나는 것이기 때문이다. 비가 그치고 추위는 지나갔으며, 만물이 싱그럽게 소생하고 꽃이 피어난다. 사람들은 제한되었던 일상에서 벗어나 밖으로 나아가 기지개를 켜며 오감으로 기쁨을 맛본다.

그렇기 때문에 이 풍족한 시기에 악한 성향이 사람들의 영적인 결단력을 약화시키려 하는 것은 당연한 것이다. 따라서 우리는 악한 영향력으로부터 자신을 지키기 위해서 피르케이 아보트를 연구해야 한다. 이 책은 '우리가 누구인지', '우리가 무엇을 하는지', '네 위에 어떤 존재가 있는지를 아는 것' 그리고 '계명과 죄를 통해 얻은 것과 잃은 것'이 무엇인지를 깨닫게 하는데 도움을 줄 것이다(2:1).

* * *

피르케이 아보트를 봄과 여름에 묵상해야 하는 또 다른 이유가 있다. 겨울은 땅을 갈고 씨를 뿌리는, 즉 투자하는 계절이다. 하지만 봄은 이 투자가 열매를 맺기 시작하는 계절이기 때문이라는 것이다("지면에는 꽃이 피고 … 무화과나무에는 푸른 열매가 익었고 포도나무는 꽃을 피워 향기를 토하는구나."[아 2:12-13]).

이른 봄, 유월절은 보리를 수확하고, 그 뒤 따라오는 오순절에는 밀을 수확한다. 그 이후에는 포도와 무화과, 그리고 올리브 등의 수확이 뒤따른다. 이러한 수확에는(오늘날에는 돈을 모으는 것) 전적으로 사람이 참여해야만 한다.

* * *

그러나 사람이 이와 같은 육체적 노동에 전념하여 성공했을 때 '내 능력과 내 손의 힘으로 내가 이 재물을 얻었다'(신 8:17)라고 생각하게 되어 그 성공이 오히려 그를 타락하게 할 수 있다.

이러한 때에 '네 위에 어떤 존재가 있는지를 알라'고 하는 현인들의 가르침을 되짚어 보아야 한다. 돈을 모으는 것만이 존재 혹은 인생의 전부가 아니고, 궁극적인 목적도 아니라는 것을 깨달아 알아야 한다. 이 세상은 일시적이며 덧없는 것이다. 우리는 대기실에 서 있고, 연회장인 영원한 생명의 땅에 입장하기 전에 회개와 선행으로 잘 준비해야 한다.

프롤로그   קודם הלימוד

다음은 피르케이 아보트의 각 장을 읽기 전에 낭독해야 한다.

(산헤드린 10:1)

כָּל יִשְׂרָאֵל יֵשׁ לָהֶם חֵלֶק לְעוֹלָם הַבָּא,
שֶׁנֶּאֱמַר:
וְעַמֵּךְ כֻּלָּם צַדִּיקִים,
לְעוֹלָם יִירְשׁוּ אָרֶץ,
נֵצֶר מַטָּעַי מַעֲשֵׂה יָדַי לְהִתְפָּאֵר.

모든 이스라엘 백성에게는 성경에 기록된 바와 같이 내세에 그들의 몫이 있다.

"네 백성이 다 의롭게 되어
영원히 땅을 차지하리니
그들은 내가 심은 가지요
내가 손으로 만든 것으로서
나의 영광을 나타낼 것인즉"

(사 60:21)

미쉬나 1절   משנה א

רַבִּי אוֹמֵר,
אֵיזוֹהִי דֶרֶךְ יְשָׁרָה שֶׁיָּבוֹר לוֹ הָאָדָם,
כֹּל שֶׁהִיא תִפְאֶרֶת לְעוֹשֶׂיהָ וְתִפְאֶרֶת לוֹ מִן הָאָדָם.
וֶהֱוֵי זָהִיר בְּמִצְוָה קַלָּה כְּבַחֲמוּרָה,
שֶׁאֵין אַתָּה יוֹדֵעַ מַתַּן שְׂכָרָן שֶׁל מִצְוֹת.
וֶהֱוֵי מְחַשֵּׁב הֶפְסֵד מִצְוָה כְּנֶגֶד שְׂכָרָהּ,
וּשְׂכַר עֲבֵרָה כְּנֶגֶד הֶפְסֵדָהּ.
וְהִסְתַּכֵּל בִּשְׁלֹשָׁה דְבָרִים וְאִי אַתָּה בָא לִידֵי עֲבֵרָה,
דַּע מַה לְמַעְלָה מִמֶּךָּ,
עַיִן רוֹאָה וְאֹזֶן שׁוֹמַעַת, וְכָל מַעֲשֶׂיךָ בַּסֵּפֶר נִכְתָּבִין.

랍비(예후다 하나시)가 말한다:
사람이 자기 자신을 위하여 선택해야 할 올바른 길은 어떤 길인가?
그에게 명예가 되고 동료들로부터 존경심을 얻을 수 있게 하는 모든
것이다.
주요 계명을 수행하는 것과 같이 덜 중요한 계명도 충실히 수행하라.
왜냐하면 너희는 각각의 미츠보트[계명들]에
주어진 보상을 알지 못하기 때문이다.
계명의 보상에 대한 것과
계명의 손실과 죄의 손실에 대한 죄의 보상을 계산하라.
세 가지를 심사숙고 하라. 그러면 너희는 죄에 속박되지 않을 것이다:
너희의 위에 있는 것이 무엇인지 알라.
주의 깊은 한 눈과 경청하는 한 귀와 너의 모든 행동을 기록한 책이다.

미쉬나 1절

랍비 예후다 하나시의 삶과 시대

랍비 예후다는 힐렐의 계보에서 일곱 번째 나시로 거명된 인물이다. 그는 존경의 표시로 붙여지는 호칭인 '랍비(rebbe)'(특히 뛰어난 랍비)로 불린다. 그래서 나시의 이름이 거론될 때에는 주로 나시에게 붙여졌던 영예로운 호칭인 '라반'보다는 '랍비(rebbe)'를 더 많이 사용한다(라쉬바쯔). 랍비 예후다가 지녔던 독실한 경건함 때문에 그는 '라베이누 하코데쉬'(우리의 거룩한 랍비)라고도 불린다(샤보트 118b; 예루살미, 산헤드린 1:3).

랍비 예후다 하나시는 랍비 아키바가 죽은 날 태어났다. 현인들은 이 두 사건을 가리켜 '태양이 떠오르고 태양이 졌다'(전 1:5, 코헬레트 라바 ibid. 키두쉰 72b)는 구절에 적용했다. 랍비 예후다는 어린 나이에 토라를 배우기 위해 집을 떠나 랍비 아키바의 가장 뛰어난 다섯 제자(랍비 메이르, 랍비 예후다, 랍비 요시, 랍비 쉬므온, 랍비 엘아자르)의 지도를 받았다. 훗날 그는 자신의 뛰어난 통찰력이 랍비 메이르에게 시선을 고정했기 때문에 얻은 것이라고 고백했다(실은 얼굴을 본 것이 아니라 그의 어깨 너머로 보았다). "내가 그의 얼굴을 봤다면 훨씬 더 지혜로워졌을 것"이라고 랍비 예후다는 말했다(에이루빈 13b).

랍비 예후다의 학식은 그의 모범적인 행동뿐만 아니라 인격과도 일치한다. 그는 죽기 전에 손을 들고 "우주의 주인이시여, 당신께서 아시다시피 저는 이 열 손가락으로 열심히 토라를 연구했으며, 이 새끼손가락만큼도 쾌락을 즐기지 않았습니다."(케슈보트 104a)라고 고백했다.

당시의 지도자는 랍비 예후다 단 한 명이었음에도 불구하고 그는 대단히 겸손했다. 예를 들면, 랍비 쉬므온이 아버지인 랍비 히야의 업적에 대해 존경을 표하려는 의도로 "제 부친께서 선생님보다 더 큰 공로를 세웠는지요?"라고 물었다. 그때 랍비 예후다는 "그렇다"라고 인정했다(케투보트 103a). 또한 할라하 논쟁에서 랍비 예후다는 나시로서의 지위를 이용하여 자신의 의견을 다른 이들에게 강요하지 않았다. 오히려 상대방의 견해가 더 옳다고 시인하는 경우가 많았다고 한다(니다[Niddah] 53b). 이와 같이 랍비 예후다가 훌륭한 성품을 보여주었기 때문에 그가 죽었을 때 현인들은 "겸손과 죄에 대한 두려움이 사라졌다"고 탄식했다(소타 49a-b).

토라와 부를 겸비함

랍비 예후다는 엄청난 부를 소유한 인물이었다. 탈무드는 그를 가리켜 '모세의 시대 이후로 토라와 부가 한 사람 안에 공존한 적이 없다.'(기틴 59a)고 단언했다. 예를 들면, 그의 마구간지기가 페르시아 왕 쉐보르(Shevor)보다 더 부유했다고 한다(바바 메찌아 85a).

랍비 예후다는 수많은 자선활동을 위해 자신의 부를 아끼지 않았다. 그는 랍비 히야를 비롯한 토라 학자들과 '엘리샤 벤 아부야'(Elisha ben Avuyah)의 딸들도 지원해 주었다(예루샬미, 하기가 2:1). 또한 기근이 닥쳤을 때는 토라 학자들에게 창고를 열어 주었다. 그리고 그의 제자인 랍비

'요나산 벤 아므람'(R' Yonasan ben Amram)이 토라 연구를 통해 이득을 보고 싶지 않지만 '개나 까마귀처럼 배가 부르고 싶다'라고 간청했을 때에도, 그는 모든 사람들에게 먹을 것을 주었다(바바 바스라 8a).

또 언젠가는 유대인들에게 우상을 숭배하도록 강요하는 칙령의 제정을 막고자 막대한 양의 돈을 헌납하기도 했다(아보다 자라 16a). 그리고 바른 길에서 빗나간 학자의 자녀들을 돕는 것에 특별한 관심을 가졌다(바바 메찌아 85a). 이 모든 것에 비추어 볼 때, 선지자 엘리야가 그를 찾아왔다는 이야기가 전혀 이상하지 않다(버레이쉬트 라바 33:3).

랍비 예후다와 안토니누스

랍비 예후다는 동방에서 4년 간 정복전쟁을 벌이던 황제 '마르쿠스 아우렐리우스 안토니누스'(Marcus Aurelius Antoninus)와 각별한 친분을 유지했다고 한다. 안토니누스 황제는 랍비 예후다의 막역한 친구가 되었다. 안토니누스는 심지어 자신의 궁과 랍비 예후다의 집을 잇는 터널을 만들어 비밀리에 둘이 만날 수 있도록 했다(아보다 자라 10b).

안토니누스는 랍비 예후다를 너무나 존경한 나머지 랍비 예후다가 잠을 자려고 했을 때 안토니누스가 바닥에 누워 그의 발판의자(Step stool)가 되기로 자처했다. 랍비 예후다가 안토니누스를 만류하자 "만약 당신이 거절한다면 내세에서는 당신 발아래의 깔개가 되게 해주시오"라고 말했다고 한다(아보다 자라 10b)(혹자는 안토니누스가 비밀리에 직접 할례를 하고 유대교로 개종했다고 한다).

한번은 안토니누스가 랍비 예후다에게 상당한 양의 금을 선물했다. 랍비 예후다가 이를 거절하자 안토니누스는 "그렇다면 차기 지도자나 그 다음 지도자를 위해 받아 두시오(아보다 자라 10b)"라고 재차 권했다고 한다.

랍비 예후다의 제자인 라브는, 전쟁과 강제 개종의 핍박을 견디고 난 몇 년 후 이스라엘과 로마 사이에 평화를 이룬 '위대한 우정'에 대한 암시가 성경에 있음을 발견했다. '여호와께서 그에게 이르시되 두 국민이 네 태중에 있구나.'(창 25:23)라는 구절이다. 여기서 그는 '두 국민'을 랍비 예후다와 안토니누스를 지칭하는 '두 거물(혹은 실력자)'로 해석했다. 그들은 제철이 아닌데도 상추, 오이, 그리고 고추냉이를 대접할 수단이 있었다고 했다(아보다 자라 11a; '토라 테미마'[Torah Temimah], 창세기 ibid.).

미쉬나를 집대성하다

랍비 예후다는 방대한 지식과 뛰어난 기억력, 그리고 명료한 언어 사용(네다림 41a)으로 토라 문헌의 가장 위대한 업적 가운데 하나인 '미쉬나'를 집대성할 수 있었다. 랍비 예후다 하나시는 평화로운 시대를 선용하여 베이트 셰아림(Beis Shearim, 갈릴리 남부에서 남서쪽에 위치한 마을)에 있는 그의 집으로 대부분의 현인들을 모았다. 각 현인들은 그가 얻은 구전 토라의 지식을 알려 주었다. 모든 자료에 대한 토론과 해설 끝에 미쉬나는 6부작으로 편집되었다. 랍비 예후다와 그의 동료들은 충분한 권위가 있었기 때문에 미쉬나는 후세대를 위한 할라하의 원본으로 인정되었다(산헤드린 32b).

'라브 셰리라 가온'(Rav Sherira Gaon)은 미쉬나의 구성에 대해 다음과 같이 논평했다. "원래 모든 현인들이 토라의 내용을 똑같이 알고 있었더라도 가르칠 때에는 각자 자신만의 개성과 방식이 드러났다 … 하지만 이제는 할라하들이 인증을 받았기 때문에 모든 사람들이 정확하게 같은 내용으로 할라하들을 배울 수 있게 되었다"(이게레스 라브 셰리라 가온, 2장과 3장).

람밤은 미쉬나에 대한 그의 주석의 서문에서 랍비 예후다는 그의 세대에서 독특한 사람이었으며 모든 방면에서 재능이 있었기 때문에 '우리 거룩한 랍비'라는 호칭을 얻을 자격이 있었다고 기록했다. 그는 지혜, 경건함, 겸손, 금욕, 명석함이 최고였으며, '거룩한 언어'(Holy Tongue[성경])에 대해서도 통달한 인물이었다. 그래서 어떤 학자는 성경의 뜻을 알기 위하여 랍비 예후다의 시종들 가운데 한 명을 찾아갔다고 한다(로쉬 하샤나 26a).

부수적으로, 라브 셰리라 가온과 람밤은 랍비 예후다가 미쉬나를 집필했다고 한다. 하지만 라쉬는 랍비 예후다가 우선 입으로 전하기 위해 미쉬나를 구성했으며, 나중에야 문자로 기록했다고 한다(에이루빈 62b, '케곤 메길라트'[Kegon Megillas], 수카 28b, 미크리[Mikri]).

살아서도 죽어서도 칭송을 받고, 모든 세대로부터 칭송을 받다

랍비 예후다는 당시 산헤드린을 주최한 베이트 셰아림에서 주로 활동했지만(로쉬 하샤나 31b), 마지막 17년은 고도가 높아서 공기가 맑고 건강에 좋은 찌포리(Tzipori)에서 지냈다.

탈무드는 랍비 예후다의 마지막 순간들을 기록했다. 랍비는 죽기 바로 직전에 그의 아들들을 방으로 불러 모았다. 그들이 방에 들어왔을 때 그는 등잔과 탁자, 그리고 침대를 제자리에 계속 두라고 부탁했다. 이는 그가 사후에도 금요일마다 집에 찾아와 안식일을 가족들과 지내기를 원했기 때문이다. '랍비 아키바 에이게르'(R' Akiva Eiger)는 예후다가 가장 좋은 안식일 예복을 입고 그곳에 있었던 이들을 위해 키두쉬를 낭독했다고 덧붙였다. 이는 일반인들은 죽으면 계명과 관련이 없지만 의인들은 죽음 이후에도 살아있을 때와 같이 계명을 준행하기 때문이다(길리욘 하샤트[Gilyon HaShas] ibid., 세페르 하하시딤의 글을 인용한 1127). 그러나 탈무드에 의하면, 예후다가 죽은 뒤 안식일에 집에 있는 것을 이웃이 보게 되자 다시는 집을 찾지 않았다고 한다. 예후다와는 달리 다른 의인들은 사후에 안식을 지키도록 허락받지 못했기 때문에 비방을 당할 것을 염려했기 때문이다.

이스라엘 땅의 최고의 아모라임 가운데 두 사람인 랍비 요하난과 레이쉬 라키쉬는 자신들이 토라를 성취하게 된 원인은 오직 랍비 예후다의 소매에서 나온 손가락들을 본 덕분이라고 한다(예루샬미, 베이짜).

"사람이 자신을 위해 선택해야 할 올바른 길은 어떤 길인가?"

랍비 예후다의 질문은 무슨 뜻인가? 결국 유대인들을 위한 올바른 길은 토라가 유일한 것이 아닌가?

랍비 예후다의 대답 또한 놀랍다. "자신에게 영예가 되고, 사람의 존경을 받을 수 있는 길이면 무엇이든 괜찮다고 한다면, 다른 사람들로부터 "잘 했다"라는 칭찬을 듣는 것을 목표로 가지라는 것인가?"

토라의 영역 안에서는 사람의 선택의 폭이 넓다. 랍비 예후다는 올바른 결정을 내리기 위해서 두 가지 조건(그 결정이 자신에게 유익이 되어야 하며, 타인으로부터도 칭찬을 들을 수 있어야 한다)을 충족시켜야 한다는 것을 말하고 있는 것이다. 따라서 '올바른 길'은 관대하지만 진중하게 베푸는 '중용'을 가리키는 것이다(람밤, 라베이누 바흐야, 메이리, 바르테누라의 랍비 오바댜).

마찬가지로, 탈무드 예루샬미에 의하면, '토라는 두 가지 길'(하나는 불이고 하나는 얼음이다)로 나눌 수 있다. 어떤 이가 불에 너무 가까이 간다면 그는 타버릴 것이고, 얼음에 너무 가까이 간다면 얼어버릴 것이다. 따라서 사람은 그 중도를 취해야 할 것이라고 한다(하기가 2:1; 아보트 데랍비 노손 28:10, 랍비 바루흐 엡스타인이 자신의 바루흐 셰아마르에 인용).

"그에게 명예가 되고 동료들로부터 존경심을 얻을 수 있게 하는 모든 것이다."

'랍비 슈무엘 디 오지다'(R' Shmuel di Ozida)는 이 구절을 다르게 설명한다.

'자신에게 영예가 되는 것을 무엇이든'이라는 구절은 말 그대로 '[행위를] 한 자에게 영예를 가져다준다'라고 해석할 수도 있다. 랍비 슈무엘 디 오지다는 이 구절을 '모든 것을 [창조하신] 분'이신 하나님에게 적용해야 한다고 한다. 히브리어에서 '아싸'(עשה)는 '하다'와 '만들다'라는 두 가지 뜻을 동시에 가지고 있기 때문이다(미드라쉬 슈무엘).

또한 사람이 하나님만을 위한 계명과 이웃을 돕는 계명 가운데 하나를 선택해야 한다면 후자를 선택해야 한다. 이웃을 돕는 계명은 하나님의 인정을 받는 것은 물론이거니와 그가 도운 이웃의 칭찬도 받을 수 있기 때문이다.

"주요 계명을 수행하는 것과 같이 덜 중요한 계명도 충실히 수행하라"

람밤은 '가볍다'와 '무겁다'라는 단어가 계명을 어겼을 때 받는 처벌을 의미하는 것이라고 설명했다. 그러나 프라하의 마하랄과 라쉬바쯔는 이 단어들이 지키기 쉬운 계명과 지키기 어려운 계명을 의미하는 것이라고 반박했다.

너희가 계명에 따르는 보상을 모르기 때문이다

현인들은 "가장 큰 보상이 따르는 계명이 무엇인지를 계산해서는 안 된다. 그렇게 하는 순간 큰 보상이 따르는 계명만 지키게 될 것"이라고 가르쳤다(페시크타 라바시[Pesikta Rabbasi] 3:2).

랍비 히야는 "과수원을 돌보도록 일꾼을 고용했던 왕은 종류가 다른 나무를 심을 때마다 단가가 다르다는 사실을 알려주지 않았다. 일꾼들이 단가가 높은 나무만 심지 않도록 예방하기 위해서 그렇게 한 것이다. 마찬가지로 창조주 하나님도 계명에 대한 보상을 밝히지 않음으로써 모든 계명에 충실하도록 하셨다"라고 비유를 들어 가르쳤다(ibid.).

각 계명들은 내세에 받을 보상이 각각 다르다. 가벼운 계명에 대한 보상은 무거운 계명에 대한 보상에는 미치지 못하겠지만, 그 나름대로 독특한 가치가 있을 것이다. 따라서 이 미쉬나는 비록 적더라도 보상을 받지 못하는 불상사를 미연에 방지하기 위하여 모든 계명을 준행할 것을 요구한다.

"계명의 보상에 대한 것과 계명의 손실과 죄의 손실에 대한 죄의 보상을 계산하라'

다음은 이므레이 에메트(Imrei Emes)의 저자이자 구르(Gur)의 랍비인 랍비 아브라함 모르데하이 알테르(R'Avraham Mordechai Alter)가 그의 처남에게 보낸 서신의 일부이다(미흐트베이 토라[Micht'vei Torah], 서신 98, 마야노스 하네짜흐[Mayanos HaNetzach]에서 인용). "만약 누군가 테필린(tefillin)을 쓰지 않으면 100만 루블을 준다고 유혹해도 자네는 그것을 거절해야 할 것이네. 백만 루블을 얻었을 때의 기쁨을 상상해보게 … 하지만 이제 그것보다도 더 큰 기쁨을 테필린을 쓸 때 경험할 수 있을 것이네(안식일을 비롯한 계명을 지킬 때에도 마찬가지일세) … 자네가 행한 계명의 가치는 그것을 사랑한 정도와 직접적으로 연결되어 있다네 … 기쁘고 즐거운 마음으로 하나님을 예배했을 때에만 그분을 진정으로 섬긴 것이 되는 것이라네."

계명으로 인해 발생할 득과 실을 고려하라

누군가가 계명을 온전히 지켰다고 믿는다면 그것은 대단한 착각이다. 사람이 온전히 계명을 지킨다는 것은 불가능하기 때문이다.

오히려 계명을 지킴에 있어 '불완전함'을 인정하고 계명의 손실을 고려해야 한다. 계명을 준행하고 난 뒤에 자신의 행동을 뒤돌아보고 미흡하거나 잘못된 점을 자세하게 분석하여 앞으로는 더 잘 지킬 수 있도록 해야 한다(스핀카[Spinka]의 요세프 메이르, 베이트 스핀카, '시호트 코데쉬'[Sichos Kodesh], '마야노트 하네짜흐'[Mayanos HaNetzach]에서 인용).

"세 가지를 심사숙고하여 죄를 범하지 않도록 하라"

이 미쉬나를 문자 그대로 해석한다면, 세 가지 진리를 언제나 인식하는 사람은 '죄의 손에 떨어지지 않을 것'이라고 볼 수도 있다.

미드라쉬 슈무엘은 이 특별한 구절에 대해 두 가지 이유를 제시한다.

첫째, 사람이 죄를 범하면 자신에게 증언을 하게 될 천사를 적으로 만들게 되기 때문이다(4:13). 만일 유혹에 굴복하게 되면 죄를 범할 뿐만이 아니라 적이 된 천사의 손 안에 떨어지게 된다.

둘째, 미쉬나에 기록된 히브리어는 '손잡이'(handle)도 '손'(יד[야드])과 같은 단어인 יד로 쓴다. 즉, 아주 사소한 죄가 심각한 범죄를 저지르게 하는 손잡이가 된다는 것이다. 작은 죄는 심각한 범죄의 손잡이이다. 가벼운 죄를 반복하여 저지르다보면 결국 무거운 죄도 쉽게 범하게 한다.

"세 가지를 심사숙고하여 죄를 범하지 않도록 하라"

메이리는 사람이 심사숙고할 세 가지 진리를 다음과 같이 이해했다:

1. "네 위에 무엇이 있는지를 알라."
   - 하나님의 존재를 인식하라는 것이다.
2. "모든 것을 보는 눈과 듣는 귀가 있다."
   - 하나님의 섭리를 인식하라는 것이다.
3. "네 모든 행동은 책에 기록된다."
   - 사람의 모든 죄가 기록되어 결국에는 심판을 받을 것이다.

그러나 라베이누 요나와 몇몇 주석가들은 이를 다르게 이해했다:

1. 네 행위의 "모든 것을 보는 눈."
2. 네 말의 "모든 것을 듣는 귀."
3. 천국에서는 모든 것이 기록되고 그 어떤 것도 잊히지 않는 것처럼 "네 모든 행동은 책에 기록된다."

네 위에 무엇이 있는지를 알라

폴노예의 랍비 야아코브 요세프(Rabbi Yaakov Yosef of Polnoye)는 바알 셈 토브의 가르침을 인용하여 사람은 때때로 선행이 가져오는 영적인 파급효과와 선행이 천국의 방에 얼마나 울려 퍼지는지, 그리고 천사를 어떻게 지지하는지에 대해 이해하는 것을 잊을 때가 종종 있다고 말했다. 만약 사람이 자신과 자신의 능력이 더 높은 차원에 영향을 줄 것이라는 것을 믿는다면, 그는 경외심과 즐거움으로 최선을 다해 하나님을 섬길 것이며, 그의 모든 말은 진정 천국의 하나님을 대언하게 될 것이다.

이 미쉬나는 '네 위에 있는 천국의 역사와 천사들의 노래, 그리고 땅으로 내려오는 신성함의 흐름은 모두 너에게서 비롯된다. 이는 각 개인이 땅에서 천국으로 향한 사다리와 같기 때문에 각 개인이 하나님을 어떻게 섬기느냐에 따라서 결과는 달라질 것'이라고 가르치는 것이다(톨도트[Toldos] 야아코브 요세프, 에이케브, 마야노트 하네짜흐가 인용).

주의 깊은 한 눈과 경청하는 한 귀와 너의 모든 행동을 기록한 한 책

라브 예후다 바르 나흐마니(Rav Yehudah bar Nachmani)는 사람이 죄를 지을 때 그의 집의 돌과 서까래가 그를 고발한다고 가르쳤다. 현인들은 그의 영혼이 그를 고발한다고 덧붙였으며, 랍비 제리카(Rabbi Zerika)는 두 천사가 그와 동행하다가 그를 고발한다고 하기도 했다. 또한 어떤 이들은 그의 사지(四肢)가 그에 대해 증언한다고 가르치기도 했다(하기가 16a).

현인들은 사람이 죽을 때 그의 '행위'가 "너는 이러이러한 장소에서 아무개와 함께 이러이러한 짓을 저질렀다"라고 그를 고발한다고 가르쳤다. 이때 그가 자신이 한 짓을 시인하게 되면 '행위'는 그에게 "서명하라!"라고 요구하고, 그가 서명하면, 결국 '행위'는 그에게 정당하게 주어진 징벌을 선포하게 된다는 것이다(타니스 11a).

사람의 선한 행위에 대해서 랍비 이쯔하크 바르 메리온(R' Yitzchak bar Merion)은 다음과 같이 가르쳤다. 사람이 계명을 준행할 때에는 자발적인 의지를 갖고 해야 한다. 이를테면, '르우벤이 듣고 요셉을 그들의 손에서 구원하려 했다'(창 37:21)라고 기록될 줄을 르우벤이 미리 알았다면 그는 요셉을 어깨에 메고 집에 있는 아버지에게 데려갔을 것이다. 또한 '그가 너를 만나러 나오나니'(출 4:14)라고 하나님이 기록할 것을 아론이 미리 알았다면 그는 탬버린과 피리를 불며 모세를 맞았을 것이다. 그리고 '보아스가 볶은 곡식을 주매, 룻이 배불리 먹고 남았더라'(룻 2:14)고 기록될 것을 보아스가 미리 알았다면 그는 룻에게 살찐 송아지를 먹였을 것이다(루스 라바 5:6).

기술과 컴퓨터의 시대

20세기 전반에 활동한 랍비 이스라엘 카간은 "사람이 망원경을 통해 보면 그는 아주 높은 곳에 있는 것을 볼 수 있으며, 별을 세고 태양과 달의 크기를 잴 수 있다. 이렇게 우리가 우주에서 일어나는 것을 볼 수 있듯이 전지전능하신 하나님이 하늘에서 우리에게 일어나는 일을 볼 수 있다고 이해하는 것은 어렵지 않을 것이다. 물론 하나님은 모든 대화를 기록할 것이고, 모든 행동을 사진으로 찍고, 모든 사건의 세부적인 내용까지도 다 아실 것이다"라고 가르쳤다(랍비 M. M. 야샤르[Yashar]의 하하페쯔 하임 하야브 우푸알로[HaChafetz Chaim Chayav Ufualo], 1권, p. 259).

21세기 기술과 전자통신망은 하나님의 섭리에 대한 더욱 뚜렷한 비유를 제공하게 되었다. 오늘날 우리는 멀리서 사진을 찍을 수 있으며, 수천 마일이나 멀리 떨어진 곳의 목소리와 사진을 찍어 지구 건너 혹은 그 너머에 전송할 수 있다. 또한 컴퓨터는 도서관 하나를 채우고도 남을 양의 문서를 보이지 않는 형태로 저장할 수 있다. 따라서 '모든 것을 보는 눈, 모든 것을 듣는 귀, 그리고 네 모든 행동들은 책에 기록된다.'는 구절만큼 하나님에 대한 명쾌하고 뚜렷한 가르침은 더 이상 없을 것이다.

미쉬나 2절   משנה ב

רַבָּן גַּמְלִיאֵל בְּנוֹ שֶׁל רַבִּי יְהוּדָה הַנָּשִׂיא אוֹמֵר,
יָפֶה תַלְמוּד תּוֹרָה עִם דֶּרֶךְ אֶרֶץ,
שֶׁיְּגִיעַת שְׁנֵיהֶם מְשַׁכַּחַת עָוֹן.
וְכָל תּוֹרָה שֶׁאֵין עִמָּהּ מְלָאכָה,
סוֹפָהּ בְּטֵלָה וְגוֹרֶרֶת עָוֹן.
וְכָל הָעֲמֵלִים עִם הַצִּבּוּר,
יִהְיוּ עֲמֵלִים עִמָּהֶם לְשֵׁם שָׁמַיִם,
שֶׁזְּכוּת אֲבוֹתָם מְסַיַּעְתָּן וְצִדְקָתָם עוֹמֶדֶת לָעַד.
וְאַתֶּם, מַעֲלֶה אֲנִי עֲלֵיכֶם שָׂכָר הַרְבֵּה כְּאִלּוּ עֲשִׂיתֶם.

랍비 예후다 하나시의 아들인 라반 감리엘은 말한다:
토라 연구는 직업과 함께 하는 것이 좋다.
왜냐하면 두 가지 일에 동시에 전심전력하는 것은
죄짓는 것을 잊게 만들기 때문이다.
직업과 함께 하지 않는 모든 토라 연구는
결국에 가서는 그만 두게 되거나,
죄로 이끌려 갈 것이다.
공동체를 위해 스스로 전력하는 모든 사람들은 천국을 위해서 전력하는 것이다.
왜냐하면 바로 그때 공동체의 조상들의 선한 행위가 그들을 돕고
그들의 의로움은 영원히 지속될 것이기 때문이다.
그럼에도 불구하고, 너희에 관해서는,
나[하나님]는 네가 스스로 그 모든 것을 다 수행한 것처럼
너에게 가능한 커다란 보상을 해줄 것이다.

미쉬나 2절

라반 감리엘 벤 랍비 유다: 그의 생애와 시대적 배경

랍비 예후다가 세상을 떠나고, 마르커스 오렐리우스 안토니누스가 죽게 되자 로마 제국의 붕괴가 시작되었다. 이러한 위기 상황은 이스라엘의 땅에 살던 유대인들을 포함하여 방대한 로마 제국에 포함되어 있던 수많은 민족들에게 고난을 가져왔다. 상거래는 줄어들었고, 세금의 부담은 늘었으며, 그 결과 생활수준은 급격하게 나락으로 떨어졌다.

***

랍비 예후다의 아들인 라반 감리엘은 랍비 예후다의 뒤를 이어 나시가 되었다. 랍비 예후다는 죽음을 앞두고 "내 아들 쉬므온이 지혜로울지라도 감리엘이 나시가 되어야 한다. 왜냐하면 감리엘은 나처럼 죄를 두려워하기 때문이다"라고 유언을 남겼다(케투보트 103b).

라반 감리엘은 랍비 예후다의 가르침을 그대로 고수했다. 그래서 라반 감리엘은 랍비 예후다의 사후에 라브(랍비 예후다의 제자)가 그에게 와

서 할라하의 개정을 요구했을 때 "나는 아버지가 물려준 것에 아무것도 더하지 않을 것입니다"라며 그를 돌려보냈다(예루샬미, 하기가 1:8).

전체 탈무드 가운데 라반 감리엘의 직접적인 가르침은 오직 이 미쉬나에만 기록되어 있다. 하지만 다른 곳에서는 아버지의 견해를 인용하거나 갈릴리에서 활동하던 현인들의 관행을 거론하기도 했다.

라반 감리엘의 경건함은 다양한 방식으로 표현되어 있다. 예를 들면, 그는 반드시 정결 의식(Ritual Purity)을 하고 난 뒤에야 식사를 했다고 한다(훌린 106a). 라반 감리엘에게는 랍비 예후다 네시아(Nesiah)와 힐렐(Hillel)이라는 두 아들이 있었다(페사힘 51a).

시대적 배경을 반영한 미쉬나

하시드 랍비 요세프 야베쯔는 이 미쉬나를 그 시대의 메아리로 보았다. 그는 랍비 예후다의 시대에는 토라 연구가 범죄를 예방하는 수단으로 충분했다고 한다.

그러나 그의 죽음과 함께 이러한 방식은 더 이상 유지되지 않았으며, 토라 연구와 일을 병행하게 됨으로써 두 가지 일에 몰두하게 되어 죄를 지을 겨를이 없게 되었다는 것이다. 또한 랍비 예후다의 시대는 풍요로웠기 때문에 토라 학자들이 경제적 부담 없이 연구에 매진할 수 있었다. 하지만 그가 죽고 난 이후에는 학자들도 수입원을 찾아야 했다. 그래서 라반 감리엘은 일하는 것을 가리켜 존경스럽고 칭찬을 받을만한 훌륭한 노력이라고 했다.

'데레크 에레쯔'란 무엇인가?

라쉬와 람밤을 비롯한 여러 학자들은 데레크 에레쯔를 '일'이라고 설명했다. 다양한 랍비 문헌들이 이 해석을 지지하고 있다. 예를 들면, 탈무드는 '너희가 곡식과 포도주와 기름을 얻을 것이요'(신 11:14)라는 구절의 목적이 '이 율법 책을 네 입에서 떠나지 말게 하라'(수 1:8)라는 구절을 가르치기 위한 것이기 때문에 문자 그대로 받아들여서는 안 된다고 한다. '너희가 곡식을 얻을 것'이라는 구절의 의미는 반드시 '데레크 에레쯔' 즉, 일을 해야 한다는 것을 가르치고 있다는 것이다(베라호트 35b).

***

이와는 달리, 메이리와 톨레도의 랍비 이스라엘(랍비누 이쯔학 벤 슐로모와 야베쯔의 주석에 인용), 그리고 랍비 요세프 벤 슈샨과 랍비 요세프 야베쯔 같은 권위자들은 '데레크 에레쯔'가 '올바른 행동'을 의미하는 것이라고 했다.

이 또한 현인들의 인정을 받는 해석이다. 예를 들면, 탈무드는 '올바른 행동'을 '데레크 에레쯔의 법'(베라호트 22a)이라고 기록했다. 또한 탈무드에는 올바른 인성계발에 주안점을 둔 '데레크 에레쯔 라바'와 '데레크 에레쯔 주타'라는 두 권의 책도 있다. 가장 잘 알려진 바로는 현인들이 "데레크 에레쯔가 토라보다 더 우선한다."라고 가르친 것도 있다('탄나 드베이 엘리야후'[Tanna DeVei Eliyahu], 1장의 서문; 바이크라 라바 9:3).

이와 같이 두 가지 해석이 존재하기 때문에 이 미쉬나를 이해하는데 어려움이 있다. 하지만 이 문제들은 '데레크 에레쯔'가 두 가지 의미를 다 포함하고 있다고 해석하는 것으로 해소된다. 미쉬나가 '토라 연구가 데레크 에레쯔와 병행할 때 유익하다'라고 할 때 이는 '올바른 행동'과 수입을 얻을 수 있는 '일', 둘 다를 가리키는 것이다.

또한 '두 가지 일에 몰두하게 되면 죄 짓는 것을 잊게 되기 때문이다'라는 구절은 토라 연구와 자기 계발의 의미를 가진 '데레크 에레쯔'를 언급하는 것이다. 마지막으로, '일과 병행되지 않는 토라 연구는 결국에는 그만두게 된다'는 구절은 분명 '일'을 의미하는 것이다. (라베이누 요세프 벤 슈샨과 라베이누 아브라함 프리쫄 및 라베이누 요나도 이와 비슷한 견해를 제시한다)

"토라 연구는 '데레크 에레쯔'(derech eretz)와 병행 하는 것이 좋으며, 이는 두 가지 일에 몰두하게 되면 죄 짓는 것을 잊게 되기 때문이다"

모든 공동체에는 자신의 잘못을 지적하는 사람의 트집을 잡아 오히려 자신의 행위를 정당화하려는 사람들이 있다. 화를 잘 내는 기질이 있는 토라 학자라면 그런 무뢰한을 질책할 때 득보다는 실이 더 많을 것이다. 자신의 인격을 성숙하게 한 뒤에야 그의 책망이 유익한 영향을 끼칠 수 있을 것이다. 토라와 데레크 에레쯔(성숙된 인격)가 하나가 되어야만 죄를 뉘우치라는 설득이 통할 수 있을 것이다. (메이리)

"일과 병행되지 않는 토라 연구는 결국에는 그만두게 되거나 죄로 끌려가게 될 것이다"

앞 절의 미쉬나에서 죄를 말할 때에는 아베이라(עבירה)라는 단어를 사용하고, 여기에서는 아본(עון)을 쓰는 이유는 무엇 때문인가?

'아베이라'라는 단어는 자신이 의도하지 않게 부지중에 경솔하게 지은 죄를 가리키는 것이며, 반면에 '아본'은 알고도 지은 의도적인 죄를 의미한다. 앞 절에서 세 가지를 기억하고 있다면 '아베이라'에서 벗어날 수 있다고 했기 때문에 의도가 없거나 순간적으로 벌어지는 죄를 짓지 않을 것이라고 한다.

이 미쉬나에서 추론할 수 있는 점은, 비록 '아본'(의도적인 죄)을 저질렀다고 하더라도 토라를 연구하고 데레크 에레쯔에 몰두함으로써 죄가 사라지도록 할 수 있다는 것이다. 그래서 토라 연구는 데레크 에레쯔와 병행하는 것이 좋으며, 이는 두 가지 일에 몰두(사람들 사이에 올바른 관계를 가르친다는 의미에서, 토라 연구와 데레크 에레쯔에 몰두하는 것)하게 되면 하나님의 은혜로 죄를 짓는 것을 잊게 된다는 것이다.(랍비 메이르 레흐만이 랍비 슈무엘 디 오지다의 '미드라쉬 슈무엘'에 기록된 견해를 확대 해석함).

토라 연구는 겸손한 자세로 해야 한다

'데레크 에레쯔'를 직역하면 '땅의 길'을 의미한다. 사람은 누구도 예외 없이 땅이 필요하다. 모든 식물들은 땅에서 자라고 사람과 짐승은 그 과실을 먹는다. 또한 모든 사람들이 땅을 밟고 자신의 목적을 위해 이용하기도 한다. 그렇다고 땅이 일어나서 "모든 것이 나를 필요로 하고 나에 의해서 길러지기 때문에 더 이상 이런 무례를 참지 않겠다."라고 반박하겠는가? 물론 그렇지 않다!

이와 마찬가지로, 토라 연구도 땅의 길을 따를 때, 겸손함이 전제되어야 유익한 것이다. 토라와 지혜로 가득한 사람(모든 사람들이 필요로 하고 세상을 유지하도록 하는 자)이라도 겸손해야 하며, 모든 사람들의 발 아래에 있어 위에 군림해서는 안 된다(사디구라[Sadigura]의 레베가 '에세르 짜흐짜호트의 스트렐리스크'[Strelisk in Eser Tzachtzachos]의 거룩한 세라프[Seraf]를 인용함. 마아세 아보트[Maaseh Avos]에서 인용).

"토라와 병행하는 일; 연구에 대한 올바른 태도"

포리소프의 랍비 야아코브 쯔비(R' Yaakov Tzvi of Porisov)의 하시딤은 스승에게 이 미쉬나를 지키기 위해 성경을 잠시 옆으로 제쳐놓고 일을 찾아야 하는지 물었다. 그때 랍비는 이 미쉬나를 다르게 풀이한 해석으로 대답했다. 현인들은 토라 연구와 상거래를 병행하라고 가르친 것이 아니라 토라 연구에 '힘써야'(work) 한다고 가르쳤다는 것이다(하시딤 므사프림[Chassidim Msaprim] III 146, 마야노트 하네짜흐에서 인용).

긴제이 요세프(Ginzei Yosef)도 '토라 연구에 최선의 노력을 다해 할라하를 광범위하게 이해하지 않는다면, 그의 연구는 시간낭비가 될 것'이라고 유사한 가르침을 베풀었다(긴제이 요세프 에모르[Emor], 마아세 아보트에 인용).

***

랍비 슈무엘 디 오지다는 '일'을 계명을 준행하는 것과 관련하여 해석했다. 토라를 연구하는 것은 계명을 준행하는 것을 병행할 때에야 비로소 유익하다는 것이다(랍비의 지위와 사람들로부터 존경을 받기 위한 연구는 제외된다). 일단 토라의 지식을 습득하게 되면 더 이상 부지중에 짓는 죄는 범하지 않게 된다. 따라서 계명을 지킬 의사가 없는 토라 연구는 고의적인 범죄를 초래하게 된다. (미드라쉬 슈무엘)

***

'일'을 할라하 판결에 관련된 것으로 해석하는 학자도 있었다. 어떤 이들은 유대교 율법의 개요를 배워서 할라하 전문가로 행세하기도 한다. 하지만 할라하의 중요한 사례를 연구하지 않고서는 결코 이 분야의 권위자가 될 수 없다. 할라하를 깊이 있게 연구하는 것이 진정한 '일'이며, 이것이 없이는 할라하의 판결을 바르게 할 수 없기 때문에 죄를 초래하게 되는 것이다(베이트 아하론, 마야놈 셸 아보트[Mayanom shel Avos]에서 인용).

일 – 다른 사람에게 토라를 가르치는 것

혹자는 '일'을 토라를 가르치는 것이라고 해석하기도 했다. 탈무드는 "다윗이 말씀을 가르쳤기 때문에 그의 토라 지식은 유지되었지만 사울은 그렇게 하지 않았다. 그래서 사울의 토라 지식은 사라져 버렸고 이 때문에 잘못된 할라하 판결을 내릴 수밖에 없었다."라고 가르치는 것과 관련시켰다(에이루빈 53a).

하삼 소페르(Chasam Sofer)는 이 탈무드 문장에 기초하여 '에녹이 하나님과 동행하더니 하나님이 그를 데려가시므로 세상에 있지 아니하였더라.'(창 5:24)라는 성경구절에 대한 해석을 제시했다. 그는 에녹이 하나님과 동행했지만 다른 사람들과 동행하거나 그들에게 영향을 주려고 하지 않았다고 한다. 그래서 하나님이 에녹을 데려가셨을 때 그에 대한 기억이 전혀 남아 있지 않았으며, 당대의 이웃에게 어떠한 좋은 영향력도 끼치지 않았다는 것이다. 반면에, 아브라함은 이웃들에게 지대한 관심을 가졌기 때문에 그에 대한 기억이 영원히 남게 되었다.

이 미쉬나를 같은 맥락으로 볼 수 있다. 다른 이들에게 영향을 주지 못하는 토라 연구는 그 연구자가 죽게 되면 아무런 흔적도 남길 수 없으며, 그가 살아있을 때에도 죄를 초래하게 될 것이다. 하지만 공동체를 유익하게 하는 자를 통해서는 결코 죄가 일어나지 않을 것이라고 확신할 수 있다(2:2, 5:18).

***

베르디쵸프(Berditchov)의 랍비 이쯔하크는 '일'은 유대 민족을 사랑하는 것이라는 바알 셈 토브의 가르침을 인용했다. 어떠한 토라 연구이든지 간에 유대 민족을 사랑하는 '일'이 병행되지 않은 토라 연구는 진정한 연구가 아니라는 것이다('세페르 하시호트 셸 하아드모르 밀루바비츠'[Sefer HaSichos shel HaAdmor MiLubavitch], '밀레이 드하시두사'[Milei DeChasidusa]에서 인용).

***

끝으로, 이 미쉬나의 최초의 해석은 일(מְלָאכָה[믈라하])과 천사(מַלְאָךְ[말라흐])를 결부시킨 것이다. 즉, 이상적으로 토라를 연구하는 사람은 천사를 창조한다는 것이다. 하지만 다른 의도를 가지고 연구한 토라에는 천사가 동행하지 않기 때문에 결국 쓸모없게 되어 잊혀지고 말 것이다.(얄쿠트 하게르슈니[Yalkut HaGershuni], 리쿠테이 바사르 리쿠테이[Likutei Basar Likutei]에서 인용)

> **"공동체를 위해 최선을 다해 활동하는 모든 사람들은
> 결국 천국을 위한 일을 하게 되는 것이다. 이는 선조들의 공로가
> 그들을 돕고, 그들의 의로움이 영원히 지속될 것이기 때문이다"**

공동체 지도자로서의 일이 어렵더라도 유대인 선조들의 공로가 그의 성공을 도울 것이다(랍비 요세프 바르 슈산을 비롯한 대부분의 주석가들). 각각 자신만의 특별한 능력을 지닌 족장들인 '아브라함, 이삭, 야곱'이 합력하여 사심없이 유대민족을 이끄는 지도자들을 도울 것이다.(아보트를 주해한 데레흐 하하임에 인용된 마하랄)

공동체 지도자의 성공이 그의 노력보다 선조들의 공로에서 비롯된 것인 만큼 자신의 직임에 대하여 많은 사례를 요구할 명분이 없다(라베이누 요나).

***

그러나 메이리는 이 조항을 다르게 이해했다. 그는 '선조들의 공로'가 지도자의 선조들을 암시한다고 보았다. 지도자의 선조들이 특별히 위대했기 때문에 그가 지도자로서 선택된 것이라 생각할 수 있다. 따라서 선조들의 공로가 확실히 그에게 도움이 된다는 것이다(라베이누 아브라함 프리쫄).

**그럼에도 불구하고 내(하나님)는 네가 스스로 그 모든 것을 다
수행한 것처럼 너에게 가능한 커다란 보상을 해줄 것이다**

왜 3인칭으로 시작한 미쉬나가 직접적인 충고로 이어지는 것일까? 그 이유는 공동체 지도자는 특별한 격려가 필요하기 때문이다. 공동체 지도

자들은 자신들이 성취한 일은 무엇이든지 선조들의 공로로 여겨지기 때문에 자신들은 어떠한 보상도 받지 못할 것이라고 생각할 수 있다. 그래서 미쉬나는 하나님이 그들의 공로로 모든 결과를 이루어낸 것처럼 보상을 내리신다고 확신시켜 주는 것이라고 한다(라베이누 요나, 참조. 랍비 요세프 벤 슈샨과 라쉬바쯔).

가끔은 공동체 지도자들이 성취할 수 없게 보이는 목표들을 만나게 된다. 그럴 때에도 절망해서는 안 되며, 순수한 마음으로 그 닿을 수 없는 목표에 도전해야 한다. 그렇게 하면 선조들의 공로가 그들을 도울 것이다. 하나님은 선조들이 그들이 모은 기부금을 주머니 밖으로 꺼내 주듯이 그들에게 보상을 내릴 것이다(라베이누 요나).

때로는 공동체를 위해 일하는 이들은 다른 계명을 지키지 못할 수도 있다. 이 미쉬나에 의하면, 하나님은 그들이 지키지 못한 계명들에 대해서도 마치 그들이 실제로 계명을 지킨 것처럼 보상을 내리실 것이라고 약속하셨다.(람밤) 또한 공동체 지도자들이 최선의 노력을 다했음에도 불구하고 실패할 때도 있다. 이 미쉬나는 그들의 선한 의도로 인해 보상을 받는다고 확신시킨다.(라베이누 바흐야)

일의 공로가 선조의 공로보다 위대하다

앞서 말한 대로 일의 공로는 선조의 공로보다 더 위대하다. 공동체를 위해 일하는 사람은 일을 할 시간이 없거니와 할라하의 자유를 누릴 여유도 없다. 라브 후나(Rav Huna)는 슈무엘의 가르침을 인용하여 "공동체의 지도자로 임명된 자는 세 사람이 있는 곳에서 노동이 금지된다."라고 말했다(키두쉰 70a). 그래서 미쉬나는 "선조들의 공로가 그들을 도울 것이다"라고 말했지만, 선조들의 공로가 충분하지 않다면 "너희들이 그 일을 한 것처럼 내가 큰 보상을 내릴 것"이라고 한다.(참조. 마겐 아보트)

부유한 자의 일

랍비 메이르 레흐만은 그의 메이르 네시브에서 이 미쉬나는 상상을 초월할 만큼 엄청난 부유함 속에 자란 사람이 쓴 것이라고 주장했다. 그는 일하지 않고 살 수 있는 사람이라도 일의 중요성에 대해 반드시 감사해야 한다고 말했다. 비록 그가 나무를 베고 벽돌을 구울 필요가 없을지라도 최소한 공동체를 위해 일해야 하며 지역의 발전을 위해 그의 능력을 사용해야 한다는 것이다.

미쉬나 3절 　　　　　　　　　　　　　　משנה ג．

הֱווּ זְהִירִין בָּרָשׁוּת,
שֶׁאֵין מְקָרְבִין לוֹ לָאָדָם אֶלָּא לְצֹרֶךְ עַצְמָן．
נִרְאִין כְּאוֹהֲבִין בִּשְׁעַת הֲנָאָתָן，
וְאֵין עוֹמְדִין לוֹ לָאָדָם בִּשְׁעַת דָּחְקוֹ．

정부 관리들을 주의하라.
왜냐하면 그들은 오직 그들에게 이익이 되는 사람들에게만
친구가 될 것이기 때문이다.
그들이 그들에게 이득이 될 때는 친근하게 행동하지만,
너희가 필요할 때에 너희 곁에 있어주지는 않는다.

미쉬나 3절

'정부를 주의하라' 와 '정부에게 알려지지 말라'

1장 10절에서 슈마야(Shemaya)는 '정부에게 알려지지 말아야 한다.'라고 가르친다. 하지만 이 미쉬나는 정부 관리들과 일을 할 때 '주의해야 한다'고 완곡하게 일깨워준다. 그렇다고 해서 이 두 미쉬나가 모순이라고 할 수는 없다. 두 미쉬나의 대상이 서로 신분이 다르기 때문이다. 슈마야는 정부에게 알려질 일이 없는 일반인을 대상으로 말하는 것이다. 반면에, 이 미쉬나는 공동체 지도자들에게 가르친 것이다. 지도자라면 정부 관리들과 반드시 만나게 되겠지만, 정부 관리들에 대해서는 항상 주의를 기울이고 있어야 한다.

***

이 두 미쉬나의 문맥을 제공한 시대적 배경을 통해서 또 다른 관점을 얻을 수 있다. 슈마야가 정부를 아예 피하는 것이 좋다고 가르쳤던 때는 히르카누스와 아리스토블루스가 시리아 안티오쿠스의 군 사령관으로 있던 폼페이를 찾아가 둘 사이의 분쟁을 해결해달라고 호소했던 시기였다. 결국 이 사건으로 인해 폼페이의 군대가 이스라엘의 땅으로 오게 된다. 슈마야는 히르카누스와 아리스토불루스가 부주의하게 행동했던 것을 염두에 두고 이방인 정부의 눈에 띄지 말라는 충고를 했던 것이다.

그러나 라반 감리엘의 시대는 상황이 완전히 달랐다. 유대인들은 로마 정부에 복속되어 있었기 때문에 유대인 지도자들은 로마의 박해를 완화하기 위하여 로마 관리들과 계속적인 접촉을 해야만 했다. 그래서 라반 감리엘은 유대인 지도자들이 로마의 지도자 계층들을 대할 때에는 신중을 기하라고 조언한 것이다(무싸르 아보트와 메이르 네시브).

***

이 미쉬나 전체는 슈마야의 가르침을 문맥화하고 그 뉘앙스를 설명하는 것이라고 볼 수 있다. 슈마야는 '일을 사랑하라'라고 했지만, 라반 감리엘은 '데레크 에레쯔와 병행하여 토라를 연구'하라고 덧붙였다. 슈마야가 지도자 직분을 싫어해야 한다고 가르쳤을 때, 라반 감리엘은 공동체를 위해 일하는 사람은 천국을 위해서도 일해야 한다고 더했다. 마지막으로 슈마야가 '정부에 알려지지 말라'고 했을 때, 라반 감리엘은 '지도자가 직분을 싫어해야 한다. 그 시대에 이는 불가피하지만 그럼에도 정부(관리)를 주의해야 한다'고 덧붙였다.(미드라쉬 슈무엘)

'레슈트' 와 '말후트'

슈마야와 라반 감리엘은 통치권을 가진 당국을 '레슈트'라고 불렀다. 레슈트는 정의나 책임 따위에 개의치 않고 제멋대로 행동하는 무법 정권을 뜻한다. 법과 질서를 좀 더 갖춘 형태의 정부를 '말후트'라고 불렀다. 말후트는 랍비 하니나 세간 하코하님이 정부를 위해 기도하라고 권할 만한 통치 당국을 말한다.(3:2, 메이르 네시브)

주의하라. 이 미쉬나는 우리에게 무엇을 경고 하는가?
주석가들은 라반 감리엘의 의도에 대해 다양한 견해를 제시한다. 미드라쉬 슈무엘에 의하면, 무법 정권의 관리들의 탐욕은 끝이 없기 때문에 많은 뇌물을 주어서 그들의 탐욕을 자극해서는 안 된다고 한다. 라쉬바쯔는 그런 정권의 지도자들을 너무 신뢰해서는 안 된다고 덧붙였다. 이는 자신뿐만이 아니라 다른 사람들에게도 큰 피해가 되기 때문이다.

마하람 쉬크(Maharam Shick)에 의하면, 이 미쉬나는 그런 정부에 의존하지 말고 오직 여호와 하나님만이 우리를 도울 수 있다는 것을 명심하라고 경고한다는 것이다. 어떤 학자는 토라 연구와 기도 그리고 일을 하지 않으면서 유대인들을 위해 일해서는 안 된다고 해석했다. 이는 하나님을 믿는 자의 도리가 아니기 때문이다. 끝으로, 하이짜리의 랍비 메타스야(R' Metasyah HaYitzhari)는 그런 무법자들에게 과장된 존경을 표해서라도 그들의 자부심을 만족시켜야 한다고 말했다.

> **"그들은 자신들의 이익을 위해서만 [나에게] 잘 대해준다.
> 그들에게 필요할 때에는 [나를] 친구인 것처럼 대하지만
> 정작 [내가] 필요로 할 때에는 곁에 있어 주지 않는다."**

로마의 세리가 공금을 착복하는 짓은 특별한 일이 아니었다. 때때로 책임감 있는 지도자들조차도 그들의 탐욕을 누그러뜨리기 위해 세리에게 뇌물을 주었다. 하지만 라반 감리엘은 '정부를 주의하라'고 경고했다. 이는 돈을 추구하는 사람들의 욕구를 만족시킬 수 없을 것이라는 말이었다. 지금은 그들이 친절하게 대할지라도 더 이상 뇌물을 받지 못하게 된다면 강도로 돌변할 것이다.

타협에 적대적인 유대인의 자부심과 힘

최초로 기록된 약한 유대인과 강력한 공격자의 대면은 야곱과 그의 형 에서였다. 야곱은 이 대면에 앞서 천사(혹은 심부름꾼)를 통해 굴욕적인 메시지를 에서에게 보냈다. "야곱이 말하기를 내가 내 앞에 보내는 예물로 형의 감정을 푼 후에 대면하면 형이 혹시 나를 받아 주리라 함이었더라."(창 32:20)

이와 같이 야곱이 자신을 낮추고 형의 자만심을 높인 것이 과연 올바른 행동이었는가? 미드라쉬는 "야곱이 에서를 '내 주인'으로 불렀을 때, 거룩하시고 복되신 하나님은 야곱에게 '네가 여덟 번 자신을 낮추고 에서를 주인이라 불렀으니, 네 후손 가운데 왕이 나오기 전에 에서의 후손 가운데 왕이 여덟 번 나올 것이다"라고 했다.(버레이쉬트 라바 75:11) 람밤은 "이 이야기는 에돔[에서의 후손]의 손에 망한 우리의 모습을 내다본 것이다"라며 좀 더 신랄하게 이 미쉬나를 비판했다.

그러나 랍비 오바댜 스포르노는 야곱의 행동이 긍정적인 결과를 가져

왔다고 한다. 잠시나마 에서의 분노를 누그러뜨릴 수 있었기 때문이다. "야곱이 자기를 낮추었기 때문에 잠시 동안만이라도 에서의 마음이 부드러워졌다. 만약 제2성전 시대의 바르요님(baryonim)이 야곱과 같이 처신했다면 성전은 파괴되지 않았을 것이다"라고 스포르노는 결론지었다.

현인들은 야곱의 행동을 현실적인 모범이라고 본다. 랍비 예후다 하나시는 '라브 에페트'(Rav Efes)에게 '안토니누스 황제에게 시종 예후다가 보내는 글'이라고 써서 황제에게 서신을 보내라고 했다. 라브 에페트가 "왜 자신을 그리 낮추십니까?"라고 반문했을 때, 예후다는 "내가 내 조상보다 더 나은가? 야곱이 '당신의 종 야곱'이라고 하지 않았는가?"라고 대답했다.

라브 요하난은 왕이나 통치자의 마음을 흡족하게 하고자 하나 그들의 관습이나 의식에 대해 잘 모른다면, 야곱과 에서의 만남을 떠올리고 야곱으로부터 회유를 위한 처신을 배워야 한다는 원칙을 가르쳤다.(미드라쉬 레카흐[Lekach] 토브)

세속적인 일에도 주의하라

랍비 슈무엘 디 오지다는 레슈트를 '정권'이 아니라 '허용된 행동'으로 해석함으로써 또 다른 관점을 보여주었다. 즉, '허용된 행동을 할 때에도 주의를 기울이라'는 것이다. 토라가 과식이나 음주를 허용한다고 해도 자신의 행동과 식욕을 절제해야 한다.

마찬가지로, 라바드(Ravad)는 '바알레이 하네페쉬'(Baalei HaNefesh)에서 다음과 같이 주장했다. '악한 성향이 제일 먼저 하는 행동은 허락받은 쾌락들을 마음껏 누리게 하는 것이다. 일단 이에 익숙해지면 더 많은 쾌락과 즐거움을 끊임없이 원하게 된다. 또한 그의 악한 성향이 작은 죄를 짓게 하면, 작은 죄로 시작하여 점차 중대한 죄까지 저지르게 된다. 그래서 성경은 '죄가 문에 엎드려 있다'(창 4:7)라고 한 것이다. 즉, 죄는 허용된 행동(비록 허용된 것이지만 영적 성장에는 도움이 되지 않는 행동)의 입구에서 사람을 덮친다는 것을 잊지 않아야 한다.'

일반 대중을 주의하라

이 미쉬나를 최초로 해석한 미드라쉬 슈무엘(바그다드의 랍비 요세프 하임의 랍비 아보트를 인용함)은 '레슈트'를 지도자를 임명하거나 선출하는 '일반 대중(국민)'으로 해석한다. 일반 대중들은 이기적이며 변덕스럽기 때문에 그들이 선택한 대표가 잘하면 지지를 보내지만, 어떤 문제가 생긴다면 가차 없이 버리고 만다. 그래서 라반 감리엘은 일반 대중을 주의하라. 그들이 원하는 것을 얻게 되면 친구가 되어 주지만, 궁지에 몰린 사람 곁에는 서지 않는다고 강조한 것이다.

악한 성향을 주의하라

미드라쉬 슈무엘은 랍비 아보트의 가르침을 인용하여 또 다른 해석을 제시했다. 그는 마하리트(Maharit, 히두쉐이 하림[Chidushei HaRim]과 세파스 에메트[Sefas Emes]에 기록된 해석과 유사함)에서 들은 가르침을 인용했다. '레슈트'는 누구에게도 책임을 지지 않고, 문명인다운 행동에 대한 제약도 받지 않으며, 그 목적이 사람을 파멸로 인도하는 악한 성향에도 적용될 수 있다는 것이다.

라반 감리엘은 '악한 성향을 주의하라'고 한다. 이는 악한 성향이 사람을 직접 공격하는 것이 아니라 뒤에서 보이지 않게 공격하고, 욕망을 따르는 것에도 긍정적인 면이 있다고 감언이설로 속삭이며, 심지어는 하나님의 이름을 높이는 계명이라고 상대방을 속이기 때문이다.

라반 감리엘은 단호하게 '악한 성향을 따라서는 안 된다'고 주장한다.

악한 성향은 오직 자신의 이익만을 위해 사람을 유혹한다. 하지만 정작 그가 필요로 할 때는 그의 옆에서 함께 해주지 않는다. 쾌락이 사라지면 흔적도 남지 않으며, 유익하거나 도움이 될 만한 것이 전혀 없다는 것이다. 이와는 달리 긍정적인 행동은 언제나 유익하고 명확한 결과를 가져온다.

왕자를 믿지 말라

'민하트 샤보트'(Minchas Shabbos)는 레슈트가 '빈곤한 이들'을 가리킨다고 해석했다(레슈트는 가난함을 의미하는 라쉬[rash]에서 파생되었기 때문임). 부유했을 때 돈으로 친구를 사귄 사람이 자신의 재산을 모두 탕진하고 난 뒤에 친구들의 도움을 기대하는 것은 어리석은 일이다. 사람들은 자신에게 이익을 주지 않거나, 상대방의 부유함을 통해서 무언가를 기대할 수 없다면 결코 친구로 삼지 않는다. 만약 부유한 자가 나락으로 떨어진다면 돈 때문에 친구가 된 자들은 그에게서 떨어져 나간다. 따라서 라반 감리엘은 어려운 상황에 처했다면 하나님에게 돌아가라고 말한다.

형편이 좋을 때에만 친구가 되며 도움이 되지 않는 친구들의 사례를 에스더서(Book of Esther)에서도 찾을 수 있다. 하만이 전도유망한 정부관리였을 때에는 '친구들'과 상의했지만(에 5:10, 6:13), 권력을 손에 쥐고 모르드개를 좌천시키려고 할 때에는 '그의 모든 친구들'에게 불만을 터뜨렸다. 얼마 후에 모르드개를 말에 태우고 인도하라는 명령을 받았을 때에 또 다시 '친구들'에게 불평을 쏟아냈다. 이때 친구들은 하만에게 일어난 일을 듣고 나서 그가 더 이상 위로 올라가는 것이 아니라 왕의 신임을 잃었다는 것을 깨닫고 모두가 그의 곁을 떠났다. 그래서 성경은 같은 절(에 6:13)에서 '지혜로운 자들이 그에게 말했다'고 기록했다.

미쉬나 4절   משנה ד

הוּא הָיָה אוֹמֵר,
עֲשֵׂה רְצוֹנוֹ כִּרְצוֹנְךָ,
כְּדֵי שֶׁיַּעֲשֶׂה רְצוֹנְךָ כִּרְצוֹנוֹ.
בַּטֵּל רְצוֹנְךָ מִפְּנֵי רְצוֹנוֹ,
כְּדֵי שֶׁיְּבַטֵּל רְצוֹן אֲחֵרִים מִפְּנֵי רְצוֹנֶךָ.

그는 말하곤 했다:

너희 자신의 뜻처럼 그(다른 사람)의 뜻을 다루어라(행하라).

그러면 그도 그의 뜻인 것처럼 너희의 뜻을 다루게 될 것이다.

그의 뜻 앞에서 너희의 뜻을 포기하라.

그러면 그도 너희의 뜻 앞에서 다른 사람들의 뜻을 포기할 것이다.

미쉬나 4절

> "너희 자신의 뜻처럼 그(하나님)의 뜻을 다루어라(행하라).
> 그러면 그(하나님)도 그의 뜻인 것처럼
> 너희의 뜻을 다루게 될 것이다."

하나님의 뜻과 사람의 뜻을 일치시키는 것만큼 어려운 것은 없다. 라반 감리엘은 계명을 준수하려는 의지가 네 안에서 샘솟는 것처럼 계명을 지키라고 강력하게 권고한다. 하나님의 뜻을 행하고자 할 때 방해하는 장애물들은 감당하기 어려운 것처럼 보일 수도 있다. 그래서 라반 감리엘은 '그분의 뜻이 너의 뜻이 되게 하라'고 권고하는 것이다. 하늘의 뜻을 행하고자 하는 욕구가 개인적인 목표를 행하는 것보다 부족하지 않게 해야 한다는 것이다.

라반 감리엘은 계명의 준수 여부를 말하는 것이 아니라 이를 지키는 '태도'에 대해서 말하는 것이다. 즉, 열정과 즐거움을 가지고 계명을 준수한다면 하나님도 '너의 뜻을 자신(하나님)의 뜻처럼 여길 것'이라고 호응해 주신다는 뜻이다.

'랍비 야코브 벤 나흐미아스'(R' Yaakov ben Nachmias)에 의하면, 탈무드 예루샬미가 '네 뜻으로 그분의 뜻을 행하면, 그분이 그분의 뜻으로 너의 뜻을 행할 것이다'라고 이 미쉬나를 조금 다르게 기록했다고 한다. 즉, 하나님의 뜻인 계명을 마지못해 억지로 지키는 것이 아니라 기쁘고 즐거운 마음으로 준수한다면, 하나님도 그분의 뜻으로 우리의 뜻을 행하신다는 것이다. 하나님이 사람의 뜻을 행하실 때라도 언제나 '기쁨'으로 행하시는 것은 아니다. 때때로 하나님으로부터 온 보상이 좋지 않은 결과를 초래할 수도 있기 때문이다. '악인들은 풀 같이 자라고 악을 행하는 자들은 다 흥왕할지라도 영원히 멸망하리이다'.(시 92:7) 하지만 하나님의 뜻을 기쁘고 즐거운 마음으로 자발적으로 행한다면, 하나님은 수호의 영을 보내셔서 그의 뜻을 이루어주실 것이다.

현인들의 방식으로

순전히 자원하는 심령으로 하나님의 뜻을 지키려는 욕구가 현인들을 움직이는 동기였다. 예를 들면, 아모라(Amora) 사람 랍비 알렉산드리(R'Alexandri)는 다음과 같은 기도문을 작성했다.

"온 세상의 주인이시여, 저희가 당신의 뜻을 행하는 것이 저희의 소원임을 아십니다. 하지만 악한 성향과 저희를 짓누르는 억압이 이 소원을 방해하고 있습니다. 자원하는 심령으로 당신의 계명을 행할 수 있도록 악한 성향과 억압으로부터 저희를 구원하여 주시옵소서."(베라호트 17a)

탈무드는 샴마이 학파의 가르침을 언급하며, 식사를 마치고 감사 기도를 하지 않고 식탁에서 일어났다면, 그는 다른 어느 곳에서도 기도해서는 안 되기 때문에 다시 식탁으로 돌아와야 한다고 말했다. 탑의 꼭대기에 지갑을 놓고 왔다면 다시 돌아가 가져와야 하지 않겠는가? 사람이 자신의 명예를 떨어뜨리지 않기 위해서 그렇게 했다면, 하나님의 영광을 위해서는 더욱 더 그렇게 해야 하지 않는가?(베라호트 51b, 53a) 여기에서 현인들은 나의 뜻을 행할 때와 같은 부지런하고 민첩함으로 하나님의 뜻을 행할 것을 촉구한다는 것을 알 수 있다.

탈무드의 가르침에 의하면, 라브 나흐만 바르 이쯔하크는 금요일이 되면 가장 존경하는 스승이 방문할 때처럼 안식일 식탁을 준비했다고 한다. 그는 "만일 '라브 아미'(Rav Ami)와 '라비 아시'(Rav Asi)가 저희 집에 오신다면, 그들에게 존경을 표하기 위해 최선의 수고를 아끼지 않을 것인데, 하물며 거룩한 안식일이 오실 때에는 더더욱 그렇게 해야 되지 않겠습니까?(샤보트 119a)"라고 말했다.

탈무드의 또 다른 기록에 의하면, 라반 감리엘과 초막절에 사용하는 종려나무에 대한 이야기에서 그는 종려나무를 위해 1,000주즈를 지불했다고 한다. 물론 주안점은 '계명을 얼마나 사랑하는지'를 가르치기 위해 언급된 것이기 때문에 여기에서 종려나무에 대한 것은 부차적인 것에 지나지 않는다.(수카 41b)

람밤은 다음과 같이 말했다. 계명을 준행하면서 느끼는 '즐거움'과 그에게 명령하시는 하나님에 대한 '사랑'이 하나님을 섬기는 데 필요한 가장 가치 있는 수단이다. 이러한 즐거움을 경험하지 않으려는 자는 심판을 받아 마땅하다. 이는 성경에 '네가 모든 것이 풍족하여도 기쁨과 즐거운 마음으로 네 하나님 여호와를 섬기지 아니함으로 말미암아 처벌을 받았다'(신 28:47)라고 기록되어 있기 때문이다. 사람이 가질 수 있는 유일한 위대함과 영예는 다윗 왕이 '여호와 앞에서 뛰놀며 춤추었던'(삼하 6:16) 것처럼, 하나님 앞에서 마음껏 즐거워하는 것이다.(힐호트 루라브 [Hilchos Lulav] 8:15)

진정한 유익

주석가들은 '그분이 너의 뜻을 자신의 뜻처럼 여길 것이다'라는 구절을 토론하는 과정에서 '자신의 뜻처럼'이 문맥의 의미상 불필요한 것으로 보았다. 라베이누 요나는 이것이 하나님의 뜻이 사람들의 요구를 만족시키는 것이라고 했다. 때로는 소원을 들어주시려는 하나님을 사람이 막기도 하지만, 이 미쉬나는 하나님이 사람을 기뻐하시면 그의 세상적인 소원도 들어주신다고 한다. 이때는 사람의 소원이 하나님의 바람과 동일하기 때문이다.

라쉬바쯔는 이 문제를 다른 관점에서 접근했다. 그는 하나님이 자신의 모든 창조물을 돌보시지만, 하나님의 뜻을 즐거이 행하는 사람과의 관계는 각별하기 때문에 특별한 은혜와 섭리로 그의 소원을 들어주신다고 한다. 비록 그가 운명이나 그 시대의 죄악에서 비롯된 악한 환경 속에 있을지라도 하나님은 그를 보호해 주실 것이다.

***

랍비 이쯔하크 카로(R'Yitzchak Karo)와 하시드 야베쯔(Chasid Yaavetz)는 사람이 자신에게 무엇이 좋은지를 알지 못할 때도 있다고 설명했다. 그래서 미쉬나는 '그분이 너의 뜻을 자신의 뜻처럼 여길 것이다'라고 기록했다는 것이다. 하나님은 진정으로 사람에게 좋은 것이 무엇인지를 알고 계시기 때문이다.

새 달을 위한 축사에서도 같은 뜻이 나타난다는 것을 알 수 있다. '여호와께서 우리 마음의 소원을 들어주시기를 원합니다.' 마음의 소원이 근시안적이기 때문에 우리가 이해할 수 없을지라도, 우리에게 참된 유익이

무엇인지를 잘 아시는 하나님이 이루어 주시기를 간구한다는 것이다.(리쿠테이 바사르 리쿠테이)

필자의 스승인 랍비 슐로모 잘만 아우어바흐에게서 비슷한 가르침을 들은 적이 있다. 식사 후 기도에서 반복되는 어구인 "유익한 모든 것을 … 저희에게 주시고, 저희가 유익한 모든 것에서 부족하지 않게 하소서"에서 이를 확인할 수 있다. 랍비 아우어바흐의 설명은 올람(Olam)이라는 단어가 '영원히'와 '세상'을 뜻하고, '세상'이 '사람'을 의미한다는 점에 기인한 것이다. 참된 유익이란 하나님이 보시기에 영적인 대상들인 토라와 계명에 관련된 문제들이라는 것이다. 하지만 세상 사람들에게는 다른 것들이 '유익한 것'으로 보인다. 따라서 우리는 먼저 유익한 모든 것, 즉 사람에게 영원한 생명과 완전함을 가져다 줄 유익함을 구하고, 더불어 일반적으로 유익하다고 생각하는 것도 모자람이 없이 채워달라고 간구하는 것이다.

"그분의 뜻 앞에서 너의 뜻을 포기하라"

많은 주석가들은 서로 상반된 이 미쉬나의 두 문장(너의 뜻을 그분의 뜻으로 여기게 하라, 그분의 뜻 앞에서 너의 뜻을 포기하라)들을 각각 긍정적인 계명은 준행하고, 금지된 계명은 하지 않아야 한다는 뜻으로 이해했다.

이와 마찬가지로, 랍비 엘아자르 벤 아사랴는 "돼지고기를 먹고 싶지 않다고 말해서는 안 된다 … 그것을 먹고 싶어 하는 것은 당연하다. 오히려 '어떻게 하지, 하늘에 계신 아버지께서 이를 금지하셨는데 …' "라고 말해야 한다. 죄를 피함으로써 그는 천국의 멍에를 지는 것이다.(시프라

[Sifra], 바이크라, 케도쉼[Kedoshim] 20:23) 즉, 하나님의 뜻 앞에서 자신의 소원들을 부정할 때 그는 하나님의 통치를 받아들인다는 것이다.

'그분도 다른 이들의 뜻을 부정하실 것이다'라는 구절은 하나님 앞에서 자신의 뜻을 부정한 것에 대한 보상을 약속한 것처럼 보인다. 하지만 라베이누 요세프 벤 슈샨은 이를 다르게 이해했다. 이는 상에 대한 보장이 아니라 건강한 삶으로의 안내하는 지침이라는 것이다. 의사가 환자에게 자신의 처방을 따르는데 나오는 긍정적인 결과를 약속하듯, 이 미쉬나는 하나님의 뜻을 준행할 때 나타나는 결과를 말해주는 것이다.

네 자신을 하나님에게 드려라

하나님을 섬기기 위해 자신의 소원을 포기하는 것은 쉽지 않지만, 그럼에도 불구하고 이는 유대교의 필수적인 조건이다. '너희 중에 누구든지 여호와께 예물을 드리려거든 가축 중에서 소나 양으로 예물을 드릴지니라.'(레 1:2) 이를 직역하면 '너희가 여호와께 (너의) 제물을 드릴 때'로 시작한다. 즉, 동물을 제물로 드리기 전에 반드시 자기 자신과 자신의 뜻, 그리고 소원을 하나님께 드려야 한다는 것이다.

또한 히브리어 '미켐'(Mikem)은 '너의'라는 뜻이지만, '미다 케네게드 미다'(midah keneged midah)의 머리글자를 조합한 것이라고 이해한다면, '눈에는 눈, 이에는 이'(measure for measure)라는 뜻이 될 것이다. 즉, 사람이 자신의 뜻을 하나님께 드리면, 하나님도 그에 상응하는 보상을 내리신다는 것이다.

필자의 장인이신 고(故) 랍비 이쯔하크 예디다 프렌켈(R'Yitzchak Yedidiah Frenkel)은 다음과 같은 이야기를 들려주었다. 사람은 하나님이 바라시는 대로 제물은 드리지만 자신의 마음은 다른 곳에 있을 때가 있다고 한다. 자신의 전인격을 하나님에게 가져갈 때, 즉 '사람이 자신을 제물로 드릴 때' 진정으로 '여호와께' 드리는 것이 되고 하나님은 받아들일 것이다. 하지만 단지 겉치레뿐인 찬양을 드리거나 단순히 소나 양을 바치는 것이라면, 하나님으로부터 '너의 제물'이라는 소리를 듣게 된다. 오직 너의 제물일 뿐, 하나님의 제물은 아니라는 것이다.

***

이사야는 마음을 담지 않는 예배에 대해서 하나님이 "왜 내가 '너의 제물'을 필요로 하겠느냐?"라고 말씀하셨다고 한다. 이사야는 다음과 같이 성경에 기록했다.

"여호와께서 말씀하시되 너희의 무수한 제물이 내게 무엇이 유익하뇨 나는 숫양의 번제와 살진 짐승의 기름에 배불렀고, 나는 수송아지나 어린 양이나 숫염소의 피를 기뻐하지 아니하노라 … 너희는 스스로 씻으며 스스로 깨끗하게 하여 내 목전에서 너희 악한 행실을 버리며 행악을 그치고"(사 1:11-16)

비록 어려울지라도, 그러한 자기희생은 악한 법령들을 극복하는 유일한 수단이기도 하다. 랍비 쉬므온 벤 메나시아(R'Shimon ben Menasia)는 하만이 유대인들을 파괴하고, 죽이고, 제거하고자 했지만, 오직 에스더의 자기희생 때문에 그의 계략은 무산되었다고 말한다.

에스더가 왜 하만을 그녀의 만찬에 초대했는가? 탈무드에 의하면, 에스더가 자신에게 '하나님이 이를 보시고 우리를 위해 기적을 행하실지도 모른다.'(메길라 15b)라고 말했다고 한다. 이에 대해 라쉬는 '하나님은 내가 이 악한 남자 앞에서 어쩔 수 없이 비굴해진 것을 보시고, 내 희생에 대한 보상으로 기적이 일어날 것이다'라 해석했다. 자신의 일부를 하나님에게 바쳤다면, 그 희생으로 말미암은 보상을 바랄 수 있다.

하나님을 섬기기 위해 자신의 개인적인 소원을 부정한 위인들에 대한 사례는 역사 속에 넘쳐난다. 그러한 예로, 폴란드의 하시드 대가인 보르키(Vorki)의 랍비 이쯔하크에 대한 일화가 있다. 어느 추운 겨울밤에 침대에 누워 잠을 청했을 때 심한 갈증을 느꼈다고 한다. 물을 마실 수 있는 유일한 방법은 마당에 나가 우물에서 물을 길어 올리는 것이었다. 하지만 그는 딜레마에 빠졌다. 물을 길어 올리는 노력을 하지 않는다면 게으른 사람이 될 것이며, 반대로 물을 길어 마신다면 자신의 욕구에 굴복한 것이 되기 때문이다. 그래서 그는 일어나 우물에서 물을 길어 올렸지만, 그 우물물을 마시지는 않았다.

그분이 너의 뜻 앞에서 다른 이들의 뜻을 부정하실 것이다
하나님이 뜻을 부정할 '다른 이들'은 누구인가?
라베이누 바흐야를 비롯한 일부 주석가들은 '다른 이들'이 자신의 '적'을 가리킨다고 말했다. 라베이누 바흐야는 '다른 이들'을 가리켜 십계명의 두 번째 말씀에서 '다른 신'(출 20:3)을 지칭하는 천상의 세력일 가능성을 제시했다. 즉, 점성술로 본 운명이 불길하거나, 분노와 파괴의 천사가 그에게 집중할 수 있다. 그렇더라도 하나님은 그들의 뜻을 부정하신다는 것이다.

라쉬바쯔와 바르테누라의 랍비 오바댜는 '다른 이들'을 하나님 자신에 대한 완곡한 비유로 해석했다. 만일 당신이 하나님의 뜻을 행한다면, 하나님은 당신의 뜻 앞에서 자신의 뜻을 포기하실 것이라는 의미이다. 현인들은 '하나님은 계명을 선포하시지만, 의인은 이를 무효화할 권세가 있다'라고 가르쳤다.(모에드 카탄[Moed Katan] 16b) 예를 들면, 하나님은 히스기야 왕에게 죽음은 선고했지만, 히스기야의 기도를 들으신 이후에 "내가 네 기도를 들었고, 네 눈물을 보았노라. 내가 네 수한에 십오 년을 더하고"(사 38:5)라며 뜻을 돌이키셨다.

엘리야 선지자는 이슬과 비의 자연적인 순환을 무효화했을 때 이와 같은 권세를 보여주었다. "내가 섬기는 이스라엘의 하나님 여호와께서 살아 계심을 두고 맹세하노니 내 말이 없으면 수 년 동안 비도 이슬도 있지 아니하리라"(왕상 17:1).

미쉬나 5절　　　　　　　　　　　　　　משנה ה

הִלֵּל אוֹמֵר, אַל תִּפְרוֹשׁ מִן הַצִּבּוּר,
וְאַל תַּאֲמֵן בְּעַצְמְךָ עַד יוֹם מוֹתָךְ,
וְאַל תָּדִין אֶת חֲבֵרְךָ עַד שֶׁתַּגִּיעַ לִמְקוֹמוֹ,
וְאַל תֹּאמַר דָּבָר שֶׁאִי אֶפְשָׁר לִשְׁמוֹעַ
שֶׁסּוֹפוֹ לְהִשָּׁמַע.
וְאַל תֹּאמַר לִכְשֶׁאֶפָּנֶה אֶשְׁנֶה, שֶׁמָּא לֹא תִפָּנֶה.

힐렐이 말한다:
공동체로부터 너 자신을 분리시키지 말라.
너희가 죽는 날까지 너희 자신을 믿지 말라.
너희가 그의 입장이 되어볼 때까지 너희의 동료를 판단하지 말라.
한 진술이 언젠가는 이해되어질 것이라는 근거 위에서
쉽게 이해될 수 없는 진술을 말하지 마라.
그리고 '네가 자유로울 때 나는 연구할 것이다'라고 말하지 말라.
왜냐하면 아마도 너는 자유롭게 되는 시간을 영원히 가지지 못할 것이기 때문이다.

미쉬나 5절

"이 미쉬나에 등장하는 힐렐은 누구인가?"

대부분의 주석가들은 이 미쉬나의 힐렐이 유명한 장로 힐렐이라고 믿는다. 혹자는 미쉬나의 다음 구절에 '힐렐'이 물에 떠있는 해골을 봤다는 이야기가 나오는 것을 근거로 제시한다. 이 일화는 장로 힐렐을 언급한 탈무드에 분명하게 기록되어 있기 때문이다(수카 53a).

그러나 '파노의 랍비 메나힘 아자리아'(R' Menachem Azariah of Pano)와 일부 학자들은 이 미쉬나의 힐렐이 랍비 예후다 하나시의 손자이자 라반 감리엘의 아들이라고 믿고 있다. 이 주장에 대한 근거는 일부 문헌에서 '랍비 힐렐'(R' Hillel)로 표기 되어 있기 때문에 장로 힐렐을 가리키는 것으로 볼 수 없다는 것이다(하지만 다른 학자들은 호칭 'R'이 필사자의 실수라고 한다. 사실상, 어디에도 'R' Hillel'이라고 표기된 문헌을 찾을 수가 없다).

미쉬나에 순서가 있다

이 미쉬나가 여기에 기록된 이유는 무엇인가?

라베이누 이쯔하크 벤 랍비 슐로모와 라쉬바쯔는 피르케이 아보트가

각 세대의 대표적인 현인들의 가르침을 보여주는 것으로 시작했다고 설명했다. 그 이후로 2인(나시와 베이트 딘) 지도자 시대에 도달했을 때 아보트는 방향을 살짝 바꿔 두 지도자의 가르침을 연대기 순으로 기록했다. 그러다가 랍비 예후다 하나시의 아들인 라반 감리엘에 이르렀을 때, 다시 힐렐의 가르침으로 돌아왔다는 것이다.

"공동체에서 떨어지지 말라"

H. R. 이스라엘(라베이누 이쯔하크 벤 랍비 슐로모와 하시드 야베쯔의 주석에 인용됨)은 개인이 공동체에 헌신하기 위한 방안을 네 가지로 제시한다.

첫째, 그는 개인 기도보다 훨씬 효력 있는 공동의 기도에 참석한다. 현인들은 "사람의 기도가 더 잘 들릴 때가 언제이겠는가? 그 때는 바로 공동체가 기도하는 시간이다. 하나님은 공동체의 기도를 무시할 수 없으시기 때문이다."라고 가르쳤다(베라호트 8a).

둘째, 공동체의 자선활동과 회개에 참여한다.

셋째, 공동체가 고난을 겪을 때 이탈하지 않는다. 오히려 다른 이들과 함께 금식하며 슬픔을 나눠야 한다. 현인들은 '수호천사들이 사람과 함께 한다'고 가르친다. 만약 그가 공동체의 삶에 참여하지 않는다면 수호천사들은 공동체를 떠나려는 자의 머리에 손을 얹고 '이 사람은 공동체가 누리는 위로를 보지 못하도록 해야 한다'라고 말할 것이다.(타니스 11a)

넷째, 올바른 공동체의 규범을 따른다. 현인들은 '사람은 언제나 공동체의 일부분으로 받아들여져야 한다.'라고 가르쳤다.(케투보트 17a) 좀 더 자세히 말하자면, "다른 사람이 울 때 웃지 않아야 하고, 웃을 때 울어서는 안 된다. 사람들이 잠을 잘 때 깨어있지 않아야 하고, 깨어 있을 때 잠을 자고 있어서는 안 된다. 그리고 다른 사람이 서 있을 때 앉아 있어서는 안 되고, 앉아있을 때 서 있지 말라"(데레크 에레쯔 주타 5).

"토라 연구 때문이라 해도 공동체를 떠나서는 안 된다"

공동체를 떠나면 안 된다는 지침은 학문에 빠져 공동체로부터 멀어지게 되는 토라 학자들을 향한 것이기도 하다. 그들은 자신의 능력과 지혜를 향상시키기 위해서라도 다른 학자들과 교류해야 할 의무가 있다.

'라브 아쉬'(Rav Ashi)는 '예후다 벤 도르사이'(Yehudah ben Dorsai)가 현인들을 떠나 남쪽에서 혼자 살기 위해 떠난 이후에 "무엇 때문에 우리가 현인들로부터 떠난 사람의 가르침을 고려해야 하는가?"라고 비판했다(페사힘 70b; 라쉬). 마찬가지로 랍비 요시 벤 랍비 하니나도 혼자 앉아 연구하는 토라 학자들의 목에 칼을 겨눠야 할 것이라고 덧붙였다(타니스 7a). 결국 그들은 연구한 것을 잊게 되고, 심지어는 죄에 빠질 수도 있기 때문이다.

공동체에 힘이 있다

개인의 능력은 그가 공동체의 일원이 되었을 때 더 강해진다. 토라는 마을 밖에서 나그네의 시신이 발견되면, 그 마을의 지도자들은 자신들의 책무를 다했다는 것과 함께 그 나그네를 마을 밖으로 안전하게 호위했다는 것을 맹세해야 한다고 명령한다. 나그네가 마을을 떠난 뒤에는 하나님과 천사가 그와 동행할 것이다. 그래야 마을의 지도자들은 우리의 손에 피를 흘리지 않았다고 자신 있게 말할 수 있다. 우리는 책임을 다해 나그네를 호위했으며, 그에게 공동체가 줄 수 있는 최대한의 지원을 아끼지 않았다(마하랄).

페히스하의 랍비 심하 부님(R'Simchah Bunim of Pechischa)은 사람이 물건을 사고자 할 때 여러 동전 가운데 낡은 동전이 하나 있었다면 상인은 이 동전을 거절할 수 없지만, 낡은 동전 하나만 가지고 물건을 사려고 한다면 당연히 거절해야 한다고 가르쳤다. 이와 마찬가지로, 유대인이 공동체의 일원일 때 비록 행동과 기도에 결점이 보이더라도 받아들여져야 하지만, 만일 혼자라면 그의 기도들은 좀 더 비판적으로 검토될 것이다.

라베이누 에프라임은 다른 견해를 제시했다. 그는 공동체의 여러 규칙들이 자신에게 필요 없다고 생각하는 사람일지라도 이 규정들로부터 이탈해서는 안 된다고 주장했다. 이는 힐렐이 '죽는 날까지 네 자신을 믿어서는 안 된다'고 하기 때문이다. 사람은 자신이 믿는 것만큼 신념이 강하지 않을지도 모른다.

"죽는 날까지 네 자신을 믿어서는 안 된다"

비록 한 사람의 유일한 목적이 불신자를 반박하는 것이라고 하더라도 그들과 대화를 하거나 동행해서는 안 된다. 그럼에도 그들과 접촉할 가능성이 있는 사람이 가끔 있다. 예를 들면, 랍비 메이르는 나중에 이단이 된 엘리샤 벤 아부야(Elisha ben Avuyah)에게서 '석류를 먹고 난 뒤에 그 껍질을 버려라'(하기가 15b)는 가르침을 받았다고 한다.

하지만 대부분의 사람들은 불신자들과 접촉해서 좋은 결과를 얻지 못했다. 의인이면서도 악에 쉽게 영향을 받았던 인물로는 얀나이 왕과 대

제사장 요하난을 들 수 있는데, 둘 다 노년에 사두개파가 되었다(베라호트 29a).

현인들은 한 사람이 이단에 빠지게 되는 경위를 추적했다. 처음에는 이교도의 풍습에 대해서 듣게 되고, 그 풍습을 통해서 쾌락을 얻게 되면 그들에게 빠진다는 것이다.(아보다 자라 16b) 또한 나쁜 영향을 끼칠 수 있기 때문에 이단이 토라에 대해서 논하는 것을 들어서도 안 된다. 올바른 길에서 벗어나는 것을 두려워해야 한다. 솔로몬도 "죽는 날이 출생하는 날보다 나으며"(전 7:1)라고 했다. 현인들은 "하나님은 의인들이 세상을 떠난 뒤에야 당신의 이름과 그들을 하나로 한다."라고 가르쳤다. '지상의 거룩한 백성'(욥 15:15)이라는 성경 구절을 직역하면 '땅 속에 있는 백성'이라는 뜻이다. 즉, 그들이 땅에 묻혔을 때 그들의 거룩성을 확신할 수 있다는 것이다(탄후마, 톨도트 7).

솔로몬 왕도 죄를 지었다

유대인에게 토라를 주신 하나님은 왕의 마음이 하나님으로부터 멀어지는 것을 방지하기 위하여 많은 아내를 거느려서는 안 된다고 명하셨다(신 17:17). 솔로몬 왕은 "하나님은 왕이 많은 아내를 거느리는 것을 왜 금하셨을까? 마음이 하나님으로부터 멀어지지 않도록 하기 위해서지만, 나는 하나님께 충성할 자신이 있다"라고 외쳤다. 바로 그때 '많이 두다'라는 뜻의 '이르베이'(ירבה)라는 단어 가운데 '요오드'(י)가 하나님 앞에 나아가서 소리쳤다. "온 세상의 주인이시여, 당신께선 토라의 한 글자도 없어지지 않을 것이라고 말씀하셨습니다. 하지만 솔로몬은 저를 지웠습니다. 오늘 그는 한 글자를 더 지울지도 모르고, 내일 또 한 글자를 더 지워 결국에는 토라 전체를 지울지도 모릅니다." 이에 대해 하나님은 "네(י)가 사라지기 전에 솔로몬을 비롯한 수많은 사람들이 사라질 것"이라고 하셨

다.(셰모트 라바 6, 바에이라의 서두)

　당연한 결과로, 솔로몬 왕이 나이가 들었을 때 '그의 여인들이 그의 마음을 돌렸다'(왕상 11:4). 랍비 쉬므온 바르 요하이는 솔로몬이 자신에 대해 그런 구절을 남기는 것보다는 차라리 하수구의 구정물을 치우는 것이 더 나았을 것이라고 말했다. 솔로몬 자신도 이를 인정하며, '내가 돌이켜 지혜와 망령됨과 어리석음을 보았나니'(전 2:12)라고 탄식했다. 이것이 의미하는 것은 솔로몬 자신이 토라보다 지혜로우며 뛰어난 학식을 가지고 있다고 자부했지만, 그의 지혜와 지식은 광기와 어리석음에 불과했다는 것이다. 그렇다면 '왕 뒤에 오는 자는 무슨 일을 행할까?'(전 2:12). 그 누구도 하나님의 자질과 명령을 의심할 수 있는 자격이 없다고 솔로몬이 말했다. 하나님이 천상의 무리들 앞에서 말씀을 선포하시면, 그 말씀을 듣는 자들이 하나님의 심판과 명령이 진실되고, 모든 말씀이 지혜롭다는 것을 알고 증언하도록 했으며, 이 때 하나님의 말씀이 완성된다고 한다. 하나님의 말씀은 다 순전하며(잠 30:5), 천사의 명령에 달려 있다(히브리어 성경 단4:14, 한글성경 단4:17). 결국 솔로몬 왕은 하나님의 말씀에 이의를 제기함으로써 실족하게 되었다(ibid.).

　이런 맥락에서, 탈무드 예루샬미는 이 미쉬나를 '나만큼 나이가 많지 않다면 네 자신을 믿어서는 안 된다'고 바꾸어 말한 어느 경건한 사람에 대한 일화를 소개한다. 그가 악한 영의 유혹에 넘어가려고 할 때, 그의 영이 그를 책망하며 '네가 남보다 낫다고 생각하길 포기해라', '죽는 날까지 네 자신을 믿어서는 안 된다'는 가르침을 주어진 그대로 받아들이라고 했다는 것이다(샤보트 1:3; 코르반 에이다[Korban Eidah]).

　그래서 라브 예후다는 라브의 가르침을 인용하여 '하나님의 시험을 자초하지 말라. 다윗 왕도 그렇게 했다가 실패했다'(산헤드린 107a)고 강조했다.

이교도로부터 자신을 보호하라

이교도의 풍습으로부터 자신을 보호해야 하며, 이를 위해서는 이교도와의 접촉도 삼가야 한다. 예를 들면, 랍비 엘리에제르는 이교도가 재치 있는 말을 했을 때 즐거워했다는 이유로 처벌을 받았다.(아보다 자라 16b-17a).

다른 구절들을 보면, 랍비 이스마엘은 이교도가 뱀에 물린 '벤 다마'(Ben Dama)의 상처를 치료해주겠다고 했을 때, 그의 영이 해를 입지 않도록 이를 거절했다고 한다.(ibid. 27b, 토사포트 아보다 자라 17a, 브야아코브[vYaakov], 람밤, 로쩨아흐 우슈미라스 네페쉬[Rotzeach UShmiras Nefesh] 12:9, 슐한 아루흐, 요레 데아[Yoreh Deah] 155:1)

노력을 멈추지 말라

랍비 요하난은 어떤 사람이 죄를 짓지 않고 중년을 넘겼다면, 하나님이 '경건한 자의 발을 지키시기' 때문에 더 이상 죄를 지을 수 없다는 것을 확신할 수 있다고 가르쳤다.

그러나 이 구절과 '죽는 날까지 자신을 믿어서는 안 된다'는 가르침이 어떻게 조화를 이룰 수 있는가? 비쯔니즈(Vizhnitz)의 랍비인 랍비 이스라엘 하게르(R'Israel Hager)는 이 미쉬나가 자신의 일을 완성했다거나 자기 계발의 정점을 이루었다고 믿어서는 안 된다는 가르침이라고 한다. 사람은 언제나 일을 진행하는 과정에 있기 때문이다.(마야노트 하네짜흐에서 인용)

"상대방의 입장에 서 보기 전에 그를 판단해서는 안 된다"

상대방의 입장에 서 보기 전에 그를 판단해서는 안 된다. 상대방과 같은 입장에 서 있다고 하더라도 똑같을 수는 없다. 각자 자라온 환경이 다르고, 장단점도 서로 다르기 때문이다.

미드라쉬는 솔로몬 왕이 밤에 신전의 열쇠를 베개 밑에 두었다고 한다. 어느 날 그의 아내들 가운데 하나인 바로의 딸이 그를 속여 아직 날이 새지 않은 것으로 착각하게 했다. 동이 트고 4시간이 지났을 때 '느밧의 아들 여로보암'(Yeravam ben Navat)이 찾아와서 솔로몬에게 아침 번제를 드리지 못했다는 이유로 그를 책망했다. 그때 하늘에서 "상대방의 입장에 서 보기 전에 그를 판단해서는 안 된다. 그가 고의로 번제를 드리지 않은 것이 몇 번이나 있느냐? 오직 한 번, 그것도 실수로 번제를 드리지 못한 것을 가지고 너는 솔로몬을 책망하려느냐?"(바이크라 라바 12:5, 바미드바르 라바 10:4, 참조: 토사포트 메나호트 64b)라는 음성이 들렸다고 한다.

므낫세 왕은 내세에 보상이 없는 왕 가운데 하나였다(산헤드린 90a). 어느 날, 라브 아쉬가 그의 제자들에게 "내일 나는 내 친구 므낫세에 대해 가르칠 것이다"라고 말했다. 그날 밤 라브 아쉬의 꿈에 므낫세가 나타나 "그대는 나를 친구라고 했는데, 내가 당신과 동격이라는 것인가? 그렇다면 빵을 자를 때 어느 부분부터 자르는지 말해보게." 라브 아쉬는 "잘 모르겠습니다."라고 대답했다. 므낫세는 그에게 "그것도 모르면서 어떻게 당신과 내가 동격이라는 것인가?" 라브 아쉬는 "어디부터 자르는지 일러 주십시오. 제자들에게 당신이 가르쳐 주었다고 말하겠습니다." 므낫세는 라브 아쉬에게, "구워진 부분의 가장자리부터 자른다네." 라고 대답했다. 이에 라브 아쉬는 "이렇게 지혜로우신 분이 왜 우상 숭배를 하셨습니까?"라고 말했다.

므낫세는 그에게 "그대가 내 시대에 살았다면 '토가'(toga)⁶를 들어 올리고 나를 따라 뛰었을 것일세!"라고 말했다. 다음 날, 라브 아쉬는 제자들에게 "랍비(므낫세)의 말씀으로 시작하겠네."(산헤드린 102b)라고 말했다.

아합 또한 자신뿐만 아니라 다른 사람도 죄를 짓게 하여 내세에 보상을 잃었다. 현인들에 의하면, 그의 가장 작은 죄가 여로보암의 최악의 범죄와 같다고 한다. 그래서 랍비 레비는 '예로부터 아합과 같이 그 자신을 팔아 여호와 앞에서 악을 행한 자가 없음은 …'(왕상 21:25)이라는 구절을 여섯 달 동안 가르쳤다고 한다. 그런데 아합이 랍비 레비의 꿈에 나타나서 "내가 당신에게 무엇을 그리 잘못했기에 구절의 일부만 가르치고, '그의 아내 이세벨이 그를 충동하였음이라'는 부분은 가르치지 않는가?"라고 따졌다고 한다. 이에 랍비 레비는 이 꿈을 기회로 다음 여섯 달 동안은 나머지 부분을 가르쳤다고 한다.(예루샬미, 산헤드린 10:2)

다른 사람들을 판단하는 대신 자신을 판단하라

즐랏쇼프의 랍비 아브라함 하임(R'Avraham Chaim of Zlatshov)은 바알 셈 토브의 가르침을 인용하여, 다른 사람들에게서 자격이 없는 것을 발견했다면 자신의 삶과 행동에서 비슷한 면이 있지는 않은가 확인하라고 조언했다. 다른 사람을 판단하는 방식으로 그 자신도 판단을 받을 것이다.(마야노트 하네짜흐에서 인용)

---

⁶ 마인들이 몸에 둘러 입었던 매우 긴 모직 옷. 왼쪽 어깨 위와 팔에 걸치고, 오른쪽 팔은 자유롭게 그냥 두었다.

"상대방의 자리에 서 보기 전에 그를 판단해서는 안 된다"

랍비 슈뇌르 잘만(R'Shneur Zalman)은 그의 '타니아'(Tanya, 5장의 서두)에서 '모든 사람들 앞에서 더할 수 없이 겸손하라.'(4:12)는 현인들의 지침을 직역하면, 상대방의 자리에 서 보기 전에 그를 판단해서는 안 된다는 뜻이라고 가르쳤다. 사람은 시간을 보내는 자리에서 죄를 짓게 된다. 돈을 벌기 위해 시장에서 하루 종일 보내는 사람은 자신의 욕구를 채울 수 있는 다양한 것들을 보게 된다. 그 눈이 본 것을 가슴이 원하게 되고, 악한 성향을 깨우게 될 것이다. 반면에, 어떤 사람은 집에 편안히 앉아 거리에 나갈 필요가 없을지도 모른다.

***

메이리 또한 입장을 직역하여 '자리'라고 했지만, 그의 미쉬나에 대한 이해는 사뭇 달랐다. 방문자는 일반적으로 존경과 환영을 받지만, 미쉬나는 그 방문자가 있던 자리, 즉 그의 고향에서의 행실을 보고 평가해야 한다는 것이다. (미드라쉬 슈무엘이 아바르바넬의 가르침을 적용하여 유사하게 해석한 것을 인용)

모든 개인은 자신만의 세상이 있다

현인들은 모든 개인에게 자신만의 세상이 있다고 가르친다. 루블린의 랍비 아즈리엘 에이게르(R'Azriei Eiger of Lublin, 마야노트 하네짜흐에서 인용)에 의하면, 우리가 그의 세상, 즉 '그의 자리'에 들어갈 수 없으므로 그를 판단할 수 없다고 한다.

현세에서는 그 누구도 판단해서는 안 된다

랍비 이쯔하크 아바르바넬은 이 미쉬나가 내세의 진정한 장소에 있는 그를 보기 전까지 판단해서는 안 된다는 가르침이라고 한다. 내세에서만 그가 악한 행위를 거부하고 의인들과 동행했는지를 구별할 수 있기 때문이다.(미드라쉬 슈무엘에서 인용)

랍비 여호수아 벤 랍비의 아들인 라브 요세프가 죽을 고비를 넘긴 이후, '거꾸로 된 세상'을 보았는데, [현세에서] 높은 자리에 있던 사람들이 [내세에서는] 밑바닥에 있었다는 것이다. 내세에 가서 이 세계에서 높은 곳에 있는 자들이 바닥에 있는 것을 보았다고 말했다. 이 말을 들은 그의 아버지는 "너는 정의와 진리의 세상을 본 것이다"라고 말해 주었다(페사힘 50a, 바바 바스라 10b).

우리는 환상의 세계에 살고 있기 때문에 눈에 보이는 것이 전부가 아닐 수 있다. 그래서 브레슬로프의 랍비 나흐만(R'Nachman of Breslov)은 진리의 천상의 장소(세상 사람의 궁극적인 처소인 하나님 앞)에 갈 때까지 그를 판단해서는 안 된다고 가르쳤다.(마야남 셸 아보트[Mayanam shel Avos]에서 인용)

반박하라는 계명을 어떻게 행할 수 있는가?

토라는 우리에게 '네 이웃을 반드시 견책하라'(레 19:17)고 명했지만 그를 우호적으로 판단해야 한다면 어떻게 이 말씀을 지킬 수 있겠는가?

라베이누 요세프 벤 슈샨은 누군가를 견책한다는 것이 잔소리나 비난을 한다거나, 수치를 주는 것이 아니라, 그가 발전할 수 있도록 돕는 것을 가리킨다고 한다. 그와 공감하고, 그의 의도를 이해하고, 그의 눈을 바라보며 말을 들어주고, 그 자신의 경험으로 어떻게 문제를 보는지를 이해함으로써 그에게 도움이 될 수 있다. 즉, 이웃을 우호적으로 대하는 것이 가장 효과적인 견책이라는 것이다.

이웃의 경험과 논리, 그리고 감정과 억압 등이 복합적으로 작용하여 현재의 문제가 벌어졌다는 것을 이해하고, 그가 제시하는 근거에 귀를 기울이면서, 우리도 또한 그런 난감한 상황에 처한다면 같은 처지가 될 수밖에 없을 것이라는 데 공감해야 적절한 견책을 할 수 있다. 그래야 성공과 만나는 기회도 잡게 될 것이다(참조: 하시드 야베쯔).

> "한 진술이 언젠가는 이해되어질 것이라는 근거 위에서
> 쉽게 이해될 수 없는 진술을 말하지 마라"

이 미쉬나에 대해 라베이누 요나는 누군가 비밀을 지키고자 한다면, 가장 믿을 수 있는 친구는 물론, 그 누구에게도 그 비밀을 말해서는 안 된다는 가르침으로 이해했다. '벽에 귀가 달려 있기'(바이크라 라바 32:2) 때문에 혼잣말로라도 비밀을 말해서는 안 된다. 그래서 솔로몬도 '공중의 새가 그 소리를 전하고 날짐승이 그 일을 전파할 것'(전 10:20)이라고 훈계했던 것이다.

비밀을 가진 사람은 공기로 가득 채운 봉투에 비유할 수 있다. 그가 누군가에게 비밀을 말한다면 그는 구멍 난 봉투와도 같다. 구멍이 아무리 작다고 해도 봉투 안의 공기는 언젠가 다 빠져버릴 것이다.(라베이누 이쯔하크 벤 랍비 슐로모)

라쉬바쯔는 탈무드에 나온 헤롯과 바바 벤 부타(Bava ben Buta)의 이야기를 인용했다. 헤롯이 이스라엘의 현인들을 처형할 때, 오직 자신의 보좌관인 바바 벤 부타만은 살려 두었다고 한다. 하지만 헤롯의 잔인함은 끝이 없었기 때문에 결국 바바 벤 부타를 맹인으로 만들고 말았다. 어느 날, 평민으로 위장한 헤롯은 바바 벤 부타에게 찾아가서 "헤롯이 당신을 끔찍하게 만들었군요."라고 말했다. 바바 벤 부타는 "뭘, 어찌하겠습니까?"라 했고 헤롯은 "그를 저주하시오"라고 떠보았다. 바바는 "성경에 '심중에라도 왕을 저주하지 말라'(전 10:20)라고 했기 때문에 그를 저주할 수 없습니다."라고 대답했다. 헤롯이 "그는 왕이 아니지 않소."라고 하자, 바바는 "하지만 그는 부자이기 때문에 저주할 수 없습니다. 성경에 '침실에서라도 부자를 저주하지 말라'(전 10:20)라고 했기 때문입니다. 또한 그가 왕은 아닐지라도 지도자인 것만은 확실합니다.

성경에 '백성의 지도자를 저주하지 말지니라.'(출 22:28)라고 했기 때문에 역시 저주할 수 없습니다."라고 대답했다. 헤롯은 "그것은 유대인처럼 행하는 지도자에게나 어울리는 말일 뿐 헤롯 같은 자와는 관련이 없는 것 아니오?"라고 묻자 바바는 "나는 그가 두렵습니다."라고 했다. 헤롯은 "여기는 우리 둘 뿐인데 무엇이 두렵소?"라고 하자, 바바는 "성경에 '공중의 새가 그 소리를 전하고 날짐승이 그 일을 전파할 것'(전 10:20)이라고 했기 때문입니다." 마침내 헤롯은 "내가 헤롯이오. 만약 현인들이 그토록 말을 조심하는 줄 알았더라면 그들을 죽이지 않았을 것이오."라고 말했다(바바 바스라 4a).

라쉬바쯔는 두 격언을 인용하며 이야기를 끝맺었다. '비밀은 죄수와 같은 것이다. 비밀을 누설하는 자는 비밀의 죄수가 될 것이다.' 그리고

'비밀을 감추기가 어렵다면, 비밀을 듣게 된 상대방은 더 말해 뭐 하겠는가!'

메이리는 이 미쉬나에 언급된 '비밀'이라는 표현이 카발라식(신비주의적인) 교훈이라고 하며, 이에 대해 현인들은 "창조 사역(the Work of Creation)은 두 사람에게 가르치지 않는 반면에, 병거의 구조(Work of the Chariot)는 단 한 사람에게도 가르치지 않는다."(하기가 11b). 그런 비밀들을 자격이 없는 제자에게 가르쳐선 안 된다. 그들이 '이해하지 못할 것'이라고 생각하여 알 수 없는 방식으로 비밀을 흘린다고 해도 결국 그들은 그 의미를 밝혀낼 것이다.

이해하지 못할 것이라고 생각하지 말라

라베이누 아브라함 프리쫄은 이 미쉬나가 토라를 연구할 때 이해할 수 없는 부분에 오게 된다 해도 연구를 위한 노력을 중단하지 않아야 된다는 가르침이라고 이해했다. 즉, 그쳐서는 안 됨을 가르친다고 설명했다. 정신을 집중하여 연구에 매진한다면 이해할 수 없었다고 생각했던 구절도 뛰어넘을 수 있을 것이다.

견책을 삼가지 말라

얄쿠트 하게르쇼니(Yalkut HaGershoni)와 크네세트 이스라엘(Knesses Yisrael), 그리고 메이르 네시브는 이 구절을 견책이라는 주제와 연관지어 해석했다. 현인들은 예루살렘의 주민들이 죄를 지었을 때, 하나님은 가브리엘 천사에게 '가서 의인들의 이마에 표시를 하여 그들이 죽음의 천사들에게 해를 입지 않도록 하라'고 했다.

그러자 엄격한 정의의 천사가 "의인들이 사악한 이들을 견책했다면 그들이 죄를 짓는 것을 막을 수 있었을지도 모릅니다. 그들에겐 그럴 힘이 있었지만 아무 것도 하지 않았습니다."라고 항변했다.

하나님은 "그들이 견책했다고 하더라도 그들의 말은 들리지 않았을(소 귀에 경 읽기였을) 것이다"라고 대답하셨다. 엄격한 정의의 천사는, "물론 하나님은 알고 계셨겠지만, 그들이 그 사실을 어떻게 알았을까요?" 탈무드에는 결국 하나님이 천사의 주장을 받아들여 의인들도 처벌을 받았다고 기록되어 있다. (샤보트 55a)

힐렐의 가르침도 반드시 이 맥락에서 이해해야 한다. 소용이 없을 것이라고 생각하여 견책을 삼가해서는 안 된다. 죄를 짓는 자가 그 순간에는 네 충고를 거부하더라도 나중에는 너에 대해 호의적인 인상을 가질 것이다. 좋은 말은 싹트는 데 몇 년이나 걸리는 씨앗과 같다(메이르 네시브).

코쯔케르 레베(Kotzker Rebbe)는 '오늘 내가 너에게 명한 이 말씀을 너는 마음 위에 있게 하라'(신 6:6 직역)는 유명한 가르침에 대해서 "왜 마음 '안에'(in) 새기라고 하지 않고, '위에'(upon) 있게 하라고 했을까?"라는 의문을 가졌다. 그는 이따금 말씀들이 마음의 외부에 머무를 때가 있다고 설명했다. 하지만 시간이 지나면 마음이 열려 그 말씀들이 마음 안으로 들어가게 된다는 것이다.(마야나 쉘 토라[Mayana shel Torah])

> " '내가 자유로울 때 나는 연구할 것이다.'라고 말하지 말라,
> 왜냐하면 아마도 너는 자유롭게 되는 시간을
> 영원히 가지지 못할 것이다."

람밤은 '경제적으로 넉넉해져서 일을 하지 않아도 될 때 토라 연구를 하겠다고 말할지도 모른다. 그런 생각을 가지게 되면 결코 토라의 면류관을 쓸 수 없을 것이다. 오히려 토라를 삶의 고정된 일정으로 삼고, 일을 사라지는 그림자로 여겨야 한다. 시간이 남을 때 연구하겠다고 말해서는 안 된다. 남는 시간이 영영 없을지도 모르기 때문이다'라고 가르쳤다.(탈무드 토라)

바로 지금이다

페쉬스하의 랍비 심하 부님(R'Simchah Bunim of Peshischa)은 시간적인 여유와 평온한 삶을 누릴 수 있을 때 좀 더 연구하겠다는 말을 해서는 안 된다고 가르쳤다. 하나님은 섬김을 받기 위해서 사람을 창조하셨기 때문에 오히려 바쁜 일상생활 가운데서 하나님을 섬기기를 원할지도 모른다(아보트 주석을 기록한 '세파트 에메트'도 코쯔케르 레베의 가르침을 인용하여 이와 유사한 해석을 했다).

랍비 이스라엘 카간도 '네가 선 곳은 거룩한 땅이니'(출 3:5)라는 말씀을 같은 맥락에서 이해했다. 즉, '네가 선 곳'은 '바로 지금'을 가리키는 것이기 때문에 '바로 지금', 현재 상황이 거룩하다는 것이다. 하나님은 비록 고난과 핍박을 받고 있을지라도 '바로 지금'의 형편과 처지에서 섬기기를 원하시는 것이다.

이 순간은 결코 다시 오지 않을 것이다

라쉬바쯔는 토라 연구를 한 시간이나 하루를 뒤로 미룰 수 있다고 생각하는 것 자체가 잘못이라고 말한다. 매 순간은 유일하기 때문에 오늘 낭비된 시간은 차후에 다시 얻을 수 없다. 토라를 나중에라도 연구한다면 좋은 일이지만, 이미 흘러버린 시간은 그 무엇으로도 대체할 수 없다.

그래서 슐한 아루흐는 '콜 하모에드'(Chol Hamoed)[7] 때에도 토라의 가르침을 잊지 않도록 그것을 기록해도 괜찮다고 했다. (오라흐 하임 545:9) 미쉬나 베루라는 다음과 같이 덧붙였다. 토라의 가르침을 그 즉시 기록해야 되는 또 다른 이유는, 사람은 반드시 토라를 연구해야 한다는 것과 토라의 가르침을 더욱 발전시켜야 할 의무가 있기 때문이다.

토라를 상고하는 그 순간의 깨달음이 있으며, 토라의 가르침을 발전시켜야 할 의무가 있는데, 어떻게 절기가 끝날 때까지 기다릴 수 있겠는가?

만약 절기가 끝날 때까지 기다렸다가 자신의 깨달음을 기록하려고 한다면, 처음 깨달았던 것을 다시 되짚어 봐야 되기 때문에 그 순간의 통찰력을 얻을 수 없을 것이다.

히두셰이 하림의 저자인 구르의 레베는 이전의 힐렐의 가르침인 '지금이 아니면 언제 한다는 것인가?'(1:14)를 해석한 라쉬바쯔를 인용하여 다음과 같이 말했다. 이 순간을 가리키는 '지금'은 조금 전에 존재했던 '지금'과 같지 않고, 잠시 뒤에 존재할 '지금'과도 같지 않다. 각각의 '지금'은 모두 다른 시간이다. 시간을 낭비하는 것은 '지금'을 낭비하는 것이 된다.

---

[7] 유월절과 초막절의 각 첫날과 마지막 날 사이를 가리키며, 이때는 일상 생활에는 큰 제약이 없지만, 힘든 노동은 금지 된다.

그리고 미래에 어떤 순간과 지금은 서로 다른 시간이므로 지금을 대체할 수 없다. 그러므로 '지금이 아니라면(지금의 현실에 충실하지 않는다면) 언제 한다는 것인가?', '진정 언제 그 순간이 다시 올 수 있다는 것인가?'는 질문에 힐렐은 매 순간마다 각각 유일하고 독특한 특성을 가지고 있기 때문에 결코 다시 돌아오지 않을 것이라고 대답했다고 한다.

다윗 왕은, '나는 땅에서 나그네가 되었사오니 주의 계명들을 내게 숨기지 마소서'(시 119:19)라고 기도했다. 이와 같이 우리는 이 세상에서 제한된 시간 동안 나그네로 살아간다. 매 순간마다 계명을 지키고 토라를 연구할 수 있기 때문에 소중하며, 그 위에 삼라만상의 존재 자체가 서 있다. 대조적으로 천국에서는 계명을 지키기 위해 단 한순간도 더할 수가 없다. '가르침을 손에 들고 온 자는 행복하다'(페사힘 50a), 즉 이미 토라를 연구하고 천국에 온 사람을 가리킨다. 빌나 가온은 죽기 전에 눈물을 흘렸는데, 그 이유는 찌찌트(tzitzis)를 걸치는 위대한 계명을 동전 몇 닢만 가지고도 지킬 수 있는 세상을 떠나야 했기 때문이었다.

시간을 낭비하는 문제가 어떠한 계명이든 적용될 수 있으나, 힐렐은 특별히 토라를 연구하는 것과 연관시켰다. 토라를 연구하는 것은 삶을 사는 매 순간마다 반드시 해야 하는 의무이기 때문이다. '이 율법 책을 네 입에서 떠나지 말게 하며 주야로 그것을 묵상하라'(수 1:8).

미쉬나 6절 משנה ו

הוּא הָיָה אוֹמֵר,
אֵין בּוּר יְרֵא חֵטְא,
וְלֹא עַם הָאָרֶץ חָסִיד,
וְלֹא הַבַּיְשָׁן לָמֵד,
וְלֹא הַקַּפְּדָן מְלַמֵּד,
וְלֹא כָל הַמַּרְבֶּה בִסְחוֹרָה מַחְכִּים.
וּבִמְקוֹם שֶׁאֵין אֲנָשִׁים, הִשְׁתַּדֵּל לִהְיוֹת אִישׁ.

그는 말하곤 했다:
시골뜨기는 죄를 두려워할 수 없다.
배우지 못한 사람은 신실한 신앙인이 될 수 없다.
수줍음이 많은 사람은 배울 수 없으며,
성급하고 인내심이 부족한 사람은 가르칠 수 없다.
사업에 과도하게 얽매여 있는 사람은 학자가 될 수 없다.
사람들이 없는 곳에서 사람이 되도록 힘써라.

미쉬나 6절

"시골뜨기는 죄를 두려워 할 수 없다"

라베이누 요나는 '시골뜨기'라는 것이 토라에 대한 지식이 없어 계명을 지키지 않으며, 좋은 교육을 받지 못한 사람을 일컫는 것이라고 정의했다. 그런 사람은 죄가 무엇인지를 알지 못하기 때문에 죄를 짓는 것을 두려워할 리도 없다. 그래서 죄로부터 자신을 보호할 수도 없다(라쉬와 람밤, 그리고 다른 학자들도 유사한 견해를 제시했다).

시골뜨기는 얼마나 천박한가?

그러나 이에 동의하지 않는 학자들도 있다. 그들에 의하면, 시골뜨기는 토라에 대한 기본적인 지식은 있지만, 아직 토라에 대한 지식이 부족한 사람을 가리키는 것이라고 한다.[8]

이 미쉬나는 시골뜨기에게 죄를 두려워할 능력이 없음을 경멸하고 있다. 미쉬나 11절에서 라반 요하난 벤 자카이는 그의 제자인 랍비 쉬므온

---

[8] 독자는 현인들과 주석가들이 "시골뜨기"와 "서민"에 대해 다양한 정의를 제시했음을 알아 두어야 한다. 여기서는 그 가운데 몇 개의 관점에 대해서만 언급할 것이다.

벤 네타넬에게 죄를 두려워하는 능력이 있었다는 이유로 그를 칭찬했다. '죄에 대한 두려움'의 능력은 위대한 토라 학자가 칭찬을 받는 자질이므로, 그런 능력이 부족하다는 것이 반드시 시골뜨기를 의미한다고는 말할 수 없다는 것이다(랍비 메이르 레흐만).

랍비 핀하스 벤 야이르(R'Pinchas ben Yair)가 열거한 고상한 자질의 목록에서도 같은 조건(항목)을 발견할 수 있다. 그 목록의 제일 높은 위치에 '죄에 대한 두려움'이 자리 잡고 있다.(아보다 자라 20b)

이것으로부터 이 미쉬나에 언급된 '시골뜨기' 또한 하늘을 두려워하는 것이 당연하고, 하나님을 섬기기 위한 열심을 낼 수도 있다는 결론을 얻게 된다. 또한 마음을 정결케 하고, 천박한 욕망이 없는 삶을 살 수 있으며, 거룩함과 겸손함을 갖출 수 있을지도 모른다. 하지만 '죄에 대한 두려움'은 결코 깨닫지 못한다는 것이다.

죄를 두려워한다는 것은 처벌을 받는 것이나 좋지 못한 평판을 두려워하는 것이 아니라, 단지 죄 자체가 금지되어 있기 때문에 죄를 피한다는 뜻이다. 그리고 이것은 사람이 닿을 수 있는 가장 높은 단계 가운데 하나이다.

랍비 모세 하임 루짜토(R'Moshe Chaim Luzzatto)는 자신이 집필한 고전(古典) '메실라스 예샤림'(Mesillas Yesharim)에서 두 가지 종류의 두려움(심판에 대한 두려움과 죄에 대한 두려움)을 묘사했다(24장).

심판에 대한 두려움은 죄로 인해 받게 될 영과 육에 대한 심판 때문에 여호와 하나님의 말씀을 거역할 것을 두려워하는 경우이다. … 모든 사람이 자신을 사랑하고, 자신에게 관심을 쏟을 뿐만 아니라, 심판에 대한 두려움이 가장 강력한 의지를 발동하게 하는 것이기 때문에 훌륭한 업적이라고 할 수 없다.

반면, 죄에 대한 두려움은 죄를 지었을 때 받게 될 화를 인식할 때 일어난다. 죄에 대한 두려움에는 하나님의 위엄과 영광에 대한 인식과, 그리고 하나님의 뜻을 거역하는 데 대한 두려움이 포함되어 있다. 모세는 '네 하나님 여호와라 하는 영화롭고 두려운 이름을 경외하지 아니하면'(신 28:58, 메실라스 예샤림 24장)이라고 기록했다.

시골뜨기는 토라를 충분히 배우지 못했기 때문에 죄의 심각성을 깨달을 수 없으며, 죄에 대한 두려움도 알 수 없다. 코쯔케르 레베는 "시골뜨기가 죄를 두려워할 수 있겠는가?"라고 자신에게 질문을 던졌다. 그는 "만일 죄에 대한 두려움이 있었다면, 그는 더 이상 시골뜨기로 남아 있지 않고 자기 계발과 토라 연구에 노력했을 것이다!"라고 스스로에게 답을 했다.

"배우지 않는 사람은 신실한 신앙인이 될 수 없다"

미쉬나가 가리키는 '배우지 않는 사람'이란 누구인가? 이 용어에 대해 일반적으로 받아들여지는 정의는, 토라에 대한 교과서적인 지식은 있지만 현인을 섬기지 않고, 그들과 동행하지 않아 현인들이 삶의 다양한 문제에 토라를 적용하는 방식을 보지 못하기 때문에 통찰력이 부족한 이들을 가리킨다.

랍비 메이르 레흐만은 '서민'을 '타나흐(구약성경)와 미쉬나를 배웠으며, 지혜를 얻고 훌륭한 인격을 갖추었지만 토라를 삶의 지침으로 삼지 않는 사람'이라고 정의했다. 즉, 서민은 세속적인 일에만 그의 모든 노력을 집중한다는 것이다. 현인들은 그런 사람을 '암 하아레쯔'(עם הארץ, 땅의 백성)라고 불렀다. 그는 현인들의 모임에 참여하기보다는 세속적인 삶을 긍정적으로 변화시키는 데에 초점을 맞추고 있기 때문이다.

자신의 전부를 토라에 헌신하지 않으면 신실한 신앙인이 될 수 없다. 현인들 앞에 서서 그들의 행동을 배우고, 그들의 입에서 나오는 지혜와 토라의 말씀을 항상 들으며, 그들을 섬겨야 한다. 그렇게 되기 위해서는 토라를 연구하고 그 지혜를 얻기 위해 자신의 모든 노력을 아끼지 않아야 한다. 내적인 차원뿐만이 아니라 하나님과 자신과의 관계에 있어서도 거룩함과 신앙의 저력을 계속 키워 나가야 한다.

이 책의 후반부에서는 '서민'이 '내 것은 너의 것이고 너의 것은 내 것이다'(5:13)라고 하는 사람을 뜻하기도 한다. 바르테누라의 라베이누 오바댜에 의하면, '이 사람은 타인과 상부상조하기를 애쓰며, 문명과 세상 사람들의 근간이 된다. 하지만 '뇌물을 싫어하는 자는 살게 되느니라'(잠 15:27)라는 말을 이해하지 못한다[그는 이타주의를 추구하는 문명화된 담론 이상을 넘어가지 못한다]. 그는 세상에 문명을 퍼뜨리길 원하지만, 정작 그 목표를 얻기 위한 올바른 수단을 아는 지혜는 부족하다'라고 한다.

***

라베이누 이쯔하크 벤 랍비 슐로모는 '암 하아레쯔'(서민)가 '좋은 성품을 가지고 있으며, 지적 능력도 있어서 죄를 삼갈 수 있다'는 것이 시골뜨기에 비하여 우월한 점이라고 한다. 하지만 이들은 좋은 성품과 토라의 말씀에 대한 의문도 제기할 수 있는 지적 능력이 있음에도 불구하고 지혜를 얻지 못하고 그의 사상도 온전하지 못하여 경건에 이를 수 있는 수단이 없다.

배우지 않는 사람은 좋은 성품을 가지고 토라의 지식을 어느 정도 얻을 수 있지만, 경건한 사람과는 달리 율법의 문자 너머로 갈 내적인 인내심이 부족하다. 그 이유는 아직 토라에 대해 충분히 배우고 익히지 않았기 때문일 것이다.

충분한 지식을 습득하지 못한 사람은 올바른 가치관을 가질 수 없다. 라베이누 아브라함 벤 람밤은 그의 '하마스픽 로브데이 하쉐임'(HaMaspik L'Ovdei Hashem)에서 '토라에 대한 이해와 경건함의 수준을 높이고자 하는 사람은 모든 유대인에게 주어진 의무를 행해야 한다. 오직 그 이후에만 경건한 이들과 선지자들이 걸어간 길을 따라 하나님을 섬김으로써 자기 자신을 완성할 수 있다. 하지만 그런 사람도 부지중에 죄를 지을 수 있으며 … 가장 중요한 계명 가운데 하나인 토라 연구를 게을리할 수도 있다'라고 주장했다. 간단히 말해서 '10년 동안 신실하게 금식을 했더라도, 단 한 끼의 식사를 부정직하게 했다면 아무런 의미가 없다'라는 것이 라베이누 아브라함의 가르침이다.

랍비 하임 이븐 아타르(R'Chaim ibn Attar)는 '암 하아레쯔'가 하나님을 섬기는 방법이 잘못된 사람을 가리킨다고 정의했다. 그는 신실한 신앙인이 되고 싶어 하거나 혹은 그렇게 보이기를 바란다. 그래서 토라에서 명령하는 것 이상의 관습과 규범을 지킨다. 하지만 이해력과 지식의 한계로 인해 탄복할만한 정성으로 하나님을 섬긴다는 것이 오히려 하나님과 이웃에게 누를 끼치게 되는 경우도 있다.(오르 하하임, 레 26:3, 주석 6)

"수줍음이 많은 사람은 배울 수 없으며"

현인들은 유대인이 연민과 수줍음, 그리고 선한 행동을 하고자 하는 의지가 강한 민족임을 가르쳤다(예바모스 79a). 그러나 미쉬나는 '표범과 같이 담대하라.'(수줍음의 정반대)라고 달리 요구한다(ibid.). 실제적으로 유대인은 대담한 편이다.(베이짜 25b) 그렇다면 어떻게 이 두 견해가 조화될 수 있을까?

수줍음이 긍정적인 특성을 가지고 있지만, 슐한 아루흐(오라흐 하임 1)의 서두에 기록된 바(네 하나님에 대한 예배를 비웃는 자들 앞에서 부끄러워하지 말라)와 같이 때때로 담대하고 열정적이어야 한다.

랍비 아키바(R'Akiva)는 40이 될 때까지 완전히 무지했다. 하지만 그는 하나님이 모세에게 예언할 때 "미래에 '아키바 벤 요세프'(Akiva ben Yosef)라는 자가 토라의 문자에 씌운 각각의 면류관으로부터 산만큼의 방대한 할라호트(율법들)를 얻을 것이다"(메나호트 29b)라고 할 정도의 위대한 인물이 되었다. 랍비 아키바는 어린 아들을 학교에 데려다주면서 자신 또한 가르쳐 달라고 하여 공부를 시작했다. 랍비 아키바가 1학년 교실에 앉는 것을 부끄러워했다면, 그는 아무 것도 성취할 수 없었을 것이다.(아보트 데랍비 노손 6:2)

쉽게 분노하는 사람은 질문을 하거나 비웃음을 사는 것을 두려워한다. 결과적으로 그런 사람은 무지를 벗어날 수 없으며, 잘못된 지식을 계속 가지고 있게 된다. 다윗 왕은 므비보셋에게 질문하는 것을 부끄러워하지 않았다. 이 사람의 본명은 이쉬보세스였지만, '내 입이 부끄럽다'라는 뜻의 므비보셋으로 불렸다. 그가 할라하 문제에 대해 다윗 왕을 부끄럽게 했기 때문이다. 탈무드는 이쉬보세스의 주장에 이의를 제기한 위대한 학자 길르압이 다윗의 후손이라고 덧붙였다.(베라호트 4a)

***

람밤은 제자는 이해하지 못한 것에 대해 이해했다고 말해서는 안 되며, 여러 번을 묻는 한이 있더라도 자세한 설명을 부탁해야 한다. 만약 스승이 귀찮아하며 짜증을 낸다면 '랍비시여, 이것은 토라입니다. 토라를 배워야 하지만 제 능력은 너무 부족합니다.'라고 해야 한다.(탈무드 토라 4:4-5)

빌나 가온은 제자를 두 부류로 구분했다. 한 부류는 부끄럽기 때문에 다른 이들에게 도움을 구하지 못한다. 수줍음이 많은 사람은 배우지 못하기 때문에 성공하지 못할 것이다. 반면, 다른 부류의 제자는 학당으로 가서(필요하다면 타국으로라도 가서) 도움이 필요하다고 말하는 것을 부끄러워하지 않는다.(히두셰이 우비우레이 하그라 알 아보트)

질문하는 것을 망설이지 말라

현인들은 '토라를 배우기 위해 명예를 포기하는 사람은 결국에는 명예를 다시 얻을 것이다. 반면, 부끄러워 질문하지 않는 사람은 나중에 자신이 답변을 할 수 없는 질문만 받게 될 것'이라고 했다.(베라호트 63b)

또한 '어리석은 질문을 하더라도 부유한 자들의 모범을 따를 것'을 충고했다(미브하르 페니님[Mivchar Peninim], 샤아르 하호크마[Shaar HaChochmah]). 부유한 자들이 신중하게 선택한 사업에만 돈을 투자하듯이, 사람 또한 자신이 개인적으로 실력을 인정하는 자에게만 질문을 해야 한다. 그리고 질문을 할 때에는 자신의 모든 질문이 타당한지를 확인해야 하며, 질문을 조금도 부끄러워해서는 안 된다. 질문이 부적절하면 수줍음은 약점이 되기 때문이다(라베이누 요나, 라쉬바쯔).

이 미쉬나에 기록된 수줍음이 많은 사람과 쉽게 쑥스러워하는 사람(훗날 에덴동산을 얻는다) 사이에는 커다란 차이가 있다. 후자는 겸손하기 때문에 세상이 자신을 위해 창조되었다고 여기지 않지만, 이 미쉬나에서 수줍음이 많다고 정의를 내린 사람은 타인의 시선에 민감하다. 즉 타인의 존경을 받고 싶어 하고, 바보 같은 질문을 했을 때 비웃음을 사거나,

스승이 무뚝뚝하게 대답할 것을 두려워한다는 것이다. 그 결과 자신의 잠재력을 다 발휘하지 못하게 될 것이다.

"급하고 인내심이 부족한 사람"

성급한 스승은 제자들과 주위 사람들이 그에게 질문했을 때 그들에게 창피를 준다. 그래서 라베이누 요나는 '스승은 화를 내거나 성급해서는 안 된다. 그 대신 침착해야 하고 모든 질문에 답을 해주어야 한다. 그의 답을 명확하게 이해하지 못했다면 이해할 수 있을 때까지 설명해 주어야 한다.'고 했다. 그렇게 하지 않는다면 제자들은 무지하거나 잘못된 지식을 가진 채로 살게 될 것이다.

***

이에 더하여 '크네세트 이스라엘 알 피르케이 아보트'(Knesses Yisrael al Pirkei Avos)에 의하면, 분노를 잘 내는 스승으로부터 배운 제자들 또한 스승과 같이 화를 잘 낼 것이라고 한다. 분노는 실수를 유발하기 때문에 분노가 많은 스승도 자주 실수를 범할 것이다. 그 결과 그는 제자들에게 잘못된 지식을 가르칠 것이다.

무리를 저버리지 말라

금송아지 사건 이후에 모세는 회막과 함께 진영을 떠났다. '여호와께서 모세와 대면하여 말씀하셨다'(출 33:11). 하지만 하나님은 "내가 토라를 너에게 설명했듯이, 너 또한 유대 백성들에게 설명해야 할 것이니 회막을 제자리에 가져다 놓아라."라고 말씀하셨다. 결국 그 말씀에 순종하여 "[모세는] 진영으로 돌아왔다".(ibid.)

랍비 아바후(R'Abahu)에 의하면, 모세가 진영을 떠났을 때 하나님은 모세에게 다음과 같이 말씀하셨다. "[유대 백성들은] 내(하나님)가 그들에게 화를 냈다고 할 것이고, 너 또한 그들에게 화를 냈다고 여길 것이다. 회막에서 나와서 너의 분노를 보인다면 그들은 어떻겠느냐? 회막을 다시 제자리로 가져다 놓아라. 그렇게 하지 않으면 눈의 아들 여호수아가 너 대신 나를 섬길 것이다".(베라호트 63b)

두려워하라, 그러나 압제는 두려워하지 말라

힐렐이 성급한 사람은 가르치지 않아야 된다고 말했지만, 그의 7대 후손인 랍비 예후다 하나시는 아들 라반 감리엘에게 '제자들에게 두려움을 심으라.'고 했다. 이 모순된 견해는 어떻게 해결해야 하는가?

스승은 토라를 존중하고, 자신에게도 예우를 갖추어야 한다는 것을 명확하게 밝혀야 한다. '스승에 대한 경외함이 하늘을 경외함과 같아야 한다.'고 했기 때문이다. 제자들에게 이러한 경외심이 없다면 스승은 제자들을 바르게 인도할 수 없을 것이다. 그럼에도 불구하고 위압적인 태도로 회초리를 들어서는 안 되며, 침착한 자세를 유지해야 한다.

"사업에 과도하게 얽매여 있는 사람은 학자가 될 수 없다."

'라반 요하난'과 '일파'(Ilfa)는 시대가 배출한 눈부시게 빛나는 토라의 두 빛이었다(타아니스 21a). 하지만 가족을 부양하는 것이 어려워지자 연구를 뒷전으로 하고 사업에 매진했다. 어느 날, 그들이 길 옆의 담장 밑에서 나란히 쉬고 있을 때, 라반 요하난은 수호천사들이 주고받는 이야기를 들었다. 한 천사가 "담장을 무너뜨려 저 둘을 죽여 버리세. 영적인 삶을 포기하고 세속적인 삶에만 열심을 내고 있으니 말일세."라고 말하자, 다른 천사가 "내버려 두게, 둘 가운데 하나는 위인이 될 것이고, 게다가 아직 죽을 때가 되지도 않았네."라고 변호했다.

이 대화를 듣게 된 라반 요하난은 돌아가 연구에 열심을 다했지만, 일파는 듣지 못했기 때문에 계속 사업에 종사했다. 결과적으로 일파는 현인으로는 남게 되었지만, 그의 이름은 탈무드에서 드물게 언급되며 유명한 제자도 배출하지 못했다. 반면, 라반 요하난은 유대민족의 지도자가 되었고, '랍비 쉬므온 레이쉬 라키쉬'(R'Shimon Reish Lakish), '랍비 엘아자르', '라브 카하나'(Rav Kahana), '라바 바르 바르 하나'(Rabbah bar bar Chana), 그리고 '라브 히야 바르 아바'(Rav Chiya bar Abba)와 같은 훌륭한 제자들을 길러낸 스승이 되었다.

"그리고 사람들이 없는 곳에서 사람이 되도록 힘써라"

람밤은 이 조항을 토라 연구에 대한 가르침으로 이해했다. 토라는 스승의 지도 아래 다른 동료들과 함께 배워야 한다는 것이다(네 자신을 위해 스승을 모셔라. 네 자신을 위해 친구를 구하라[아보트 1:6]). 하지만 친구나 스승을 모실 형편이 아예 없다면 어떻게 할 것인가? 그는 배우는 것 자체를 포기할 수도 있지만, 이는 합당한 해결책이 아니라 다만 태만일 뿐이다. '사람들이 없는 곳에서' 즉, 함께 연구할 사람이 없다면 적어도 '사람이 되도록 힘을 써야 한다.' 연구를 하기 위한 이상적인 환경을 갖출 수 없다면 현재 상황 속에 최선을 다해야 한다는 것이다.

동료가 주는 유익을 얻을 수 없는 사람은 토라 연구와 영적 성장에 대한 열정을 잃을지도 모른다. 따라서 자신이 세운 고귀한 목표를 성취하기 위해서는 반드시 지속적인 영감을 가지는 사람이 되도록 노력해야 한다. 라베이누 요나는 '마치 탈무드 현인들의 시대에 살고 있으며 그들 가운데 서 있다고 상상하라. 현인들의 경지에 도달하면 모세와 예언자들 사이에 서 있다고 상상하라. 언제 그들의 지혜를 얻을 것인가? 이 상상을 통하여 연구를 가볍게 여기지 않게 될 것이다. 매일매일 지혜를 더해 가며 인격을 향상시키면 마르지 않는 샘이 될 것이다'라고 조언한다.

그 누구도 공동체를 돕고 있지 않다면, 네가 하라

지금까지 이 미쉬나는 토라 연구의 중요성을 강조했다. 하지만 모두가 4규빗 되는 토라 안에 갇혀 있어 그 누구도 공동체를 위해서 나서지 않는다면 어떻게 할 것인가? 라쉬는 '사람들이 없을 때 공공의 이익을 위해 노력해야 한다.'고 가르쳤다. 메이르 네시브는 "그런 상황에서는 '통치권을 혐오하라'는 충고를 따라서는 안 된다"(1:10)라고 덧붙였다.

영적인 황무지에서 사람이 되어라

탈무드에 의하면, 언젠가 랍비 예후다 하나시와 랍비 히야의 제자인 라브가 고향 네하르데아(Nehardea)를 떠나 수라성(city of Sura)을 지나가게 되었다고 한다. 그는 어떤 여인이 "고기 1 리트라를 요리하려면 우유가 얼마나 필요한가요?"라고 묻는 것을 보았다. 라브는 이러한 무지함[9]을 깨우치기 위해 그곳에 예시바를 열었으며, 이는 수라성을 수백 년간 세계적으로 유명한 토라 중심지로 만들었다.

---

[9] 유대인은 육류를 우유에 삶아서는 안 된다 [신 14:21]

같은 맥락에서, 어떤 학자들은 '사람들이 없다'라는 구절이 토라를 가르칠 지도자가 없는 곳으로 이해하여, 누군가는 그곳으로 가서 사람이 되어야 한다고 해석했다.(단 토라를 전수할 수 있는 능력이 있다는 전제 아래서)

랍비 아론 코틀러(R'Aaron Kotler)가 유럽의 홀로코스트를 피해 상하이로 갔을 때, 당시 영국은 상하이에 대한 통치권을 중국에 넘겨주어 유대인의 출입이 자유롭지 못했다. 이에 아론 코틀러는 이스라엘로 돌아가야 할지, 아니면 상대적으로 환영받을 수 있었던 미국으로 갈지 고민했다. 어찌할지 몰랐던 랍비 아론 코틀러는 '고랄 하그라'(Goral Hagra)를 시도했는데, 이는 무작위로 성경을 펼쳐서 그 안의 구절을 보는 것이다. 성경을 펼쳤을 때 하나님이 아론에게 "광야에 가서 모세를 맞으라"(출 4:27)라고 하는 구절을 보았다. 랍비 아론은 이를 당시 영적인 사막과 같았던 미국에 있는 랍비 모세 파인스타인(R'Moshe Feinstein)과 함께 하라는 계시로 받아들였다.

혼자 있을 때에도 사람이 되라

사람들이 있을 때에는 경건하게 행동하지만, 혼자 있을 때에는 유혹을 이길 힘이 부족한 사람들이 있다. 그래서 이 미쉬나는 '사람들이 없는 곳에서, 즉 혼자 있을 때에 의인이 되도록 노력하라'고 가르치는 것이다.(미드라쉬 슈무엘, 메이리)

평범함에 만족하지 말라

주위의 평범한 사람들과 수준을 맞추거나 그보다는 조금 낮게 살기를 원하는 사람들도 있다. 힐렐은 평범함에 만족하거나 주변 사람들과 비교하지 말라고 한다. 자신의 잠재력을 최대한으로 발휘하는 사람이 되도록 노력하라는 것이다.

미쉬나 7절 משנה ז

אַף הוּא רָאָה גֻלְגֹּלֶת אַחַת
שֶׁצָּפָה עַל פְּנֵי הַמָּיִם.
אָמַר (לָהּ),
עַל דַּאֲטֵפְתְּ, אַטְפוּךְ.
וְסוֹף מְטִיפַיִךְ יְטוּפוּן.

그는 또한 물 위에 떠가는 해골을 보았다.

그리고 말했다.

"너희가 다른 사람들을 물에 빠뜨렸기 때문에,

그들이 너희를 빠뜨렸다.

그리고 너희를 빠뜨린 사람들도 결국 빠뜨려질 것이다."

미쉬나 7절

"그는 또한 물 위에 떠가는 해골을 보았다"

이 미쉬나는 악에 대한 보응을 약속한다. 하지만 현실적으로 악이 대가를 치르는 것을 볼 수 있는가? 악한 자들이 사람의 손에 죽는 것보다 단지 늙어서 죽는 경우가 흔하지 않는가?

미드라쉬 슈무엘에 의하면, 이 미쉬나가 뜻하는 바는 가끔씩 내생(future incarnation)에서 자신의 행위에 대한 징벌적 고통을 겪는 것을 의미한다고 한다. 하지만 다른 주석가들은 현인들은 그런 신비주의적인 이야기를 하지 않는다며 이 해석을 거부했다.

미드라쉬에서 현인들은 이 질문을 언급하며 악인은 종말에 심판을 받을 것이라고 말했다.(데바림 라바 2:25) 토사포트 욤 토브는 이 해석을 본 미쉬나에 적용했다. '종말'은 역사가 끝나는 날로써, 이때 살인자가 심판을 받는다는 것이다.

"그가 그것(해골)에게 말했다"

토사포트 욤 토브는 힐렐이 살해를 당한 자가 살인자였을 가능성을 두고 본문을 말한 것이 아니라고 설명했다. 아마도 힐렐은 이 해골에 대해 아는 것이 없었을 것이다. 단지 자신이 아는 상벌의 원칙에 기초하여 말한 것일 뿐이다(참조. 티페레트 이스라엘).

힐렐은 '다른 사람을 대접하는 대로 나도 대접을 받는다.'(소타 1:7)라는 원칙에 대한 확신이 있었다. 하지만 '이는 내 생각이 너희의 생각과 다르며, 내 길은 너희의 길과 다름이니라 여호와의 말씀이니라'(사 55:8)[10] 때문에 우리는 하나님의 공의를 이해할 수 없다.

힐렐은 상벌의 원칙을 복잡한 철학적 논리를 사용하지 않고 전달하기 위해 격식을 갖추어 가르치는 대신에 일상적인 어조로 해골에게 말을 건넸다. 그러므로 아무도 그가 물에 빠진 모든 사람이 이전에 다른 사람을 물에 빠뜨린 것을 의미했다고 주장할 수 없다. 또한 힐렐은 아람어로 말하여 아람어가 공용어인 일반 대중들 사이에 이 대화가 널리 알려지도록 했다.

다음의 미쉬나는 이 주제에 대한 힐렐의 가르침을 연이어 기록한 것이다. 이 미쉬나는 토라를 연구하는 제자들을 위한 것이기 때문에 히브리어로 기록되었다.

---

[10] 원본은 "사 58:5"로 되어 있는데 오타이다.

> **"네가 다른 이들을 물에 빠뜨렸기 때문에 네가 물에 빠진 것이다.
> 그리고 너를 물에 빠뜨린 자들도 결국 물에 빠지게 될 것이다"**

이 미쉬나는 중복되는 것처럼 보인다. 힐렐은 이미 다른 사람을 물에 빠뜨렸기 때문에 그가 물에 빠졌다고 언급했는데, 굳이 자신을 물에 빠뜨린 자도 물에 빠지게 될 것이라고 할 필요가 있겠는가?

이는 사람이 스스로 심판자가 되어 정의를 행하지 않도록 하기 위함이다. 살인자를 처형하는 것은 할라하의 규정을 벗어난다면 정당화될 수 없다. 살인자가 죽어 마땅하다고 해도 집행자를 자처한 자에게는 죽일 권리가 없기 때문에 그자 또한 살인자로 여기게 될 것이다.

하나님에게는 많은 대리인이 있다

탈무드는 투르야누스(Turyanus) 황제가 죽이고자 했던 룰레이누스(Luleinus)와 파포스(Papos)라는 의로운 두 형제에 대한 일화가 있다. 그는 "불이 붙은 풀무에서 하나님의 건짐을 받은 하나냐와 미사엘과 아사랴와 같은 민족이라면 너희들도 하나님이 구해 주도록 빌어보라"라고 두 형제를 비웃었다.

"하나냐와 미사엘과 아사랴는 온전한 의인이었기 때문에 그런 기적을 누릴 자격이 있었지만 … 저희들은 하나님께서 이미 사형을 선고하셨습니다. 그분께는 저희를 사형시킬 대리인이 많습니다. 하지만 아무도 당신에게 우리의 사형을 집행할 대리인이 되라고 부탁드리지 않았습니다. 만일 우릴 죽인다면 하나님께서는 우리의 피 값을 당신에게 받을 것입니다"라고 두 형제가 답했다. 투르야누스는 이를 무시하고 두 형제를 처형하였으나, 얼마 지나지 않아 로마 정부 관리들에 의해 투르야누스는 죽임을 당했다. (타아니스 18b)

눈에는 눈, 이에는 이로(Measure for Measure)

왜 하나님은 악에 대해 심판을 하시는가?

이는 죄인과 주변 사람들의 회개를 일깨우기 위한 하나님의 의도이기 때문이다. 죄의 심각성을 깨우치기 위한 가장 확실한 방법은 그 범죄와 유사한 것을 보여주는 것이다. 그렇게 되면 자신이 저지른 범죄의 폐해를 깨닫고 자신의 길에서 돌이킬 것이다.

한 사람의 인생에 일어나는 모든 것은 우연이 아니라는 것을 아는 사람은 모든 일이 하나님의 뜻이라고 여긴다. 그래서 삶에서 어떤 사건이 생기면 먼저 잘못을 회개할 생각부터 하게 된다. 예를 들면, 만일 자신이 가난해졌다면 혹시 부지중에라도 남에게 사기를 치지 않았는지 확인하기 위해 과거를 돌아본다는 것이다.

하나님의 심판의 메시지는 개인에게도 적용되기 때문에 우리는 하나님으로부터 매일, 거의 매 순간마다 그의 영적인 상태에 대하여 메시지를 받고 있다. 손가락을 다친다거나, 규범을 벗어나게 되는 것은 영혼이 치료 받아야 된다는 의미이다. 이것을 알고 있는 사람은 모든 사건을 자신의 내면을 살피는 횃불로 활용할 것이다.

하나님은 오직 개선과 치유, 그리고 가르침과 깨달음을 위해 심판하시는 유일한 분이시다. 다윗 왕은 '주여 인자함은 주께 속하오니 주께서 각 사람이 행한 대로 갚으심이니이다.'(히브리어성경 시 62:13, 한글성경 62:12)라고 노래했다. 이에 대해 '브리트 아보트'는 만일 하나님이 각 사람의 행위에 따라 갚으신다면, 그것은 공의이지 인자는 아니라고 반박했다. 하지만 이 시편 구절의 의미는, 하나님의 공의와 인자는 동일한 것이라는 점이다. 왜냐하면 하나님이 사람을 심판하면 그의 양심도 깨어나기 때문이다. 그러므로 하나님의 심판은 회개를 유도하는 수단이 되는 것이다. 그분께서는 사람을 벌하고자 하실 때 사람의 의식 속에 일어나신다. 그러므로 신의 벌은 사람이 속죄를 할 수 있는 방법이다. '눈에는 눈, 이에는 이'라는 원리는 사람으로 하여금 죄를 돌아보게 하고, 그 죄를 인정하게 하는 것이다. '주 여호와의 말씀이니라. 죽을 자가 죽는 것도 내가 기뻐하지 아니하노니, 너희는 스스로 돌이키고 살지니라.'(겔 18:32).

미쉬나 8절   משנה ח

הוּא הָיָה אוֹמֵר,
מַרְבֶּה בָשָׂר, מַרְבֶּה רִמָּה.
מַרְבֶּה נְכָסִים, מַרְבֶּה דְאָגָה.
מַרְבֶּה נָשִׁים, מַרְבֶּה כְשָׁפִים.
מַרְבֶּה שְׁפָחוֹת, מַרְבֶּה זִמָּה.
מַרְבֶּה עֲבָדִים, מַרְבֶּה גָזֵל.
מַרְבֶּה תוֹרָה, מַרְבֶּה חַיִּים.
מַרְבֶּה יְשִׁיבָה, מַרְבֶּה חָכְמָה.
מַרְבֶּה עֵצָה, מַרְבֶּה תְבוּנָה.
מַרְבֶּה צְדָקָה, מַרְבֶּה שָׁלוֹם.
קָנָה שֵׁם טוֹב, קָנָה לְעַצְמוֹ.
קָנָה לוֹ דִבְרֵי תוֹרָה, קָנָה לוֹ חַיֵּי הָעוֹלָם הַבָּא.

그는 계속하여 말하곤 했다:
  살코기가 많이 있는 곳에 구더기도 많다.
  많은 소유는 많은 걱정을 가져온다.
  많은 부인은 많은 주술을 가져온다.
  많은 여종은 많은 음란을 가져온다.
  많은 남종은 많은 도둑질을 부른다.
그러나 많은 토라는 보다 풍부한 삶을 가져오고,
  많은 연구는 보다 많은 지혜를 가져오며,
  많은 상담은 보다 많은 이해를,
  많은 자선은 많은 평화를 가져온다.
좋은 평판을 얻은 사람은
  스스로의 이익을 위해 얻은 것이고,
  토라에 대한 지식을 스스로 얻은 사람은
  스스로가 다가올 세상의 삶을 얻은 것이다.

미쉬나 8절

"살코기가 많이 있는 곳에 구더기도 많다"

사람이 많이 먹고 마실수록, 즉 자신의 살을 찌울수록 무덤에 구더기들이 더 많이 꼬일 것이다. 하지만 그것이 뭐 그리 대수로운 일이라고 걱정을 해야 하는가? 그 이유는 '구더기는 죽은 이에게 산 사람의 피부를 바늘로 찌르는 것과 같은 고통을 준다.'라고 현인들이 말했기 때문이다(샤보트 13b).

구더기가 어찌 그렇게 할 수 있는가? 죽은 사람이 육체적 통증을 느끼는가? 사실상, 죽은 이들은 특정 시간 동안 자신의 주위를 인식한다고 한다. 그러나 어떤 이들은 죽은 사람이 땅에 묻히고 나면 통증을 느끼지 않는다고 한다. 오히려 살아 있을 때 자신의 육체가 해체되는 고통을 겪어야 한다. 그렇다면 왜 죽은 뒤에 고통을 받아야 한다고 하는가? 이는 망자의 영혼이 육신을 떠나 자신의 몸이 부패되어 가는 것을 볼 때 느끼는 고통을 걱정해야 하기 때문이다(참조. 랍비 이쯔하크 아바르바넬). 영혼이 부패해 가는 몸을 보게 되면 고통스러워하기 때문에 육신을 땅에 매장하는 것이다(콜 보[Kol Bo], 힐코트 에이벨[Hilchos Eivel], 토사포트 욤 토브에서 인용).

"많은 소유는 많은 걱정을 가져온다"

재산을 뜻하는 히브리어 네하심(נכסים[Nechasim])은 여러 가지 의미로 해석할 수 있다. 리트바(Ritva)의 제자는 다음의 두 가지를 제안했다:

재산은 사람의 단점을 '숨긴다'(메하심[Mechasim]). 그래서 부적합한 사람에게 권력과 영향력을 발휘할 수 있는 수단이 된다. 재산은 사람의 삶에 '들어왔다'(니흐나심[Nichnasim])가 언젠가는 떠난다. 즉, 그 누구도 자신의 재산을 영원히 소유할 수 없다는 것이다. 더욱이, 탈무드는 재산에 대한 단어를 '감추다'(니흐신[Nichsin])와 관련시켜 이해했다. 즉, '누군가 가졌던 재산은 정작 본인에게는 감추어져 있지만 다른 사람에게는 드러난다'는 것이다.(탄후마 마토트[Tanchuma Matos] 6)

현인들은 돈을 의미하는 두 단어로 언어유희를 즐겼다. 과거에는 동전들을 '주짐'(zuzim)이라 불렸는데, 이는 "동전이 이 사람에게서 다른 사람에게로 '움직이기'(자즈[zaz]) 때문에 붙여진 것이다"(ibid.). 돈에 대한 또 다른 호칭은 메이오트(Meios)였는데, 이는 재산이 일시적인 소유물에 불과하기 때문이다. 여기서 24시간을 뜻하는 '메이에이스 레이스'(mei'eis l'eis)가 파생되었다.(미드라쉬 슈무엘) 또한 "돈은 가치관을 '왜곡시켜'(마베이트[M'aveis]) 수명을 단축시키기도 한다."(ibid.)

***

유대교 신비주의자(Kabbalist)인 랍비 아브라함 갈란테(R'Avraham Galante)는 그의 '제후트 아보트'(Zechus Avos)에서 '재산'이라는 단어는 '감추다'라는 의미가 포함되어 있으므로 이 미쉬나에서 많은 재산을 가진 사람은 자선에 대한 요청을 회피하기 위하여 재산을 숨긴 사람이라고 주장했다. 이는 돈을 벌고자 하는 욕망과 자신의 재산이 발각될지도 모른다는 두려움에 걱정만 쌓인다는 것이다. 반면, 자선가는 관대하고 자신이 가진 것을 다른 사람들에게 나눠주기 위해 노력한다. 그는 걱정이 아니라 오히려 기쁨이 더 커진다. 이 미쉬나는 이런 사람을 '많은 자선은 많은 평화를 가져온다.'로 표현한다. 평화는 다른 사람들뿐만이 아니라 자기 자신에게도 온다.

"많은 부인은 많은 주술을 가져온다."

미쉬나의 시대에 배우지 못한 유대인들은 소원을 성취하기 위해 주술을 사용했다. 남편이나 아내는 배우자의 잃어버린 사랑을 되찾기 위해 주술을 사용하기도 했다. 남편이 아내를 둘 이상 두었을 때에는 집안에 갈등이 일어난다. 이때 아내들 가운데 하나가 다른 아내를 해코지하기 위해 주술을 사용할지도 모른다. 사실상, 라베이누 게르숌(Rabbeinu Gershom)이 1천 년 전 일부다처제를 금지한 것은 이러한 불화와 갈등을 방지하기 위해서이다.

"많은 여종들은 많은 음란을 가져온다."

예전에 집안일은 주로 육체적 노동이 많았기 때문에 많은 일꾼들이 필요했다. 집을 관리하는 데에도 사람들의 에너지와 노동력이 사용되었으며, 불을 피우거나 물을 긷는 등의 사소한 일에도 꽤 힘이 들었다. 따라서 사람의 첫 번째 소원은 일손을 구하는 것이었음이 분명하다. 그러나 집안일을 돕기 위해 집에 들이는 여종은 주로 신분이 낮은 계층의 여자였기 때문에 가족에게 좋은 영향을 줄 수 없었으며, 기본적인 윤리규범도 흐트러지게 할 공산이 크다.

"많은 남종은 많은 도둑질을 부른다."

남종 또한 비슷한 문제를 일으킬 수 있는데, 비록 여종보다 불륜을 일으킬 가능성은 적지만 정직하지 않을 가능성이 높기 때문이다. 따라서 많은 남종을 고용하기 전에, 그것이 편안하고자 하는 목적과 부유하다는 평판의 두 가지를 만족시킬 수 있을지에 대해 심사숙고해야 한다.

"많은 토라는 보다 풍부한 삶을 가져온다."

토라와 삶은 깊이 연결되어 있다. 성경에도 '그는 네 생명이시요 네 장수이시니'(신 30:20), '그의 오른손에는 장수가 있고'(잠 3:16), '나 지혜로 말미암아 네 날이 많아질 것이요'(잠 9:11)라고 기록되어 있다. 토라의 근본은 하늘에 대한 두려움에서 출발한 것이다. 우리가 성경에서 배웠듯이 '여호와를 경외하면 장수하느니라'(잠 10:27), '여호와를 경외하는 것은 사람으로 생명에 이르게 하는 것이라'(잠 19:23), '여호와를 경외하는 것은 곧 생명의 샘이다'(잠 14:27).

주석가들은 미쉬나의 이 구절이 현세의 삶을 암시한다고 말한다. 이는 마지막 구절이 '토라의 말씀을 스스로 얻은 사람은 내세의 삶을 스스로 얻은 것이다'라고 말하는 것에서도 확인할 수 있다. 따라서 이 구절은 현세의 삶에 대해 이야기 하는 것이라고 할 수 있다.

탈무드는 모든 가족이 18살이 되었을 때 죽은 예루살렘의 어느 가정의 일화를 전해준다. 라반 요하난 벤 자카이는 그들에게 '당신들은 엘리의 후손일지 모릅니다. 성경에 의하면 네 집에서 출산되는 모든 자가 젊어서 죽으리라(삼상 2:33)라고 했기 때문입니다. 그러니 가서 토라를 연구하십시오. 그러면 살 것입니다'라고 조언했다. 탈무드는 그들이 라반 요하난 벤 자카이의 조언을 받아들여서 수명이 더 연장되었다고 한다. 더욱이 그 가족은 자신들의 성(姓)을 라반 요하난의 이름으로 바꾸었다고

한다.(로쉬 하샤나 18a)

우리가 알고 있듯이, 라바(그 역시 엘리의 후손이었다)도 토라 연구의 공로로 인해 40살이 될 때까지 살았다.(ibid.) 이러한 현상은 후세대에서도 발견할 수 있다. 볼로진의 랍비 하임은 아보트에 대한 그의 '루아흐 하임'(Ruach Chaim, 1:1)에서 한 여인에 대한 일화를 기록했다. 그녀는 '투레이 자하브'(Turei Zahav)의 저자인 랍비 도비드(R'Dovid)에게 와서 "랍비시여, 제 아들이 죽어가고 있습니다!"라고 소리치자, 랍비는 "제가 하나님을 대신 할 수 있겠습니까?"라고 답했다. 이에 그녀는 "저는 당신 안의 토라에게 외치고 있는 것입니다! 거룩하신 하나님과 토라는 하나이니까요!" 이 말을 들은 랍비는 "제가 당신을 위해 제자들과 함께 연구하는 토라를 당신의 아이에게 선물로 주겠습니다. '이는 너희에게 헛된 일이 아니라 너희의 생명이니 이 일로 말미암아 너희가 요단을 건너가 차지할 그 땅에서 너희의 날이 장구하리라'(신 32:47)라고 했으니, 당신의 아이가 살 수 있을지도 모릅니다." 그러자 곧바로 아이의 열이 내리고 회복되었다고 한다.

육신의 치유

'이것이(토라가) 네 몸에 양약이 되어 네 골수를 윤택하게 하리라'(잠 3:8)라는 구절은 앞서 언급된 살과 재산을 늘리는 것이 병과 걱정을 늘리고 사람의 수명을 단축시킨다는 구절을 강화시키고 있다(라베이누 요나). 지나친 쾌락을 삼가고 토라에 헌신하는 사람은 장수하게 될 것이라는 뜻이다. 왜 그렇다는 것인가? 무엇 때문에 토라를 연구하는 것이 사람의 수명을 늘림과 동시에 사람의 힘을 약하게 하는가?(산헤드린 26b)

일차적인 답으로는 토라 연구의 이로움이 장수를 보장해준다는 것이다. 여기에 더하여, 토라 연구를 통한 자기 부인이 생명의 양약이 된다는 점이다. 주야로 토라 연구에 전념하며 세속적인 쾌락에서 등을 돌릴 때 평안한 삶을 누릴 수 있다. 그는 자신의 형편과 처지에 만족하기 때문에 세속적인 부족함이 없으며, 그의 유일한 소망은 오직 토라를 연구하는 것 외에는 없다. 그는 다른 사람들이 가지고 있는 것이 무엇인지에는 무관심하기 때문에 질투나 증오, 또는 경쟁심을 느끼지 않는다.

그는 토라를 깊이 연구하여 온전히 이해하고자 최선의 노력을 다한다. 이러한 노력 그 자체가 생명을 주는 양약이 된다. 토라를 연구하는 사람은 매순간마다 기쁨을 느끼며, 열심히 노력하는 것에서 행복을 얻으며, 깨달음의 순간마다 배우는 이는 각 도전에 기뻐한다. 그는 열심히 노력하는 것을 기뻐하고 깨달음의 순간마다 '여호와의 교훈은 정직하여 마음을 기쁘게 하고'(히브리어 성경 시 19:9, 한글성경 시 19:8)라고 한 것처럼 만족을 누리게 될 것이다.

토라를 연구한 사람은 누구나 이러한 즐거움을 누렸다. 이것이 우리가 슬픔과 애도의 날에만 토라를 연구해서는 안 되는 이유이다(타아니스 30a; 슐한 아루흐, 오라흐 하임 554:1). 토라를 연구하는 사람은 진정한 만족감을 얻으며 자신의 시간을 바르게 사용했다는 자부심도 느낄 것이다. 연구하는데 사용한 매 시간들은 생명의 시간이요, 헛된 것이 아니다. 이런 이유 때문에 토라를 연구하는 사람이 장수하는 것은 놀랍지 않다. 솔로몬 왕이 말했듯이, '이것이(토라가) 네 몸에 양약이 되어 네 골수를 윤택하게 하리라'(잠 3:8).

토라의 4가지 영역
바그다드의 랍비 요세프 하임은 그의 하스데이 아보트에서 '토라가 많은 사람'이라는 구절이 토라의 4가지 영역(פשט[간단한 의미], רמז[암시적 의미], דרש[내재적 의미], סוד[신비적 의미])에 대해 연구하는 사람을 가리킨다고 주장했다. 토라의 이 4가지 영역에 들어가 그 위대함을 깨달을 때만 비로소 우리는 생명을 얻게 된다는 것이다. 그는 글자의 숫자로도 이를 입증했다.

그는 잠언 4장 2절의 '내가 선한 도리를 너희에게 전하노니'에서 선하다를 예를 들고 있다. '선하다'의 히브리어 숫자의 합은 17이다. 17에 4를 곱하면 68이 되는데, 이는 생명을 뜻하는 '하임(Chaim)'의 숫자의 합과 일치한다는 것이다.

'생명'이란 무엇인가?

어느 날, 한 사람이 랍비 이스라엘 살란테르에게 "인생은 꿈처럼 지나가는 것 아니겠습니까?"라고 말했다. 이에 랍비 이스라엘은 "그렇습니다만, 오직 잠을 자고 있는 사람에게만 해당되는 것입니다"라고 대답했다.

"연구가 많은 사람은 지혜도 많다"

토라를 연구하는데 많은 시간을 들이면 더불어 지혜도 많아진다. 지혜는 신비한 방법으로 어느 날 갑자기 생기는 것이 아니며, 지름길도 없다. 토라의 면류관을 쓰고자 하는 사람은 반드시 자신이 사용할 수 있는 모든 순간을 토라 연구에 계속적으로 활용해야 한다. 반면, 현인들은 학당에서 졸거나, 연구에 최선을 다하지 않거나, 수시로 연구를 중단하게 되면, 그의 지혜는 오해와 형편없이 흡수된 개념과 사실로 뭉친 잡동사니가 될 것이라고 가르쳤다(산헤드린 71a).

토라는 '네가 하루 동안 나를 버린다면, 나는 너를 이틀 동안 버릴 것이다'라고 경고했다(메길라스 세사림[Megillas Sesarim], 얄쿠트 쉬모니에서 인용, 에이케브, 레메즈[remez]). 토라는 다른 것을 쫓기 위해 자신을 버리는 이들이 다시 관심을 가져주는 것을 기다리지 않는다. 사람이 토라를 제쳐놓듯, 토라 또한 사람을 옆으로 제쳐둔다. 현인들은 이를 각 반대 방향으로 떠나는 두 여행자에 비유한다. 이 두 사람 사이는 거리는 점점 멀어진다. 만일 한 사람이 토라로 돌아가기 위해 방향을 바꾸게 되면, 그는 반드시 홀로 걷게 되고, 토라를 만나기 위한 여행은 두 배로 힘이 들게 된다.

"많은 상담은 보다 많은 이해를 가져온다."

이해는 지혜보다 더 높은 단계이다. 이해를 뜻하는 히브리어 '테브나'(תבונה)는 구조와 실용적인 지혜를 뜻하는 '빈얀'(בנין[구조, 실용적인 지혜])과 관계가 깊다. 현인들은 이해심이 강한 사람을 바르게 추론을 할 수 있는 사람으로 정의했는데(하기가 14a), 이는 그가 이미 얻은 지혜를 정확히 적용하기 때문이다. 성경에 기록된 것처럼 '지혜 있는 자에게 교훈을 더하라 그가 더욱 지혜로워질 것'(잠 9:9)이다.

그렇다면 이해력을 얻는 방법은 무엇인가? 이 미쉬나는 '많은 상담은 보다 많은 이해를 가져온다.'라고 그 답을 제시한다. 그러나 주석가들은 상담이 많은 사람에 대한 의미에 대해 모두가 동의하는 것은 아니다. 바르테누라의 랍비 오바댜와 같은 몇몇은 타인의 상담을 받아들이는 사람으로 이해했다. 머리가 혼란스럽고 어디로 발길을 옮겨야 할지 몰라 갈팡질팡 할 때 조언을 구해야 한다. 자신의 상황에 한 줄기 빛을 비추어주고, 난국을 해결해 주며, 자신을 앞으로 인도해 줄 사람을 찾게 되는 것이다.

라쉬바쯔는 자신이 어떻게 해야 되는지를 알게 된 사람도 다른 사람들의 의견을 들어보아야 한다고 덧붙였다. 성경에 '의논이 없으면 경영이 무너지고 지략이 많으면 경영이 성립하느니라.'(잠 15:22)라고 했기 때문이다. 또한 라쉬바쯔는 얼마나 많은 조언을 받았느냐가 아니라 조언의 질이 중요하다고 한다. 그래서 솔로몬 왕도 '승리는(보좌관들의 많음에 있는 것이 아니라) 지략이 많음에 있느니라'(잠 11:14; 24:6)라고 한 것이다.

그러나 다른 주석가들은 '상담이 많은 사람'을 '타인을 상담해 주는 사람'으로 이해했다. 그렇다면 어떻게 타인을 상담하는 것이 자신의 이해력을 증진시킬 수 있다는 것인가? 미드라쉬 슈무엘은 타인을 상담함으로써 자신의 견해가 명확해지기 때문이라고 설명한다.

사심 없이 숭고한 동기로 상담을 해준다면 그 조언은 성공적일 것이라 확신할 수 있다. 현인들은 '오직 여호와의 뜻만이 완전히 서리라'(잠 19:21)라는 말씀은 '여호와의 영광을 드높이기 위한 목적에서 건네는 조언이 완전히 설 것을 의미한다'고 설명한다.(산헤드린 26b) 사실상, '그들이 나의 교훈을 받지 아니하고'(잠 1:30)와 '하나님의 말씀을 거역하며 지존자의 뜻을 멸시함이라'(시 107:11)라고 했기 때문에 토라 그 자체가 상담이라고 할 수 있다.

"많은 자선은 많은 평화를 가져온다."

자선과 평화는 어떤 연관성을 가지고 있는가? 라베이누 요나는 사람들은 자신들에게 자선을 베푸는 이들을 사랑하게 되고, 이것이 세상에 평화를 가져온다고 한다. 자선을 하는 것은 빈부의 격차를 해소하고, 질투와 분노를 누그러뜨리며, 도둑질을 할 동기를 없앤다.

자선과 다른 비용들

탈무드는 '수입이 로쉬 하샤나에 결정되듯이 지출 또한 이때 결정된다.'라고 한다(바바 바스라 10a). 하지만 그 지출이 얼마가 될지를 결정하는 것은 각자의 소관이다. 만일 그가 훌륭한 위인이라면 돈은 가난한 이들에게 갈 것이나, 그렇지 않다면 자격이 없는 사람들에게 갈 것이다.

라반 요하난 벤 자카이는 이듬해에 그의 조카들의 소비가 700디나르가 될 것이라는 꿈을 꿨다. 그는 조카들에게 그 돈으로 자선을 베풀라고 당부했으며, 그들은 무려 687 데나르를 기부했다. 그런데 대속죄일 전날에 부패한 세리가 와서 나머지 13디나르 마저 거두어갔다. 이때 그들은 이것이 더 많은 강제징수의 시작일 것이라 두려워했지만, 라반 요하난 벤 자카이는 세리가 다시 돌아오지 않을 것을 확신시키며 그의 꿈을 그들에게 이야기해 주었다.

"왜 처음부터 이 꿈에 대해 이야기해 주시지 않으셨습니까?"라고 조카들이 물었다. 라반 요하난 벤 자카이는 어떻게 될지 모르고 자선을 베풀어야 더 큰 유익이 있기 때문에 알려주지 않았다고 대답했다.

자선은 이스라엘과 하나님 사이에 평화가 넘치게 한다.

자선은 유대인들과 하나님 사이에 평화가 넘치게 한다. 현인들은 '유대인들이 현세에서 하는 자선과 선한 행동들은 하늘에 계신 아버지와 그들 사이에 위대한 평화를 가져올 것이며, 그들을 위해 변호해 줄 것이다'(바바 바트라)라고 한다.

자선은 우리를 하나님 앞으로 더 가까이 인도한다. 사람이 빈곤해지면 홀로 버려졌다고 느낄 수 있다. 마치 하나님이 자신을 더 이상 돌보지 않고, 그 누구도 자신에게 관심을 갖지 않을 것이라는 생각에 절망에 빠져 하나님으로부터 등을 돌릴지도 모른다. 그러나 그가 물질적 지원을 받을 수 있으면 이런 절망적인 생각과 버림 받았다는 느낌은 사라질 것이다.

가난한 사람이 더 이상 하나님을 부르짖을 필요를 느끼지 못하는 것은 부유한 사람에게도 유익이 된다. 이는 그 부르짖음으로 인해 도울 수도 있지만, 부르짖음을 외면한 사람들에게는 하나님의 심판이 즉각 내릴 수 있기 때문이다. '그가 나에게 부르짖는다면, 나는 그 부르짖음을 분명히 들을 것이다'(ibid.). 그러므로 그가 하나님에게 부르짖지 않도록 미리 그를 도우라는 것이다.

가난한 사람의 불평

'가난한 자의 송사라고 해서 편벽되이 두둔하지 말지니라.'(출 23:3).

가난한 사람의 불평은 자신의 처지가 공평하지 않다고 생각하기 때문에 나오는 것이다. '어찌하여 저는 다른 사람보다 못합니까? 그는 침대에서 자지만, 저는 바닥에서 잡니다. 그가 집에서 편안하게 잘 때, 저는 노숙을 합니다.'(바이크라 라바 34:16)

오르 하하임은 '두둔하다'라는 뜻을 지닌 '테헤이다르'(תהדר Tehedar)가 '~을 야기하다' 혹은 '~을 초래하다'와 연관되어 있다고 해석한다. 그래서 그는 이 구절을 '가난한 이가 불평하도록 두지 마라'고 한다. 대신 그에게 자선을 베풀고 그를 지원하여 그의 불평이 하늘에 닿지 않게 하라고 한다. 이와 같이 가난한 사람의 불만을 잠재우면, 하나님은 부자에게 고마움을 느끼셔서 더 이상 그를 심판하지 않으신다는 것이다.

어떻게 자선을 많이 하는가?

자선을 베푸는 것은 토라에서 정해진 의무이다. '네 땅 안에 네 형제 중 곤란한 자와 궁핍한 자에게 네 손을 펼지니라.'(신 15:11) '너는 그를 도울지니라.'(레 25:35) '네 형제로 너와 함께 생활하게 할 것인즉'(레 25:36) 등에서 확인할 수 있다. 이와 같이 모두에게 같은 책임이 있었다면, 자선을 많이 한다는 것은 무엇을 의미하는가? 더불어 현인들이 자선을 베풀 수 있는 상한선을 최대 20%로 제한하였는데 어떻게 자선을 '많이 한다'는 것인가?(케투보트 50a)

미드라쉬 슈무엘은 욥을 인용하여 이 질문에 답을 제시했다. 욥은 '온전하고 정직하여 하나님을 경외하며 악에서 떠난 자'(욥 1:1)였으며, 자선을 베푸는 것에 망설임이 없었던 인물이었다. 그는 "내가 언제 가난한 자의 소원을 막은 적이 있었던가?"(욥 31:16)라고 반문했다. 욥은 가난한 사람이 요청했던 것뿐만 아니라, 원했던 것을 다 주었다는 뜻이다. 또한 "과부의 눈으로 하여금 실망하게 하였던가?"(욥 31:16)라고 재차 반문한다. 욥은 과부가 입을 열어 말하지 않아도 그녀의 눈이 바랐던 것까지도 아낌없이 베풀었다.

이러한 맥락에서, 텔아비브의 랍비인 이쯔하크 예디디아 프렌켈(R'Yitzchak Yedidiah Frenkel)이 가난한 사람의 닭고기가 정결(kosher)하지 않으면, 그는 종종 자신의 아들에게 푸줏간에서 신선한 닭고기를 사서 가난한 사람의 집에 가져다 주라고 했다.

타인에게 자선을 많이 하도록 하라

주석가들은 다른 관점에서 누가 자선을 많이 하는가?에 대한 문제를 다루었다. 라베이누 요나는 앞서 나온 구절인 상담(조언)을 많이 하라와 이 구절 사이의 연관성을 지적했다. 어떤 사람이 자선을 베푸는 것에 대해 조언을 했다면, 그는 선행의 유익을 얻는 것뿐만이 아니라 이웃으로부터 환대를 받을 것이다. 때로는 자선기금을 마련하기 위한 그의 노력으로 인해 타인의 미움을 사거나, 기피인물이 될지도 모른다는 생각에 두려워할 수 있다. 실제적으로 그런 경험은 비일비재하다. 그러나 미쉬나는 자선을 많이 하는 사람은 평화를 증가시킬 것이라고 그를 이해시킨다. 결국, 이웃이 그를 사랑하고 존경하게 된다는 것이다.

라쉬바쯔는 이사야서 32장 17절의 '자선 행위(성경 본문은 '공의')의 열매는 화평이요'를 인용하여 이를 뒷받침한다. 그렇다면 이사야 선지자는 무엇 때문에 '자선'이라고 하지 않고 '자선 행위'라고 했을까? 현인들은 타인에게 자선을 촉구하는 이들을 암시하는 것이라고 설명했다. 결국 그들은 평화를 얻을 것이다.

"명성을 얻은 사람은 스스로의 이익을 위해 얻은 것이다"

명성(좋은 평판)에 앞서 언급된 4가지 자질은 서로 차이가 있다. 미쉬나는 앞의 4가지 자질들을 얻는 방법에 대해서는 알려 주었지만, 좋은 평판에 대해서는 그렇지 않았기 때문이다. 대부분의 주석가들은 이 구절이 앞서 언급된 자선이 많은 사람은 평화도 많다라는 구절을 완성시키는 것이라 본다. 즉, 자선을 아끼지 않는 사람이 명성을 얻을 것이라는 뜻이다.

일부 주석가들은 앞서 언급된 4가지 자질을 얻으면 명성을 받게 된다고 해석했다. 먼저 토라 연구를 많이 하면, 토라의 지식이 지혜와 조언, 그리고 이해력으로 이어진다. 이것을 모두 터득한 사람은 아낌없이 자선을 베풀어 평화가 넘치게 하며, 결국 명성을 얻을 것이다(라베이누 요세프 벤 슈샨). 그래서 '명성을 얻은(has acquired) 사람은 …'이라는 구절이 과거형으로 표현되어 있는 것이다. 사람이 앞의 4가지 자질들을 모두 얻으면, 자연스럽게 명성을 얻게 되어 있다.

누구도 뺏을 수 없다

그렇다면 '자신을 위해'라는 것은 무슨 뜻인가? 다른 것을 습득할 때와 명성은 어떻게 다른 것일까? 혹자의 설명에 의하면, 다른 것은 일시적인 것에 불과한 것이라고 한다. 돈은 잃을 수 있고, 사회적 지위도 몰락할 수 있으며, 친구들도 떠날 수 있다. 하지만 오직 한 가지, 선행과 품격 있는 자질을 통해 얻은 명성만이 그를 계속 따라 다닐 것이다. 명성은 언제나 그와 함께 한다. 그러므로 사람이 명성을 얻었다는 것은 결국 자신을 위해 얻은 것이 되기 때문에 그 누구도 그것을 빼앗아 갈 수 없다.

***

일부 주석가들은 명성에 대한 가치에 이의를 제기하며 이 해석을 거부한다. 세상의 칭찬은 덧없는 것이기 때문이다. 그가 죽은 이후에 명성은 무슨 쓸모가 있겠는가? 그러므로 미드라쉬 슈무엘은 이 미쉬나를 다음과 같이 설명한다. 명성을 얻은 사람(그것을 위해 자신의 모든 것을 쏟아 부은 사람)은 자기 자신을 위해 얻은 것이다(단지 일시적인 유익을 위해 얻은 것에 불과하다). 하지만 토라의 말씀을 습득한 사람은 내세의 생명을 얻은 것이다. 그러나 이 해석이 미쉬나의 가르침을 모두 반영하는 것은 아니다. 게다가 (세파트 에메트가 지적했듯이) 피르케이 아보트는 명성을 최상의 자질로 칭찬하고 있다. '명성의 면류관이 모든 것 위에 선다.'(4:17)

영원한 이름

그러나 사람의 명성이 그와 영원히 있다는 것이 진실일까? 아주 유명한 사람의 이름도 결국에는 잊혀지게 된다. 때로는 자신의 잘못이 아님에도 불구하고 이웃의 모함이나 악한 소문으로 인해 명성이 실추되기도 한다. 그런데도 어떻게 명성을 영원히 소유할 수 있다고 하는 것인가? 게다가 '겸손하게 네 하나님과 함께 행하는 것'(미 6:8)이 우리의 목표라면, 자신의 명성에 신경 쓰는 것과 양립할 수 있겠는가?

그 답은 유산을 남기지 못할까 걱정한 고자(鼓子[Eunuchs])에게 하신 하나님의 말씀에 있다. '여호와께서 이와 같이 말씀하시기를 나의 안식일을 지키며, 내가 기뻐하는 일을 선택하며, 나의 언약을 굳게 잡는 고자들에게는, 내가 내 집에서, 내 성 안에서 아들이나 딸보다 나은 기념물과 이름을 그들에게 주며, 영원한 이름을 주어 끊어지지 아니하게 할 것이다'.(사 56:4-5)

이 미쉬나는 현세가 아니라 내세에서의 명성에 대해서 언급하는 것이다. 더불어 명성을 얻기 전에 반드시 하나님의 은혜를 받아야 한다. "네가 하나님과 '사람 앞에서'(원어는 '두 눈 안에서') 은총과 귀중히 여김을 받으리라"(잠 3:4). 먼저 하나님의 은혜를 받은 뒤에 사람을 즐겁게 하는 것이 순서이다.

단지 좋기만 한 명성은 미심쩍은 면이 있다. '그가 비록 생시에 자기를 축하하며 스스로 좋게 함으로 사람들에게 칭찬을 받을지라도 그들은 그들의 역대 조상들에게로 돌아가리니 영원히 빛을 보지 못하리로다.'(시 49:18-19). 하지만 하나님 앞에서 명성을 얻은 사람은 자신을 위해 얻은 것과 동일하다. 그래서 솔로몬 왕도 '많은 재물보다 명예를 택할 것'(잠 22:1)이라고 했다.

'마음이 지혜로운 자는 계명을 받거니와'(잠 10:8)

탈무드는 문바즈(Munbaz) 왕의 이야기를 들어 사람이 계명을 준행할 때 얻을 수 있는 유익과 재산을 모으기만 한다면 얼마나 많은 것을 손해 볼 수 있는지를 보여준다.(바바 바스라 11a) 문바즈 왕이 자신의 행동을 변호하는 것을 보고 명성을 얻는 것은 자기 자신을 위한 것이라는 것을 배울 수 있다.

탈무드에 의하면, 문바즈 왕은 나라에 기근이 왔을 때 백성들을 돕기 위해 사재를 아낌없이 내어놓았다고 한다. 그의 친척들이 가산을 탕진하고 있다고 비난하자, 그는 "내 선조들은 땅 위에 재산을 쌓았지만, 나는 천국에 쌓았다오. 내 선조들은 도둑이 훔쳐갈 수 있는 곳에 재산을 두었지만, 나는 도둑이 절대로 닿을 수 없는 곳에 두었소. 내 선조들은 결실을 맺을 수 없는 곳에 재산을 모았지만 나는 결실을 맺을 수 있는 곳에 모았소. 내 선조들은 다른 사람들을 위해 모아두었지만, 나는 내 자신을 위해 (내 이름을 위해) 모아 두었소"라고 대답했다. 그리고 "내 선조들은 현세를 위해 재산을 축적했지만, 나는 내세를 위해 재산을 축적한 것이오."라고 덧붙였다.

"토라에 대한 지식을 스스로 얻은 사람은 스스로가 다가올 세상의 삶을 얻은 것이다"

랍비 이스라엘 카간은 우리가 토라의 말씀을 얻을 때 그 빛을 내면화하는 것이라고 말했다. 그래서 토라에 대한 축복을 '하나님은 우리 안에 영원한 생명을 심으셨다'라고 한 것이다. 토라는 영원할지라도 우리는 그것을 마음에 품을 수 있고, 우리의 일부분으로 만들 수 있다.(아보트에 대한 주석)

***

메이르 네시브는 '얻다'라는 뜻의 '카나'(Kanah)를 측정용 막대인 '카네'(Kaneh)와 연관지어 이해했다. 삶의 모든 것을 토라의 기준으로 비추어보는 사람은 내세의 삶을 유업으로 받게 된다는 것이다.

사람이 토라의 말씀을 어떻게 '얻게' 되는가?

하시드 야베쯔는 토라를 연구할 때 사용하는 '얻다'라는 단어의 쓰임새에 대해 또 다른 이유를 제시했다. 그에 의하면, 이곳의 미쉬나 본문은 앞서 언급된 미쉬나와는 다른 주제를 다루고 있는 것이라고 한다. 즉, 돈을 써서 토라의 말씀들을 얻는 것에 대해 다룬다는 것이다.

앞서 언급된 미쉬나는 토라를 연구하여 그 생명의 빛에 비춰진 사람들이(욥 36:30) 받을 위대한 보상에 대해 가르쳤다. 하지만 그런 기회를 갖지 못한 이들은 어떻게 되는가? 그들 몫의 영원한 생명은 빼앗기는가? 아니다. 토라의 말씀을 돈으로 얻을 수 있기 때문이다. 즉, 토라를 연구하는 자들을 물질로 지원하게 되면 토라의 말씀을 얻을 수 있다는 것이다.

현세 안의 내세

페아(Peah, 1:1)에서 현인들은 사람이 토라를 배우면 내세와 현세에서 보상받을 수 있다고 한다. 그렇다면 이 미쉬나가 '토라가 많은 사람은 수명도 길다'(현세에서의 장수)라고 했음에도 왜 토라의 보상이 오직 내세에서만 존재한다고 하는가? 그 이유는 무엇인가?

얄쿠트 예후다는 이 의문에 대해 탈무드의 가르침을 인용하여 그 답을 제시했다. 랍비 암미(Rabbi Ammi)의 동료들이 그의 학당을 떠날 때 서로에게 "현세에서 그대의 세계를 보고, 내세에서 삶의 마지막을 보길 원하며, 그리고 후손이 대대로 소원을 성취하기를 바라네."(베라호트 17a)라고 인사를 건넸다고 한다. '현세에서 그대의 세계를 본다.'는 것은 '현세에서 내세의 무엇인가를 맛볼 수 있기를 바란다.'는 것이다. 그 영적인 경험(맛)은 토라 연구 안에 존재하며, 토라에 매달리는 사람만이 얻을 수 있다.

***

이전 세대의 예시바 학장이 예시바를 세우기 위해 미국으로 가서 기금을 모금한 것에 대한 일화가 있다. 그가 어떤 부유한 자의 집에서 며칠 머무르게 되었을 때, 집주인의 아들이 한가한 시간임에도 토라를 연구하지 않고 있는 것을 보게 되었다.

랍비는 청년에게 가서 그 이유를 물어보았다. 청년은 "저는 당신이 토라 학자들을 지원하는 사람도 토라 연구에 대한 일정부분의 유익을 얻는다고 말씀하시는 것을 들었습니다. 그리고 '토라의 말씀을 얻은 사람은 내세의 삶을 얻는다.'고 하셨는데 제가 왜 걱정하겠습니까?"라고 대답하였다. 랍비는 "나는 내세의 복을 염려하는 것이 아니라, 나의 관심은 자네가 현세에서 누려야 할 복에 있는 것이네"라고 훈계했다.

미쉬나 9절　　　　　　　　　　　משנה ט

רַבָּן יוֹחָנָן בֶּן זַכַּאי קִבֵּל מֵהִלֵּל וּמִשַּׁמַּאי.
הוּא הָיָה אוֹמֵר,
אִם לָמַדְתָּ תּוֹרָה הַרְבֵּה,
אַל תַּחֲזִיק טוֹבָה לְעַצְמְךָ,
כִּי לְכָךְ נוֹצָרְתָּ.

라반 요하난 벤 자카이는

힐렐과 샴마이로부터 토라[전통]를 전수 받았다.

그는 계속하여 가르쳐왔다.

만약 너희가 토라를 많이 공부했다 하더라도,

너희 스스로를 신뢰하지 말라.

왜냐하면 너희들은 그것을 행하도록 창조 받았기 때문이다.

미쉬나 9절

'세대의 아버지'

라반 요하난 벤 자카이는 힐렐의 뛰어난 제자였으며, 힐렐은 '2인 지도자'의 시대가 끝난 후 탄나임 시대의 첫 번째 탄나였다. 라반 요하난은 유대 민족에 큰 영향력을 끼치고 있었으며, 그들이 겪은 것 가운데 가장 어려웠던 격동의 시기(로마에 대한 대대적인 폭동과 성전의 파괴)에 그들의 지도자였다. 이 고난의 시기에 라반 요하난은 오랜 추방의 세월 동안 유대 민족을 인도하고, 그들의 결속을 강화하는데 크나큰 기여를 했다.

그는 분열로 상징되는 세대에 지도자가 되었다. 갈등을 봉합하고, 토라의 지식을 전수하며, 토라의 전통을 위협하는 종파의 활동에 강력히 대항하는 것이 라반 요하난의 임무였다. 후에 로마에 대항한 폭동이 일어났을 때, 전멸의 위기에서 사람들과 현인들을 구해냈다.

마지막으로, 라반 요하난의 가장 중요한 업적은 유대인들의 명맥이 끊어지지 않게 했다는 점이다. 또한 토라에 근거하여 산헤드린을 세웠으며, 토라에 대한 사람들의 충성과 미래에 대한 희망을 강화하기 위해 법을 제정하기도 했다. 그렇기 때문에 힐렐이 라반 요하난을 '세대의 아버지'(예루샬미, 네다림 5:6)라고 부르는 것은 놀라운 일이 아니다.

'지혜의 아버지'

라반 요하난 벤 자카이는 힐렐의 제자 가운데 가장 어린 제자였다. 언젠가 힐렐이 병이 들어 제자들이 병문안을 갔다. 라반 요하난 벤 자카이는 겸손하게 마당에서 기다렸다. 힐렐은 제자들에게, "지혜의 아버지이고 세대의 아버지인 가장 어린 제자는 어디에 있느냐?"라고 물었다. 제자들이 "마당에 있습니다."라고 대답하자, 힐렐은 "그를 들어오게 하거라!"라고 명했다. 라반 요하난 벤 자카이가 들어왔을 때, 힐렐은 제자들에게 "[하나님은 당신을] 사랑하는 자가 재물을 얻어서 그 곳간에 채우게 하려 함이니라"(잠 8:21)(예루샬미, 네다림 5:6)라고 말했다. 또한 힐렐은 어린 제자의 앞날을 예견하면서 "이 제자는 위대한 스승이 될 것을 확신한다."라고 말했다.(페사힘 3b). 라반 요하난 벤 자카이가 죽었을 때 현인들은 "지혜의 빛이 사라졌다"라며 슬퍼했다. 그 누구도 그만큼 '현인'으로서의 칭호가 어울리는 인물은 없었다.(소타 9:15)

토라를 가르치는 스승

라반 요하난 벤 자카이는 갈릴리 북부의 아레브(Arev)에서 사역을 시작했다.(예루샬미, 샤보트 16:7, 22:3) 당시 대부분의 주민들이 무지했기 때문에 라반 요하난이 그곳에서 지낸 18년 동안 그에게 와서 조언을 구한 적은 단 두 번에 불과했다. 그는 아레브에서 예루살렘으로 이주하였고, 그곳에서 가장 위대한 토라 스승 가운데 하나가 되었다. 라반 요하난의 학당은 너무나 소중했기 때문에 예루살렘이 파괴될 때 불에 탄 그 학당을 가리켜 '예루살렘의 모든 집을 귀인의 집까지 불살랐으며'(열왕기하 25:9, 예루샬미, 메길라 3:1)라고 표현했다.

특별한 절기가 되면 라반 요하난의 강연을 듣기 위해 많은 사람들이 학당을 찾았다. 하지만 몸을 움직일 수도 없을 정도로 사람들이 학당을 가득 메운 탓에 그는 성전을 등지고 앉아 하루 종일 가르쳤다고 한다(페사힘 26a, 라쉬 참조). 동시에 라반 요하난 벤 자카이는 산헤드린의 일상적인 활동과 법제정에도 관여했다. 그가 바로 증인의 정직함을 확인하기 위하여, 아주 사소해 보이거나 대수롭지 않은 부분까지도 조사해야 한다고 가르친 인물이었다. 또한 라반 요하난 벤 자카이는 소타 의식을 중단시켰다. 소타 의식은 남편에 의해 부정함이 의심된 여자에게 쓴물을 마시게 하는 것인데, 간음한 남편들이 워낙 많아서 이 의식의 취지가 무색해졌기 때문이다.

예루살렘에서 야브네로

로마 군인들에 의해 예루살렘이 포위되자, 예루살렘은 큰 혼란에 빠졌다. 세 명의 유력자들이 21년 동안 먹고 살 수 있는 음식을 모았다. 하지만 바리요님(랍비들의 권한을 거부하고 군사적 활동을 하고자 한 유대인들)은 로마인들을 받아들이자고 하는 현인들의 제안을 거절하고, 그 대신 그들에게 대항할 것을 제의했다. 현인들이 적대심을 가지고는 투쟁에 성공하지 못할 것이라고 하자, 그들은 식량이 보관된 창고에 불을 질러 유대인들이 싸울 수밖에 없도록 만들었으며, 그 결과 온 성읍은 먹을 것이 없어 고통을 받아야 했다.

라반 요하난 벤 자카이의 조카인 '아바 시크라'(Abba Sikra)는 예루살렘에 있던 바리요님의 지도자였다. 라반 요하난은 비밀리에 그를 만나

"얼마나 오랫동안 이를 지속할 것이냐? 모든 사람을 다 굶겨 죽일 셈이냐?"라고 호통을 쳤다. 아바 시크라는 "제가 무엇을 할 수 있겠습니까? 바리요님들에게 항복하자고 말하면 그들이 절 죽일 것입니다!"라고 대답했다.

라반 요하난은 "예루살렘을 빠져나갈 수 있도록 도와준다면, 내가 무엇이든지 해 볼 수 있을 것이다"라고 제안했다. 이에 아바 시크라는 그를 병이 들어 죽은 것으로 위장해서 제자들에게 그 시체를 예루살렘 밖으로 들고 나가라고 했다. 라반 요하난은 이 조언대로 하였다. 그가 예루살렘의 성문으로 들려갔을 때 바리요님은 그의 죽음을 확인하고자 칼로 찔러보고자 했다. 이때 아바 시크라가 그들을 만류하였고, 라반 요하난은 무사히 예루살렘을 빠져나갔다.

그는 베스파시아누스(Vespasianus)에게로 가서 "왕이시여, 당신에게 평화가 있기를, 왕이시여, 평화가 있기를!"이라고 외쳤다. 이에 베스파시아누스는 "당신은 두 가지 이유로 죽어야 합니다. 첫째, 왕이 아닌데 저를 왕이라 불렀으며, 둘째, 제가 왕이라면 왜 지금껏 제게 오지 않았습니까?"라고 말했다.

라반 요하난은 "예루살렘은 오직 왕에게만 정복될 수 있기 때문에 당신은 왕이 될 것입니다. 성경에도 '레바논[성전]이 권능 있는 자에게 베임을 당하리라'(사 10:34)'라는 구절이 있습니다. 그리고 바리요님이 떠나지 못하게 막았기 때문에 올 수 없었습니다."라고 대답했다. 베스파시아누스는 라반 요하난의 청을 듣기로 했다. 라반 요하난은 "제게 야브네와 거기에 있는 현인들을 주시고, 그리고 라반 감리엘의 가족(나시의 가문)과 랍비 사독을 치료할 의사를 주십시오."라고 간청했으며, 베스파시아누스는 이에 동의했다.

케렌 비야브네 / 야브네의 포도원

라반 요하난은 야브네에 토라 연구의 중심지를 세웠고, 그는 그곳에서 도망쳐 나온 난민들의 지도자가 되었다. 점차적으로 야브네는 예루살렘을 대신하게 되었다. 현인들 앞에 앉는 제자들을 위해 더 많은 의자가 놓였는데, 그 모습이 마치 포도원에 나란히 서 있는 포도덩굴 같았다. 그래서 산헤드린은 '케렌 비야브네'(Keren BiYavneh, [야브네의 포도원])라는 별명을 얻었다. 너무 많은 학자들이 연구를 위해 야브네로 왔기 때문에 그곳으로 가는 것을 '순례'라고 불리기도 했다(참조. 라쉬, 예바모트 122a).

라반 요하난 벤 자카이는 유대 민족의 다가올 미래에 대해 착각하지 않았다. 아보트 데랍비 노손(4:5)은 "라반 요하난 벤 자카이는 두려움에 떨며 앉아서 예루살렘의 소식을 듣고자 했다 … 예루살렘이 함락되고 성전이 불탔다는 소식을 들었을 때, 그와 그의 제자들은 자신들의 옷을 찢고 통곡하며 추도문을 낭독했다"라고 한다.

함락 이후

현인들은 성전이 파괴된 이후 많은 이들이 고기와 포도주를 마시지 않았다고 한다. 그들은 라반 요하난의 가장 위대한 제자들 가운데 하나인 랍비 여호수아에게, "희생 제사를 더 이상 행할 수 없는데 어떻게 고기를 먹을 수 있으며, 전제를 드릴 수 없는데 어떻게 포도주를 마실 수 있겠습니까?"라고 말했다.

랍비 여호수아는 "그런 논리를 따르자면, 소제도 드릴 수 없으므로 빵도 먹지 않는 게 좋겠습니다."라고 했다. 그들은, "당신이 맞습니다. 그렇다면 과일을 먹겠습니다."라고 말했고 이때 라반 요하난 벤 자카이가 거들었다. "첫 과일들 또한 바칠 수 없으니 더 이상 과일도 먹을 수 없습니다." 그들은, "그러나 다른 과일을 먹을 수 있습니다"라고 반박했다. 그들의 말을 들은 라반 요하난 벤 자카이는 "그 말이 맞습니다. 하지만 물도 먹어서는 안 됩니다. 왜냐하면 제단에 물을 뿌릴 수 없게 되었기 때문입니다"라고 응수했다. 이에 그들은 아무 말도 하지 못하고 잠잠해졌다.

라반 요하난 벤 자카이는 "아예 추도를 못하게 할 수는 없지만, 원하는 만큼 추도를 한다는 것은 사람이 감당할 수 있는 수준을 넘어서는 것이기 때문에 그렇게 할 수는 없습니다."라고 말했다. 현인들은 그 대신에 성전을 영원히 기념할 수 있는 법을 제정했다. 예를 들면, 집에 회반죽을 바를 때 일부를 남겨두고 바르며, 식사를 준비할 때 약간의 음식을 남긴다. 또한 여성이 보석으로 치장을 할 때에도 일부는 빼놓는 것이다. '예루살렘아 내가 너를 잊을진대 내 오른손이 그의 재주를 잊을지로다. 내가 예루살렘을 기억하지 아니하거나 내가 가장 즐거워하는 것보다 더 즐거워하지 아니할진대 내 혀가 내 입천장에 붙을지로다'(시 137:5-6)(아보트 데랍비 노손 4:5).

언젠가 라반 요하난 벤 자카이와 랍비 여호수아가 예루살렘을 나와 성전의 폐허를 보았을 때, 랍비 여호수아는 "슬프도다, 우리의 죄가 용서받던 곳이 파괴되었구나."라고 애통해 했다. 라반 요하난은 "내 아들이여, 너무 슬퍼하지 말라. 우리는 선한 행동을 통해 속죄할 수 있는 길이 있다네. 성경에도 '나는 인애를 원하고 제사를 원하지 아니하며.'(호 6:6)라고 했지 않은가?"라고 그를 위로했다고 한다(아보트 데랍비 노손 4:5).

유대인의 나시

산헤드린이 예루살렘에서 야브네로 옮겼을 때 라반 요하난 벤 자카이는 힐렐의 가문에 속하지 않았지만 대리(代理) 나시로 섬겼다. 그는 라반 쉬므온 벤 감리엘이 로마인들에 의해 죽고 난 이후 이 직위를 대신하게 되었으며, 성전 파괴 이후 기회가 왔을 때 라반 쉬므온의 아들인 라반 감리엘에게 나시직을 넘겨주었다.

나시의 가문 위상이 재정립되었을 때 라반 요하난은 야브네를 떠나 '베루르 하일'(Berur Chayil)로 가서 정의구현에 철저하기로 유명한 유대인 법정을 세웠다(산헤드린 32b). 현인들은 성경에서 '너는 마땅히 공의만을 따르라'(신 16:20)라고 한 것은 베루르 하일에 있는 라반 요하난 벤 자카이의 법정으로 가라는 것을 뜻하는 것이라고 말했다.

유대인의 랍비

라반 요하난 벤 자카이에 대한 현인들의 존경은 그를 세 지도자(모세, 힐렐, 그리고 랍비 아키바)와 결부시킨 가르침에서도 엿볼 수 있다. 현인들은 이 세 지도자가 모두 120살을 살았으며, 40년씩 세 분기로 나눠져 과도기가 있었는데, 마지막 분기는 공통적으로 유대 민족을 인도하는데 헌신했다고(얄쿠트 쉬모니 965) 말한다.

***

라반 요하난이 공식적으로 산헤드린의 나시로서 임면된 적은 없었지만, 대리 나시로서 그는 라반이라는 칭호가 붙었다. 이 칭호는 토라를 전수하기 위해 최선의 노력을 아끼지 않았다는 것에서 온 이스라엘의 랍비이자 스승임을 암시한다.

> **"만약 너희가 토라를 많이 공부했다 하더라도,
> 너희 스스로를 신뢰하지 말라.
> 왜냐하면 너희들은 그것을 행하기 위해 창조 받았기 때문이다"**

힐렐은 토라를 연구하는 사람에 대해 칭찬을 한 뒤에 허영심을 막기 위해 이 미쉬나를 가르쳤다.

현인들은 "인간의 악한 성향은 매일같이 그 자신에 맞서서 반기를 든다."라고 한다.(수카 52a) 처음에 이 성향은 계명을 지키는 것을 방해한다. 하지만 그가 이 책략을 무시하면 그 성향은 머릿속에 잡생각들을 집어넣어 계명을 지키고자 하는 열정을 식게 한다. 또한 이것마저도 성공하지 못한다면, 가장 강력한 무기인 허영심을 사용한다. 사람이 자기만족에 빠지게 되면, 악한 성향을 정복했다고 믿게 되고, 토라를 많이 얻어서 내세의 몫을 보장받았다고 확신하게 된다. 랍비 요하난은 바로 그때 '네 자신의 공로를 자랑하지 말라'라고 일침을 놓는다.

내세를 얻을 사람은 누구인가?

라반 요하난 벤 자카이의 가르침은 스승인 힐렐의 가르침에다가 가르치는 사람의 자질을 덧붙인 것이라고 할 수 있다. 즉, 토라를 얻은 사람은 내세의 삶을 얻었다. 단 그 공로를 자신의 것으로 여기지 않는다는 전제하에 그렇다는 것이다.

탈무드는 '내세가 예정된 사람은 누구인가? 겸손하고 온유하며, 조용히 들어왔다가 조용히 나가고, 언제나 토라 연구와 함께 하며, 자신의 공로를 자랑하지 않는 사람이다'라고 가르쳤다.(산헤드린 88b)

샴마이의 가르침에 대한 주석

라반 요하난 벤 자카이가 샴마이에게서도 가르침을 받았다고 하는 이 미쉬나의 증언은, 그가 여기에 샴마이의 가르침을 인용하고 있다고 말하는 것이다(미드라쉬 슈무엘). 앞서 우리는 샴마이가 '영원토록 토라를 연구하라'(1:15)고 가르친 것을 배웠는데, 이는 두 가지 해석이 가능하다. 한 가지는 토라 연구를 위해 일정한 시간을 정해야 한다는 것이며, 또 다른 한 가지는 토라 연구가 평생의 과업이어야 한다는 것이다.

라반 요하난 벤 자카이는 두 번째 해석이 옳다고 정했다. 정해진 시간과 정해진 분량만큼만 연구하는 사람은, 그 정해진 시간과 분량을 넘어서 연구하게 되면 그것을 자신의 공로로 여기려고 할 것이다. 하지만 라반 요하난은 우리에게 그런 칭찬을 받을 자격이 없다고 한다. 정해진 시간과 분량을 넘어 온종일 토라 연구를 한다고 해도 그것은 사람의 의무에 지나지 않는다. 샴마이가 가르쳤듯이 사람은 매 순간마다 토라를 연구해야 할 의무가 있기 때문이다.

"진정 토라를 많이 연구했는가?"

주석가들은 자화자찬을 반대하는 두 가지 이유를 제시했다. 먼저 토라는 '땅보다 길고 바다보다 넓으니라.'(욥 11:9)고 했기 때문이다. 사람이 아무리 많이 연구한다고 한들 토라의 1,000분의 1도 얻지 못할 것이다(라베이누 요나). 라반 요하난은 "하늘을 두루마리로 삼고, 모든 나무들을 깃펜으로 하며, 바다를 먹물 삼아도 내가 레베(힐렐)에게서 배운 지혜를 모두 기록할 수 없을 것이다"('마세헤트 소프림'[Maseches Sofrim] 16:8)라고 했다. 그는 "내가 얻은 현인들의 지혜는 파리가 대서양에 빠져 적신 물의 양에도 미치지 못한다."라고 덧붙였다.

그것(토라 연구)을 위해 네가 창조되었다

자화자찬을 해서는 안 되는 두 번째 이유는 '그것(토라 연구)을 위해 네가 창조되었기' 때문이다. 유대인은 토라를 연구하고 계명을 지키기 위해 창조되었다. 이를 위해 하나님은 그에게 생명과 음식과 건강과 지혜, 그리고 지성과 기억력을 주셨다. 유대인이 토라를 연구하는 것은 빚을 갚는 것과 같다. 빚을 갚고 난 후에도 돈을 빌려주었던 사람에게 여전히 감사의 마음을 갖고 있어야 한다.

토라를 연구하는 즐거움

이 미쉬나는 마치 토라를 연구하는데 즐거움을 느낄 수 있는 권리를 부정하는 것처럼 보인다. 그러나 사실 그렇지는 않다. 탈무드에 의하면, 라브 셰셰트(Rav Sheshes)는 그의 토라 연구를 30일의 주기로 복습했으며, 매 주기가 끝날 때마다 그는 즐거운 마음으로 "기뻐하라, 내 영혼아! 내가 너와 너의 필요를 위해 연구했노라"(페사힘 68b)라고 외쳤다. 라베이누 하나넬(Rabbeinu Chananel)은 그의 영혼이 내세에서 즐거움을 얻을 것이라는 점 때문에 기뻐했다.

현인들은 "토라 연구의 유익은 그것을 연구하는 자들만을 위한 것이 아니다. 우리는 우주 그 자체를 유지하기 위해서도 토라를 연구해야 할 의무가 있다"라고 주장했다. 그런데 왜 라브 셰셰트는 자신만을 위해 기뻐하고 세상에 유익을 끼친다는 것은 언급하지 않았을까?

현인들은 토라 연구의 1차적 의무는 자신의 영적인 성장이라고 설명했다. 그렇게 하고 나면 세상을 바로잡아야 할 의무는 자연스럽게 행하게 된다는 것이다. 그래서 우리가 토라에서 얻은 것을 기뻐하는 것은 당연하다고 볼 수 있다. 더욱이 우리는 매일 아침마다 "여호와, 우리의 하나님이시여, 토라의 말씀을 우리의 입에 꿀처럼 달게 하소서."라는 축복문을 낭독하고 있다.

이와 마찬가지로, 소하쵸프(Sochatshov)의 랍비 아브라함은 그의 '에글레이 탈'(Eglei Tal)에서 "토라를 연구하는 것의 중요한 초점은 자신의 연구를 기뻐하고 즐거워하는 것이다. 그 다음에 토라의 말씀이 사람의 피에 스며들 것이다. 사람이 토라의 말씀에 기뻐하면 그는 토라에 매달리게 된다. … 그리고 그 기쁨 자체가 계명이기 때문에 그는 완전히 거룩해질 것이다"라고 기록했다.

그렇다면, 자화자찬을 하지 말라는 이 미쉬나의 요구를 어떻게 이해해야 하는가? 이 미쉬나가 허영심에 대해 이야기하고 있다는 것이 그 답이다. 하지만 사람은 건전한 자존심과 만족은 얼마든지 가져도 좋다. 또한 보상도 기대할 수 있지만, 그것은 대가가 아니라 선물이라는 것을 알아야 한다.

토라를 '행하는 것'

이 미쉬나의 다른 사본에서는 '토라를 많이 행한다면'이라고 기록되어 있는데, 이는 토라의 계명을 많이 지키는 것을 두고 한 말이다(참조, 라베이누 요나와 라베이누 이쯔하크 벤 랍비 슐로모, 그리고 아보트 데랍비 노손 14). 하시드 야베쯔는 토라를 행하는 것이 학당을 세우고 토라 학자들을 지원하는 것으로 이해했다. 이러한 위대한 업적을 쌓고, 그에 걸맞은 보상을 받은 사람일지라도 모든 것이 하나님의 도우심으로 이루어졌다는 것을 깨달아야 한다.

자신을 위해 구하는 것

본래 '에스라'와 '느헤미야'는 한 권으로써 책의 제목은 '에스라'였다. 현인들에 의하면, 처음에는 느헤미야의 이름을 제목에 표기하지 않았다고 한다. 그가 "내 하나님이여 내가 이 백성을 위하여 행한 모든 일을 기억하사 내게 은혜를 베푸시옵소서."(느헤미야 5:19, 바바 바스라 14b)라고 자신을 칭찬했기 때문이다. 하나님은 자신의 유익을 위해 간구하지 않는 사람에게 영원한 선을 베푸신다.

여종들을 찾아간 왕비

바알 셈 토브가 활동하던 시대에 탈무드가 불태워져야 한다는 법령이 통과되었다. 랍비 도비드 레아케트(R'Dovid Leah'kes, 바알 셈 토브의 제자이자 '체르노벨의 랍비 모텔레'[R' Motele of Tchernobel]의 장인)는 바알 셈 토브에게 와서 어떻게 이런 일이 일어났는지에 대해 물었다.

바알 셈 토브는 다음의 우화로 답을 대신했다.

옛적에 어떤 위대한 왕이 그의 여종 가운데 하나와 결혼을 결심했다. 그녀에 대해 좋은 소문을 들었기 때문이다. 얼마 후, 왕비가 된 그녀는 옛 친구들이 그리워 그들을 찾아가 함께 시간을 보냈다. 왕비의 행동에 화가 난 왕은 시종에게 그녀가 자는 사이에 왕비의 옷을 치우고, 예전에 입었던 종의 옷을 가져다주라고 했다. 아침에 일어난 왕비는 종의 옷을 입을 수밖에 없었고, 울면서 왕에게 달려갔다. 왕은 그녀에게 "나는 내 위엄을 보이고자 너에게 고귀한 예복을 주었다. 만약 여종들과 시간을 보내고자 한다면 네 소박한 옷이면 충분할 것이다"라고 말했다.

바알 셈 토브는 "예전의 유대인들은 오직 하늘을 위해 토라를 연구하여 고귀한 예복(토라)을 받았다네. 그런데 그들이 자기 자신의 명예를 위해 연구를 한다면 그런 예복(토라)은 필요 없지 않겠는가? 그래서 이 법령이 통과된 것이라네."라고 설명했다(랍비 A. 소로스키[Soroski]의 미마야노트 하네짜흐에서 인용)."

이 땅에서의 목적

탈무드는 '사람의 행동이 하늘의 뜻을 실현하기 위해 나아가지 않는다면, 차라리 태어나지 않는 편이 더 낫다'라고 한다.(베라호트 17a)

민하스 샤보트에 의하면, 이는 자신이 이룬 것에 대한 보상을 기대하며 자화자찬에 빠진 사람을 가리키는 것이라고 한다. 그가 아예 태어나지 않는 것이 더 나았을 것이라고 한 이유를 이 미쉬나에서 찾을 수 있다. '네 자신의 공로를 자랑하지 말라. 그것(토라 연구)을 위해 네가 창조되었기 때문이다.' 이는 자신의 공로를 자화자찬하는 것을 막기 위해 창조되었다고 할 수 있다. 자화자찬을 막지 않으면 이 땅에 태어난 목적을 행하는데 실패할 것이기 때문에 태어나지 않는 편이 더 나은 것이다.

***

그렇다면 어떻게 해야 자만의 함정을 피할 수 있는가? 세파스 에메트는 '토라를 많이 연구했다면 자신을 칭찬하지 않을 것이다'에서 그 답을 찾을 수 있다고 말했다. 토라에 대한 연구를 많이 한 사람에게는 토라가 자화자찬을 해서는 안 된다고 가르친다. 하지만 어설프게 연구한 사람은 그런 가르침을 듣지 못했기 때문에 잘난 척할 것이다.

재능으로 받은 복

미드라쉬 슈무엘은 사람이 자화자찬을 삼가라는 이유에 대해 또 다른 설명을 덧붙였다. 사람이 얻은 모든 것이 단지 하나님으로부터 받은 선물일 뿐이라는 것이다. 오즈로프의 아드모르(Admor of Ozhrov)는 '토라를 많이 연구한 사람은 그것(토라 연구)이 바로 네가 태어난 이유다'라는 것을 반드시 깨달을 것이라고 한다. 토라를 많이 연구할 수 있는 능력을 가진 사람은 면류관에 만족할 것이 아니라, 할 수 있는 한 최선의 노력을 해야 할 의무가 있다.

어떤 사람이 뛰어난 재능을 복으로 받았다면, 그 사람은 자신의 재능을 활용하여 다른 사람들보다 토라를 더 많이 연구해야 한다. 그러므로 사람은 자신의 능력을 최대한 발휘하고 있는지 항상 점검해 보아야 한다.(아보트에 대한 '에이쉬 다스'[Eish Das])

미쉬나 10절   משנה י

חֲמִשָּׁה תַלְמִידִים הָיוּ לוֹ לְרַבָּן יוֹחָנָן בֶּן זַכַּאי,
וְאֵלוּ הֵן,
רַבִּי אֱלִיעֶזֶר בֶּן הֻרְקְנוֹס,
וְרַבִּי יְהוֹשֻׁעַ בֶּן חֲנַנְיָה,
וְרַבִּי יוֹסֵי הַכֹּהֵן,
וְרַבִּי שִׁמְעוֹן בֶּן נְתַנְאֵל,
וְרַבִּי אֶלְעָזָר בֶּן עֲרָךְ.

라반 요하난 벤 자카이는 다섯 명의 수제자들을 두고 있었다:
그들은 다음과 같다.
랍비 엘리에제르 벤 후르크노스,
랍비 여호수아 벤 하난야,
랍비 요세이 하 코헨,
랍비 시므온 벤 느탄엘,
그리고 랍비 엘아자르 벤 아라크.

미쉬나 10절

"라반 요하난 벤 자카이는 다섯 명의 수제자들을 두고 있었다.
그들은 다음과 같다.
랍비 엘리에제르 벤 후르크노스, 랍비 여호수아 벤 하난야,
랍비 요세이 하 코헨, 랍비 시므온 벤 느탄엘
그리고 랍비 엘아자르 벤 아라크"

그의 시대에 뛰어난 토라 지도자로서 위대했던 라반 요하난 벤 자카이 (Raban Yohanan ben Zakkai)는 아마도 수백, 수천 명의 제자들을 가지고 있었다. 참으로, 탄나임의 1세대는 물론 2세대까지도 그의 거장다운 지도 아래 있었다. 여기 그가 다섯 명의 학생을 데리고 있다는 진술은 그가 정한 다섯 명의 제자를 가리키고 있다. 즉, 그의 제자 중 가장 위대한 사람들을 언급하는 것이다.

우리는 또한 라반 요하난 벤 자카이의 많은 학생들을 5가지의 수준으로 나눌 수 있다고 추측할 수 있다. 이 미쉬나에서 지명된 각 학생은 그

수준의 대표적인 본보기이다. 대체적으로 하시드 야베츠는 다섯 명의 학생들을 인간이 달성하려고 노력해야 하는 다섯 가지 주요 특성의 모범이라고 해석한다.

"이것은 당신이 창조되어진 것을 위한 것이다."(2:9)라고 위의 라반 요하난은 말했다. 즉, 당신은 이 다섯 가지 특성을 달성하기 위하여 창조된 것이다. 이 학생들 각자가 자신의 잠재력을 깨달은 것처럼 우리도 모두 하나님을 섬기고 세상의 영적인 발전을 촉진시키기 위해 몸과 마음을 완전히 계발해야 한다.

미쉬나 11절   משנה יא

הוּא הָיָה מוֹנֶה שְׁבָחָן.
רַבִּי אֱלִיעֶזֶר בֶּן הֻרְקְנוֹס,
בּוֹר סוּד שֶׁאֵינוֹ מְאַבֵּד טִפָּה.
רַבִּי יְהוֹשֻׁעַ בֶּן חֲנַנְיָה, אַשְׁרֵי יוֹלַדְתּוֹ.
רַבִּי יוֹסֵי הַכֹּהֵן, חָסִיד.
רַבִּי שִׁמְעוֹן בֶּן נְתַנְאֵל, יְרֵא חֵטְא.
וְרַבִּי אֶלְעָזָר בֶּן עֲרָךְ, מַעְיָן הַמִּתְגַּבֵּר.

그는 그들에 대한 칭찬을 늘어놓곤 하였다:
  랍비 엘리에제르 벤 후르크노스는
    물 한 방울도 새지 않도록 바닥에 시멘트를 바른 저수지와 같다.
  랍비 여호수아 벤 하난야는
    그를 태어나게 한 여자는 칭찬받을 만하다.
  랍비 요세이 하 코헨은
    철저하게 신앙심이 깊은 사람이다.
  랍비 쉬므온 벤 느탄엘은
    죄를 두려워하는 사람이다.
  그리고 랍비 엘아자르 벤 아라크는
    더욱 더 강하게 흘러나오는 샘과 같다.

미쉬나 11절

"그는 그들에 대한 칭찬을 늘어놓곤 하였다"

현인들은 '칭찬이 비판으로 변할 수 있기 때문에 다른 사람을 칭찬해서는 안 된다'고 경고했다(바바 바스라 164b; 아라힌 16a). 공개적으로 누군가를 칭찬하게 되면, 또 다른 누군가는 이를 반박할 위험성이 있다. 사실상, 우리는 칭찬에 대해 약간의 비난을 함으로써 균형을 맞추려는 마음이 들 수 있기 때문이다. 이 가르침과 비교해 볼 때, 라반 요하난 벤 자카이는 무엇 때문에 공개적으로 다섯 제자들의 칭찬을 열거한 것일까?

라쉬는 탈무드의 가르침이 과장된 칭찬을 뜻하는 것이라고 이해했다. 이러한 칭찬은 균형을 잡기 위해 자연스럽게 비판할 것이기 때문이라는 것이다(람밤[바바 바스라 ibid., 보] 그리고 리프[Rif, 샤보트 2장]도 같은 견해다). 그래서 이 미쉬나는 라반 요하난의 제자들에 대한 칭찬을 복수가 아니라 단수로 열거한 것이다. 즉, 그는 과도한 칭찬을 피하기 위해 제자들의 칭찬을 각각 하나씩만 열거했다.

단순한 열거

람밤은 '원수 앞에서 그를 칭찬하는 것에는 뒷말의 흔적이 남을 수 있다'고 했다.(힐호트 데이오트[Hilchos Deios] 7:4) 그 칭찬이 원수로 하여금 그를 모욕하도록 부추기기 때문이다. 그래서 솔로몬 왕도 '이른 아침에 큰 소리로 자기 이웃을 축복하면 도리어 저주 같이 여기게 되리라'(잠 27:14)라고 기록했다. 왜 그런가? 그에 대해 악담을 하도록 충동질하기 때문이다.

이 명백한 결론은 칭찬에 동감하는 사람들이 있는 곳에서는 칭찬을 해도 무방하다는 점을 유추할 수 있게 한다.(라빈 11의 세마그[Semag in Lavin 11], 하가호트 마이모니데스[Hagahos Maimonides] ibid., 아보트에 대해 세파트 에메트에서 인용)

라베이누 요나는 이와 같은 관점을 이 미쉬나에 적용했다. 잘 알려져 있듯이 현인들과 의인들을 칭찬하는 것은 훌륭한 관습이다. 성경에도 '꿀을 많이 먹는 것이 좋지 못하고 자기의 영예를 구하는 것이 헛되니라.'(잠 25:27)라는 구절이 있다. 하지만 그는 '사람을 칭찬하더라도 여럿이 있는 곳에서 하는 것이 아니라 혼자 있을 때 해야 한다. 만일 많은 사람이 있는 곳이라면 그를 싫어하거나 질투하는 사람이 있는지 여부를 반드시 확인해야 한다.'라고 덧붙였다.

그래서 이 미쉬나는 (단지 그들의 칭찬을 그 자신이 검토하는 것처럼) 라반 요하난이 말했다거나, 관련되었다거나, 혹은 이야기 했다고 말하지 않고 열거했다고 단순하게 기록한 것이다.

칭찬이 인정될 때

라베이누 요나는 선행이 널리 알려져 있어 그를 비방할 수 없다는 점이 명백하다면, 적대적인 사람들이 있다고 하더라도 칭찬하는 것이 허락

된다고 했다. 그래서 라반 요하난은 '그들의 칭찬을 열거한 것이다.' 즉, 그는 다른 사람들이 이미 인정하고 있는 칭찬받아 마땅한 제자들의 자질들을 열거하며 되돌아보았다는 것이다.

***

게다가, 스승은 자신의 제자를 칭찬할 수 있다. 스승은 제자를 질투하지 않기 때문에 칭찬을 굳이 책망으로 가릴 필요를 느끼지 못한다(산헤드린 105b). 그리고 다른 제자들에게 똑같이 한다고 하더라도 그들은 그를 감히 반박하지 않을 것이다('오르 프네이 모세'[Ohr P'nei Moshe]).

"랍비 엘리에제르 벤 후르크노스는
물 한 방울도 새지 않도록 바닥에 시멘트를 바른 저수지와 같다"

이 미쉬나에서 랍비 엘리에제르 벤 후르크노스가 시멘트를 바른 저수지와 같다고 비유하면서, 왜 불필요한 것처럼 보이는 '물 한 방울도 새지 않도록'이란 구절을 덧붙였는가?

랍비 슈무엘 디 오지다는 이 묘사를 긍정적인 점만 놓고 본다면 정확한 비유라고 해명했다. 하지만 시멘트를 바른 저수지에는 부정적인 면도 있다. 예를 들면, 물이 썩을 수도 있고, 회반죽 성분이 물에 스며들 수도 있으며, 단지 물을 저장만 하고 불어나게 할 수는 없다는 점 등이 있다. 그렇더라도 이런 것들이 랍비 엘리에제르에게는 적용되지 않는다.

***

그래서 아보트 데랍비 노손(14:3)이 랍비 엘리에제르를 숙성된 포도주에 비교한 것일 수 있다. 포도주는 시간이 지날수록 신선함을 잃지 않고 숙성이 되어 오히려 더 좋아지기 때문이다.

랍비 엘리에제르는 통찰력과 독창적인 사상에 있어서 라반 요하난 벤 자카이의 다른 학생들에 비교해서 뒤떨어지지 않았다. 그의 아버지 후르크노스가 라반 요하난 벤 자카이를 방문했을 때 랍비 엘리에제르는 '한 번도 들어보지 못한 문제를 제기했다'고 한다(나중에 확인 할 것이다. 아보트 데랍비 노손 6:3).

그러나 랍비 엘리에제르가 흐르는 샘물과 같이 받은 것보다 더 많이 베푸는 훌륭한 자질을 지녔다고 해도 그의 가장 뛰어난 특성은 비범한 기억력이었다.

랍비 엘리에제르의 지식

랍비 엘리에제르는 스승들이 가르쳐준 것을 단 한마디도 잊지 않았다. 이에 대해 탈무드에는 다음과 같은 일화를 예로 들었다. 언젠가 랍비 엘리에제르가 갈릴리 북부에서 안식일을 보내고 있을 때, 초막절 규례와 관련된 30가지 질문을 받았다. 그 질문 가운데 12가지는 "제가 이를 스승에게서 들었습니다."라고 대답했고, 남은 18가지는 "이를 듣지 못했습니다."라고 말했다. 사람들은 놀라워하며 묻길, "당신은 스승에게서 들은 것 외에는 더 말씀해 주실 것이 없다는 말씀이십니까?"라고 놀라워했다.

그가 무지한 제자가 아니라는 것을 증명하기 위해 자화자찬을 늘어놓았다. "나보다 먼저 학당에 온 사람은 없고, 학당에서 졸거나 자지도 않았으며, 언제나 제일 마지막으로 학당을 떠났으며, 세속적인 대화는 일절 하지 않았으며, 스승에게 듣지 못한 것에 대해서는 절대 말하지 않았다"(수카 28a).

***

또한, 랍비 엘리에제르의 임종이 가까워지자 현인들이 그를 방문했다. 이때 그는 "내가 토라를 많이 배웠지만, 스승들로부터 배운 것은 애완견이 바닷물을 마신 것 정도에 지나지 않는다."라고 고백했다. 그리고 "나 역시 토라를 많이 가르쳤지만, 내 제자들이 배운 것도 브러시에 걸린 머리카락 몇 올에 불과했다"라고 덧붙였다(라쉬의 제자들은 그의 말년에 시행된 금지령으로 인해 라쉬로부터 더 이상 배울 수가 없었다고 한다[바바 메찌아 59b 참조]).

랍비 엘리에제르는 사람들이 그의 사전과 같은 방대한 지식을 활용하지 않아 초래한 심각한 손실에 대해 다음과 같은 사례를 알려주었다. "내가 하나의 짜라아트(tzaraas)[11]에 대해 300가지 할라하를 검토했지만, 그 누구도 그에 대해 내게 질문한 적이 없었다. 또한 오이를 심는 법에 대한 300(어떤 이들은 3000이라고 한다)가지 할라하들을 연구했지만, 오직 랍비 아키바 외에는 그 누구도 그것들에 대해서 질문하는 사람이 없었다."(산헤드린 68a).

기억력

기억력은 향상시킬 수 있는 능력인가, 아니면 변하지 않는 재능인가?
현인들의 관점은 후자인 것으로 보인다. 그들은 계속적인 노력을 통

---

[11] 레위기 13-14장에 기록된 규례로써, 피부, 체모, 집 등이 변색되었거나 변형되었을 때 지켜야 할 의무를 뜻하는 용어이다.

해서 통찰력을 향상시킬 수 있지만, 지식을 얻기 위해서는 반드시 하늘의 도움이 필요하다고 말하기 때문이다(메길라 6b). 따라서 한 사람의 기억력이 아무리 뛰어나다고 할지라도 그를 칭찬할 수 없을 것이다. 그렇다면, 기억력이 실생활에서 어떤 도움을 줄 수 있는가?

이 미쉬나가 랍비 엘리에제르의 기억력을 칭찬한다는 사실로 미루어 볼 때, 현인들이 말한 하늘의 도움은 토라 연구에 전념하고, 근면함을 실천하며, 세속적인 욕망을 다스릴 때 얻을 수 있다는 것을 보여준다.

토라를 진심으로 사랑하는 사람에게 토라는 그의 마음에 강한 인상을 남기고, 기억 속 깊숙이 흔적을 새길 것이다. 그래서 다윗 왕도 '주의 증거들은 놀라우므로 내 영혼이 이를 지키나이다.'(시 119:129)라고 고백한 것이다. 사람은 어떤 놀라움을 경험하게 되면 뇌리에 깊이 남을 수밖에 없다. 랍비 엘리에제르도 다윗 왕처럼 토라를 모든 선물들 가운데 가장 귀하고 소중한 것으로 여겼다. 그래서 그가 연구한 모든 지식은 그의 마음과 뇌리 속에 지울 수 없을 정도로 깊이 각인되었다.

토라에 대한 랍비 엘리에제르의 열정

아보트 데랍비 노손(6:3)과 피르케이 데랍비 엘리에제르(1-2)는 토라의 풍성함을 얻기 위한 랍비 엘리에제르의 불굴의 의지와 그칠 줄 모르는 열정을 자세하게 묘사했다. 랍비 엘리에제르는 흔들리지 않는 의지와 끊임없는 열정을 가지고 노력한 결과 뛰어난 기억력을 얻을 수 있었음을 증명했다는 것이다.

22세의 나이까지(어떤 이는 28세라고 한다), 랍비 엘리에제르는 토라의 말씀을 한마디도 배우지 않았다. 그는 형제들과 함께 매일 그의 아버지 후르크노스의 농장을 일구었다. 하지만 영적인 성장에 갈증을 느낀 그는 아버지를 찾아가 라반 요하난 벤 자카이에게 토라를 배우고 싶다고 말했다. 그러자 그의 아버지는 마땅찮게 생각하여 이를 거절하였다. 대신 농장의 고랑을 다 파기 전에는 밥을 주지 않겠다고 했다. 랍비 엘리에제르는 아버지의 명대로 할 수밖에 없었다.

며칠 뒤 후르크노스는 울고 있는 아들을 보게 되었다. 그는 다른 형제들에게 일구는 밭과는 달리 엘리에제르가 맡은 밭에 돌이 너무 많아서 힘들어 한다고 생각하여, "울지 말거라. 일하기 쉬운 땅을 줄 테니"라고 말했다.

그로부터 며칠이 지난 뒤에, 후르크노스는 울고 있는 아들을 다시 보게 되었다. "무슨 일로 울고 있느냐?"라고 묻자, 엘리에제르는 "토라를 배우고 싶습니다."라고 답했다. 아버지는 버럭 화를 내면서, "지금 시작하기에는 나이가 너무 많다. 가서 일이나 하거라!"라고 말했다. 랍비 엘리에제르는 밭으로 가서 다시 일을 시작했다. 하지만 마침 일하는 소의 다리가 부러지자, 이를 농부로 사는 것이 그의 운명이 아니라는 하늘의 계시로 여겼다. 엘리에제르는 바로 그날(금요일)에 집을 떠나기로 결심하고 처가로 가서 장인·장모와 함께 식사를 했다(혹자는 그가 금요일 정오부터 토요일 자정까지 그 사이에 아무것도 먹지 않았다고도 한다). 그리고 난 후, 그는 걸음을 멈추지 않고 예루살렘으로 갔으며, 도중에 배고픔을 참기 위해 입에 흙덩이를 물었다고 한다.

예루살렘에 도착한 랍비 엘리에제르는 랍비 여호수아 벤 하난야와 랍비 요세이 하코헨과 같은 숙소를 배정받았고, 예시바에서 연구를 시작했다. 하지만 아무리 정신을 집중해도 그 어떤 것도 얻을 수 없었다. 그러던 어느 날, 그는 주저앉아 울기 시작했고, 이때 라반 요하난 벤 자카이가 그에게 다가와 무엇 때문에 우는지 물었다. 엘리에제르는 "저는 지금까지 열심히 배웠지만, 이해하는 것이나 아는 것이 전혀 없습니다."라고 대답했다. 라반 요하난은 '슈마'와 여러 기도문들, 그리고 식사 후 기도 등을 친절하게 가르쳐 주었다. 그 시간 이후로 랍비 엘리에제르는 그 누구와 비교할 수 없는 근면함과 성실함으로 먹는 것도 잊고 최선을 다해 연구에 몰두했다.

어느 날, 라반 요하난 벤 자카이는 랍비 엘리에제르의 호흡에서 쉰 냄새(구취)가 나는 것을 느끼고, 그가 식사를 했는지 여부를 물었다. 랍비 엘리에제르는 아무 말도 하지 않고 조용히 있었다. 라반 요하난이 확인해 보니, 숙소에서는 랍비 엘리에제르가 예시바에서 식사 하는 줄 알았고, 예시바에서는 그가 숙소에서 식사를 해결한 것으로 알고 있었다. 라반 요하난은 "우리 둘 사이에서 랍비 엘리에제르만 중간에서 쏙 빼놓고 말았구나."라며 미안해했다고 한다. 라반 요하난은 "네 입에서 쉰 냄새가 나듯이 네 이름 또한 토라의 대가로서 알려지리라."라고 엘리에제르를 축복했다.

한편, 랍비 엘리에제르의 형제들은 그의 상속권을 빼앗으라고 아버지를 설득했다. 이를 위해 후르크노스가 산헤드린을 찾아 갔을 때, 산헤드린의 나시는 공교롭게도 라반 요하난 벤 자카이었다. 후르크노스가 도착했을 때 라반 요하난은 이스라엘에서 가장 위대한 인물들이 참석한 모임을 주재하고 있었다. 후르크노스의 신분을 알게 된 라반 요하난 벤 자카이는 그에게 예루살렘에서 가장 부유한 세 명(나크디몬 벤 구리온[Nakdimon ben Gurion], 벤 찌찌트 하케세트[Ben Tzitzis Hakeses], 그리고 칼바 사부아[Kalba Savua])과 함께 앉으라고 권했다. 그들 앞에서 후르크노스는 두려워 떨었다.

회의 도중에 라반 요하난은 랍비 엘리에제르에게 토라의 견해를 발표하라고 지시했다.

"저는 어떻게 하는지 잘 모르겠습니다."라고 그가 답하자, 라반 요하난과 그의 동료들은 그가 발표할 수 있도록 설득했고, 그는 일어나서 그 누구도 들은 적이 없는 문제들에 대해 말하기 시작했다. 그가 말할 때마다 라반 요하난 벤 자카이는 반복해서 일어나 그의 이마에 입맞춤을 했다.

랍비 엘리에제르가 마지막 견해를 끝냈을 때 후르크노스는 일어나서 큰 소리로 외쳤다. "제 스승들이시여! 오늘 저는 제 아들인 엘리에제르의 상속권을 빼앗으러 왔습니다만, 이제는 그에게 제가 가진 모든 것을 주고 싶습니다!"

이때 랍비 엘리에제르는 "제가 땅을 원하겠습니까? '땅과 거기에 충만한 것이 다 여호와의 것'(시 24:1)입니다. 제가 은과 금을 바라는 줄 아십니까? 여호와 하나님은 '은도 내 것이요, 금도 내 것'이라고 말씀하셨습니다. 저는 그런 것들을 원하지 않습니다. 제 영혼은 오로지 토라만을 원합니다."라고 대답했다.

"랍비 여호수아 벤 하난야
그를 태어나게 한 여자는 칭찬받을 만하다."

일찍이 많은 주석가들은 랍비 여호수아가 토라에 의해 극찬을 받는 성품들을 완벽하게 함양했기 때문에 복을 받았다고 주장했다. 람밤에 의하면, "랍비 여호수아는 다른 사람들로부터 감사와 존경 그리고 사랑을 받는, 칭찬받을 만한 성품을 지녔다"라고 한다. 그래서 "그는 [또한] 그를 낳은 여인을 행복하게 했다"라고 람밤은 덧붙였다. 메이리는 '복되다'가 '일반적인 성공'을 의미하는 것에 동의했다.

랍비 여호수아의 지혜

피르케이 아보트 데랍비 노손(14:3)은 랍비 여호수아를 묘사할 때 '세 겹 줄은 쉽게 끊어지지 아니하느니라.'(전 4:12)라는 성경을 인용했다. 현인들은 이 구절을 '타나흐, 미쉬나, 그리고 데레크 에레쯔를 겸비하는 자는 쉽게 죄에 빠지지 않는다.'라고 해석했다(키두쉰 40b).

이것으로부터 우리는 라반 요하난이 지혜와 데레크 에레쯔를 겸비한 랍비 여호수아를 칭찬하는 이유를 추론할 수 있는 것이다. 라베이누 요나는 랍비 여호수아의 '뛰어난 지혜와 탁월한 성품, 그리고 모든 [현세의] 활동에서도 특출한 면모를 보이는 것' 등을 칭찬했다. 라쉬는 우리에게 랍비 여호수아가 정부 관리의 자문 위원이었다고 말한다. 탈무드에 의하면, 그는 70개국의 언어를 구사할 줄 알았으며(산헤드린 17b, 라쉬 비교), 수학과 천문학에도 일가견이 있었다고 한다.(호라요트 10a, 참조. 라쉬)

랍비 여호수아의 훌륭한 명성은 로마 황제에게도 알려졌고, 황제는 신앙에 관한 것뿐만이 아니라, 사두개파와 이교도, 그리고 이방인(비유대인) 사상가들이 제기하는 문제조차도 랍비 여호수아에게 자문을 구했다. 랍비 여호수아는 그 모든 것들을 언제나 막힘없이 대답해주었다.(샤보트 152a, 에이루빈 53b)

***

그러나 메이리는 세 겹 줄의 이미지를 다르게 해석했다. 그에 의하면, 토라를 온전히 습득하는 길은 '명확한 이해와 기억력, 그리고 논리적인 분석'이라는 세 가지가 얼마나 능숙한지에 달렸다고 한다. 이 셋을 겸비할 때만이 학문적인 성취를 기대할 수 있다라고 한다.

그를 낳고, 여기까지 이끈 사람은 복되다

왜 랍비 여호수아의 어머니가 이런 찬사를 받는 것일까? 현인들은 그녀가 임신한 이후로 도시 내의 모든 토라 학당으로 가서 현인들에게 뱃속의 아이가 학자로 자라날 수 있도록 기도를 부탁했기 때문에 그가 성공할 수 있었다고 한다(예루샬미, 예바모트 1:6). 또한 랍비 도사 벤 하르키나스(R'Dosa ben Harkinas)는 랍비 여호수아가 태어난 직후부터 그의 어머니는 토라의 말씀이 아이의 귀에 들릴 수 있도록 학당에 있는 그의 침대를 단 한 번도 옮긴 적이 없었다고 주장했다(ibid.). 더불어 랍비 여호수아의 어머니가 아들에게 훌륭한 자질들을 심어주었기 때문에 훗날에 명성을 얻게 되었다는 기록도 있다.(미드라쉬 슈무엘)

라반 요하난이 이 미쉬나에서 표현하고자 하는 것은 성공에는 대가가 따른다는 것이다. 때가 되면 자연스럽게 성숙되는 사람은 없다. 그의 부모가 자녀의 교육에 투자한 만큼 수고의 결실을 맺을 것이다. 현인들은 솔로몬 왕의 뛰어난 자질과 윤리적 감각은 그의 어머니 밧세바로부터 받은 교육에서 기인한다고 한다.(산헤드린 70b)

"랍비 요세이 하코헨은 철저하게 신앙심이 깊은 사람이다"

경건하다는 것은 보상을 바라지 않으며, 율법의 조항을 초월한다는 것이다.(바르테누라의 랍비 오바댜, 랍비 요나 등) 랍비 요세이는 그의 성품을 최상의 단계까지 끌어올린 뒤에야 그런 경건함을 얻었다.(메이리)

아보트 데랍비 노손(ibid.)에서 라반 요하난은 랍비 요세이를 '당대에 가장 경건한 사람'으로 소개했다. 당대에 그 누구도 랍비 요세이에 견줄 만한 경건한 사람이 없었다. 랍비 요세이가 오른 경건함은 랍비 핀하스 벤 야이르의 종교적 발달 단계 가운데 하나님의 영감 바로 아래 단계이다(소타 9:15). 이 단계에 오른 사람은 하나님을 사랑으로 섬기며, 하나님에게 친근함을 느끼고, 자신의 모든 소유를 하나님을 위해 사용하며, 하나님의 뜻을 행하는 것을 즐거움으로 여긴다.

랍비 요세이 하코헨의 경건함

현인들은 랍비 요세이 하코헨의 경건함에 대해 몇 가지 사례를 기록했다. 탈무드에 의하면, 그는 비유대인의 손에 자신의 글들이 넘어가지 않도록 주의를 기울였으며, 비록 안식일에 문서를 들고 있는 것이 안식일 규례를 어기는 것이라고 해도 비유대인의 손에 문서가 넘어가게 하지 않았다(샤보트 19a). 또한 그는 정결 의식 규례에 대해서도 매우 꼼꼼하게 지켰다고 한다(미크바오트[Mikvaos] 10:1).

라쉬바쯔는 랍비 요세이 하코헨을 요세프 하코헨과 동일시했다. 요세프 하코헨은 토라 연구를 위해 이스라엘 땅을 떠날 정도로 토라에 헌신적이었으며, 율법의 조문을 초월한 인물이었다(에이루빈 47b). 예를 들면, 그는 번제물에 해당되지 않는 과실의 첫 소산들을 바쳤고, 굳이 예루살렘에서 절기를 지키기 위해(그런 의무가 없었음에도 불구하고) 온 가족과 함께 바벨론을 떠나 이스라엘 땅으로 온 적도 있었다고 한다(할라 4:11).

*＊＊

더불어, 미드라쉬는 랍비 요세이 하코헨의 경건함에 대한 놀라운 이야기를 들려준다(얄쿠트 쉬모니, 코헬레트, 레메즈 976). 한때 그의 다리가 괴질에 걸려 의사를 불러 절단하게 되었다. 수술 전에 그는 아들에게, "후니아(Chuniah), 그들이 내 다리를 자르려 할 때 말해다오"라고 부탁했다. 잠시 후, 후니아가 수술이 시작된다고 알리자, 랍비 요세이 하코헨은 "내 아들아, 지금까지는 여기에서 내가 원하는 대로 도와주어야 했다. 하지만 이제부터는 내 잘려나간 다리에서 부정한 것을 얻어서는 안 되니 여기서 나가거라."라고 했다.

랍비 요세이의 삶에 깊은 인상을 받은 당대의 현인들은 '자기의 의로움에도 불구하고 멸망하는 의인이 있고'(전 7:15)라는 구절을 가리켜 "그가 의롭더라도, 나는 그의 생명을 거두어야겠다."라고 거룩하고 복되신 하나님이 말씀하셨다고 해석했다.

"랍비 쉬므온 벤 느탄엘은 죄를 두려워하는 사람이다"

랍비 핀하스 벤 야이르의 고귀한 토라의 가치들을 열거한 목록에서 민첩함 다음에 죄에 대한 두려움을 언급한다(소타 9:15). 하시드 야베쯔는 민첩함을 죄에 대한 두려움과 동일시 여김으로써 민첩함이 심판을 초래하지 않도록 했다. 랍비 핀하스가 '죄에 대한 두려움'이라 언급한 자질은 매우 위대한 것으로, 하나님을 사심 없이 사랑으로 섬기는 사람만이 얻을 수 있다.

이 자질은 너무나도 위대하여 아브라함조차도 가장 어려운 열 번째 과제(이삭을 제물로 바친 시험)를 통과하고 나서야 이 경지에 오르게 되었다. 아브라함이 온전한 충성을 보였을 때 하나님은 "내가 이제야 네가 하나님을 경외하는 줄을 아노라"(창 22:12)라고 말씀하셨다.

랍비 모세 하임 루짜토(R'Moshe Chaim Luzzatto)는 이를 하나님의 위대함에 대한 경외심이라 정의했다. 이 단계에 오른 사람은 심판은 두려워하지 않으나 하나님의 명예가 더럽혀질 것을 두려워한다. 이는 현인들이 가르친 진정한 두려움을 두고 하는 말이다. '거룩하고 복되신 하나님은 이 세상에는 오직 하늘에 대한 두려움이라는 보화만 두셨다'(베라호트 33b). 이는 '여호와를 경외함이 네 보배니라'(사 33:6)라는 성경의 기록과도 일치한다.(메실라트 예샤림, 24장)

죄에 대한 두 종류의 두려움

죄에 대한 두 종류의 두려움은 어떤 차이가 있는가? 심판이 두려워서 죄를 피하는 것과 하나님의 명예가 더럽혀지는 것이 두려워서 죄를 피하는 것 사이에 어떤 차이가 있는 것인가? 그 답은 랍비 쉬므온 벤 느탄엘의 죄에 대한 두려움을 해석한 주석가의 설명에서 찾을 수 있을지도 모른다.

바르테누라의 랍비 오바댜는 랍비 쉬므온이 매우 엄격한 사람이었기 때문에 부지중에라도 하나님의 명예를 더럽히지 않기 위하여 율법과 무관한 문제에 대해서도 스스로 자신의 행동을 통제했다고 한다(라쉬바쯔). 또한 라베이누 이쯔하크 벤 랍비 슐로모에 의하면, 랍비 쉬므온 벤 느탄엘은 무엇이든 온당치 못한 일은 하지 않기 위해 세심한 주의를 기울였다고 한다. 그는 계명을 지킬 때에도 순수하지 못한 의도가 없었는지 되돌아보았다.

반면에, 오직 심판을 받지 않기 위해서만 죄를 피하는 사람은 그러한 세심함이 없다. 그는 부지중에 죄를 범해도 심판을 받지 않기 때문에 그에 대해서는 두려워하지 않을 것이다. 또한 처벌이 약한 사소한 죄를 저지른 것에 대해서는 어떠한 감정의 변화도 보이지 않을 것이다. 그러한 사람은 아주 교묘한 형태의 죄는 피하지도 않을 뿐더러 오히려 이용하고자 한다(이런 생활방식은 부지중이나, 혹은 의도적인 죄로 이어진다).

***

현인들은 '무엇'(what)을 사랑하고 '그러면 어때'(so what)라는 말을 싫어하라고 가르쳤다(데레크 에레쯔 주타, 1장, 미드라쉬 슈무엘서 인용). 사람은 자신의 행동이(비록 그것이 계명일지라도) 죄를 유도하지 않도록 모든 행위를 검토해야 한다('어떤' 행동을 했는가?). 동시에 행위에 부주의함으로써 죄를 지을 수 있는 '그러면 어때?'를 반드시 피해야 한다.

세파트 에메트는 하나님에게 진심으로 기도함으로써 죄로부터 보호받기를 간청해야 한다고 기록했다. 만약 죄가 먹잇감을 노리고 있는 사자와 같다는 사실을 깨닫는다면, 언제나 하나님에게 기도할 수밖에 없을 것이다. 다윗 왕의 '여호와여 주의 도를 내게 가르치소서 내가 주의 진리에 행하오리니 일심으로 주의 이름을 경외하게 하소서'(시 86:11)라는 간구도 같은 뜻이라고 할 수 있다.

경건한 사람과 죄를 두려워하는 사람의 차이는 무엇인가?

혹자는 랍비 요세이의 경건함과 랍비 쉬므온의 죄를 두려워하는 성품이 상호 보완적인 것으로 이해했다. 경건한 것은 '선을 행하는 것'에 해당하고, 죄를 두려워하는 것은 '악을 피하는 것'에 해당된다는 것이다. 그래서 경건함이 죄에 대한 두려움보다 더 상위 단계인 것처럼 보이기도 하다. 이는 영적 성숙의 첫 출발점이 악을 거부하는 것이고, 그런 뒤에야 선행으로 나아가기 때문이다. 이 분석은 랍비 핀하스 벤 야이르가 경건함을 죄의 두려움 뒤에 세워 놓는다는 사실에서도 확인된다. 또한 이 미쉬나는 확실히 경건함이 죄의 두려움보다 더 상위라고 암시하고 있다.

그렇다면 이 미쉬나에 언급된 자질들이 오름차순대로 나열되어 있다고 추정한 라베이누 이쯔하크 벤 슈샨과 야베쯔의 견해를 어떻게 이해해야 하는가? 한 가지 대답할 수 있는 것은, 일반적으로는 경건함이 죄에 대한 두려움보다 위대하다. 하지만 이 미쉬나와 같은 특정한 상황에서는 랍비 쉬므온이 랍비 요세이보다 더 큰 칭찬을 받았다. 왜냐하면, 랍비 쉬므온은 본래 죄를 가까이 하는 성향에서 죄를 두려워하는 사람으로 변화되었기 때문이다. 그래서 랍비 쉬므온의 죄에 대한 두려움이 랍비 요세이의 선천적인 경건함보다 더 극찬을 받은 것이다(미드라쉬 슈무엘).

미쉬나 12절 משנה יב

הוּא הָיָה אוֹמֵר,
אִם יִהְיוּ כָל חַכְמֵי יִשְׂרָאֵל בְּכַף מֹאזְנַיִם,
וֶאֱלִיעֶזֶר בֶּן הֻרְקְנוֹס בְּכַף שְׁנִיָּה,
מַכְרִיעַ אֶת כֻּלָּם.
אַבָּא שָׁאוּל אוֹמֵר מִשְּׁמוֹ,
אִם יִהְיוּ כָל חַכְמֵי יִשְׂרָאֵל בְּכַף מֹאזְנַיִם,
וְרַבִּי אֱלִיעֶזֶר בֶּן הֻרְקְנוֹס אַף עִמָּהֶם,
וְרַבִּי אֶלְעָזָר בֶּן עֲרָךְ בְּכַף שְׁנִיָּה, מַכְרִיעַ אֶת כֻּלָּם.

그[요하난 벤 자카이]는 말하곤 했다:
 만약 이스라엘의 모든 현인들이 저울의 한 쪽 위에 서 있고
 엘리에제르 벤 후르크노스는 저울의 다른 한 쪽 위에 서 있다면,
 그는 다른 모든 이들보다 더 무거울 것이다.
아바 샤울은 그(요하난)의 이름을 걸고 말했다:
 만약 엘리에제르 벤 후르크노스를 포함하여
 이스라엘의 모든 현인들이 저울의 한 쪽 위에 있고
 랍비 엘아자르 벤 아라크가 다른 쪽 위에 있다면,
 그는 다른 모든 이들보다 더 무거울 것이다.

미쉬나 12절

저울에 선 이스라엘의 현인들

라반 요하난은 가장 위대한 다섯 명의 제자에 대한 칭찬을 열거하고 난 뒤에 누가 가장 위대한 인물인지를 밝혔다. 그러나 미쉬나는 그의 평가에 대해 두 가지 견해를 제시했는데, 이 두 견해가 서로 대립되는 것 같이 보인다. 먼저 라반 요하난은 가장 뛰어난 제자로 엘리에제르 벤 후르크노스를 지목한 것처럼 보이지만, 그의 제자 아바 샤울은 그의 이름을 빌려 랍비 엘아자르 벤 아라크가 가장 뛰어난 제자라고 주장했다.

초기의 일부 주석가들은 이 두 견해는 서로 대립된 것이며, 라반 요하난의 가르침이 서로 모순된 전통을 반영한 것이라고 주장했다. 이것은 구전의 부작용 가운데 하나라고 할 수도 있다. 그러나 라베이누 요나와 다른 주석가들은 두 견해가 모순이 아니라고 한다. 라반 요하난은 랍비 엘리에제르가 그의 제자들 가운데 가장 뛰어난 기억력을 가졌고, 랍비 엘아자르는 독창적인 토라 개념의 창조에 있어 그 어떤 제자보다도 탁월했다는 것이다. 그렇더라도 라반 요하난이 다른 세 제자들이 각 분야에서 가장 뛰어나다고 밝히지 않은 것에 대한 의구심이 여전히 남는다.

라베이누 아브라함 프리쫄은 라반 요하난이 토라 연구에 직결된 재능에 주안점을 두고 제자들을 평가했다고 설명한다. 여기에서 그는 "연구와 행위 가운데 어느 것이 더 중요한가?"라는 질문에 대한 답을 암시하고 있는 것이다. 연구와 관련된 뛰어난 재능을 가진 제자들을 선택함으로써 라반 요하난은 연구가 더 중요하다고 답한 것이다(후대에 랍비 타르폰은 이의를 제기하며 행위가 더 중요하다는 견해를 밝힌 반면, 랍비 아키바는 연구가 더 중요하다고 했다. 결국 현인들은 연구가 더 중요하다는 결론을 내렸다. 연구가 바른 행위로 인도하기 때문이다.[키두쉰 40b])

학자들은 두 견해가 공존하는 다른 길을 찾기도 했다. 미드라쉬 슈무엘은 미쉬나가 랍비 엘리에제르의 탁월함을 언급할 때는 일반적인 현인들과 비교했다고 한다. 하지만 랍비 엘아자르의 탁월함에 대해 언급할 때는 특히 랍비 엘리에제르 벤 후르크노스와 비교한다는 것이다. 랍비 엘리에제르는 일반적인 현인들에 비해 더 뛰어나다고 언급되는데, 여기서 '현인들'은 이 미쉬나에 언급된 다섯을 제외한 학자들을 말하는 것이다. 랍비 엘리에제르가 그들보다 뛰어날지라도 여기에 언급된 동료들보다 더 우월하지는 않았다. 반면에, 랍비 엘아자르 벤 아라크는 이 미쉬나에 언급된 다섯 제자를 포함한 라반 요하난의 모든 제자들보다 더 뛰어났다는 것이다.

이 해석은 라베이누 이쯔하크 벤 슈샨과 하시드 야베쯔가 주장한 이 미쉬나에 기록된 제자들에 대한 칭찬이 오름차순으로 되어 있다는 견해를 뒷받침한다. 첫 번째로 언급된 랍비 엘리에제르 벤 후르크노스는 미쉬나에 언급되지 않은 현인들보다 뛰어났지만, 마지막으로 언급된 랍비 엘아자르는 앞에 거명된 이들을 포함하여 다른 모든 현인들보다 더 뛰어난 것이다.

시내 산과 산을 뿌리째 뽑는 것 중에 어느 편이 바람직한가?

이 미쉬나는 현인들의 마음을 괴롭혔던 한 가지 질문(토라를 습득하는 데 바람직한 방법은 '시내 산' 식인가? 아니면 '산을 뿌리째 뽑는' 식인가?)에 대한 랍비 요하난의 견해라고 할 수 있다.

'시내 산' 식이란, 라쉬가 말한 것과 같이 "토라를 연구할 때, 마치 시내 산에서 토라를 받은 것과 같이 미쉬나와 바라이사를 연구하여 마음 속에 잘 정리되어 있는 사람"을 가리킨다.(호라요트 14a) 반면, 산을 뿌리째 뽑는 사람은 뛰어난 연구자를 가리키는 것으로써, 논리와 통찰력, 깊이 있는 사고력을 동원하여 산을 이룬 토라 개념들을 뿌리까지 파고 들어가 서로 비교하며 분석한다.(산헤드린 24a) 그런 사람은 예리한 지성으로 난해한 문제를 해결하고, 예전에 풀지 못했던 수수께끼에 대해 만족할만한 해결책을 제시하며, 참신한 사고방식으로 할라하에 대한 독창적인 견해를 밝힌다. 또한 라쉬가 말했듯이 '비록 미쉬나와 바라이사에 숙달되진 않았지만, 토라에 대해 분명하고 예리한 시각을 가지고 있다.[시내 산학자와 동등하게]'(ibid.) 이 미쉬나에서 랍비 엘리에제르는 토라의 모든 전통을 집대성한 '시내 산 학자'의 모본이다. 반면에, 랍비 엘아자르는 산을 뿌리째 뽑는 탁월한 혁신가이다.

***

후대에 이스라엘의 현인들은 시내 산 학자들이 더 바람직하다고 했는데, 이는 '모든 이가 밀(소맥)을 가진 이를 필요로 하기 때문이다'(ibid.). 즉, 누구나 가장 기본적인 식재료를 공급하는 사람이 필요하듯이, 토라와 할라하에 관한 방대한 지식을 가진 사람들을 필요로 한다. 반면에, 음식에 향신료나 양념이 필수적인 요소가 아닌 것처럼, 산을 뿌리째 뽑는 학자의 뛰어난 능력이 절대적인 요소는 아니라는 것이다.

따라서 공공부문에서 일하는 학자들은 시내 산 타입이어야 하지만, 민간부문에서는 산을 뿌리째 뽑는 학자들이 더 필요할 것이다. 이는 토라에 대해 더 깊은 감각을 갖고 있기 때문이다. 이런 의미에서 현인들은 '매운 후추 한 톨이 멜론으로 가득찬 그릇보다 더 낫다'고 한 것이다(요마 85b).

***

같은 맥락에서, 랍비 야아코브 하베르(R'Yaacov Haber)는 그의 '레브 아보트'(Lev Avos)에서 이 미쉬나의 명백한 두 견해의 대립에 대한 해결책을 찾았다. 공공 지도자로서 랍비 엘리에제르는 다른 모든 현인들보다 뛰어났다. 일반 사람들은 전통을 숙달한 대가(大家), 즉 토라의 모든 지식을 완전히 이해하고 할라하를 올바르게 적용할 수 있는 인물을 필요로 한다. 하지만 아바 샤울은 공공의 복리라는 무거운 부담을 짊어질 위치에 있지 않았다. 그래서 라반 요하난은 그에게 랍비 엘아자르(산을 뿌리째 뽑는 자)를 그의 개인적인 위대함의 모본으로 삼으라고 했던 것이다.

***

랍비 하임 요세프 도비드 아줄라이(R'Chaim Yosef Dovid Azulai, 히다 [the Chida])는 그의 하스데이 아보트에서 다른 관점을 보여주었다. 일반적으로 시내 산 학자가 더 바람직하지만 제자들을 격려하기 위한 것과 같은 어떤 특정 상황에서는 산을 뿌리째 뽑는 자질을 가진 학자가 더 나을 때도 있다는 것이다.

15세기에 요한네스 구텐베르그(Johannes Gutenberg)의 인쇄기 발명을 통하여 토라의 문헌들을 더욱 쉽게 습득하게 된 이후로는, 토라에 대한 새롭고 참신한 관점을 발견하고 창안해내며 이를 종합할 수 있는 토라 지도자가 더 바람직할 수도 있다. '시내 산 학자'는 이미 우리의 서재에 모두 있기 때문이다.

미쉬나 13절   משנה יג

אָמַר לָהֶם,
צְאוּ וּרְאוּ אֵיזוֹהִי דֶרֶךְ יְשָׁרָה
שֶׁיִּדְבַּק בָּהּ הָאָדָם.
רַבִּי אֱלִיעֶזֶר אוֹמֵר, עַיִן טוֹבָה.
רַבִּי יְהוֹשֻׁעַ אוֹמֵר, חָבֵר טוֹב.
רַבִּי יוֹסֵי אוֹמֵר, שָׁכֵן טוֹב.
רַבִּי שִׁמְעוֹן אוֹמֵר, הָרוֹאֶה אֶת הַנּוֹלָד.
רַבִּי אֶלְעָזָר אוֹמֵר, לֵב טוֹב.
אָמַר לָהֶם, רוֹאֶה אֲנִי אֶת דִּבְרֵי אֶלְעָזָר בֶּן עֲרָךְ
מִדִּבְרֵיכֶם, שֶׁבִּכְלָל דְּבָרָיו דִּבְרֵיכֶם.

그[요하난]는 그들[다섯 제자들]에게 말했다:
"너희들은 가서 사람이 마땅히 따라야 할 선한 길을 발견할 수 있는지 없는지 보라."
랍비 엘리에제르는 말한다. "선한 눈"
랍비 여호수아는 말한다. "선한 친구"
랍비 요세이는 말한다. "선한 이웃"
랍비 쉬므온은 말한다. "행동의 결과를 고려하는 사람"
랍비 엘아자르는 말한다. "선한 마음"
그[라반 요하난 벤 자카이]는 그들에게 말했다:
"나는 너희 네 사람들의 말보다는 엘아자르 벤 아라크의 말을 선호한다. 왜냐하면 너희들의 말은 그의 말 안에 포함되어 있기 때문이다."

미쉬나 13절

[라반 요하난 벤 자카이가] 그들에게 이르기를, "가서 보라"

왠지 불필요하게 보이는 '가서 보라'는 말의 의미는 무엇일까? 혹자는, 이 문구가 라반 요하난의 제자들에게 이 문제에만 집중하도록 명하는 것이라고 했다. 하가다에도 이와 유사한 '가서 배워라'가 있으며, 다른 문헌에서 현인들은 '가서 세어 보라'고 충고하기도 한다(키두쉰 12a, 등).

또 다른 설명으로는, 라반 요하난이 "혼잡한 시장에 들어서더라도('가서 보라'는 명에 따라서 '갈 때') 방향을 잃어서는 안 된다. 즉, 영적인 문제에 집중해야 한다."라고 가르쳤다는 것이다.

볼로진의 랍비 하임이 그의 루아흐 하임에서 다른 관점으로 접근했다. 그의 견해에 의하면, 학당에서 유일하게 집중해야 하는 것은 토라 연구이며, 완벽한 삶을 사는 방법론이나 신비에 대한 연구는 배제해야 한다는 것이다. 그러한 문제들을 상고하고 싶다면 '가서 보라'는 것이 라반 요하난의 가르침이다. 학당이 아닌 곳에서 그러한 문제들을 논하라는 것이다.

가서 이 세상에 집중하라

다른 주석가들은 라반 요하난이 제자들에게 사나운 인류사의 흐름 속에 들어가 질문에 대한 답을 찾으라고 요구한 것이라고 이해했다(마하랄 등). 그리고 현인들이 다른 문헌에서도 '가서'라는 문구를 사용했다. 예를 들면, "당나귀 시장에 '가서' 배워라"가 있다(하기가 9b).

사람이 따라야 할 올바른 길은 무엇인가?

미드라쉬 슈무엘은 라반 요하난의 지침이 희귀하거나 초월적인 영적인 환경을 떠나서 모든 이에게 걸맞는 삶의 길을 발견하라는 뜻으로 이해했다.

'하시드 마기드'이자 코즈니쯔의 랍비 이스라엘은 이 개념을 '사람이 여호와께 서원하였거나 결심하고 서약하였으면 깨뜨리지 말고'(히브리어 성경 민 30:3, 한글성경 민 30:2), '다른 이들은 서약을 무효화할 수 있다'(하기가 10a)라는 점에 적용했다. '깨뜨리다'라는 히브리어는 '세속적이다'라는 단어와 비슷하다. 즉, 의인은 자신의 말을 위반하지 않으며 세속적으로 빠지지도 않는다. 하지만 다른 사람들을 돕기 위해서라면 그렇게 할 수도 있다.

그래서 라반 요하난은 제자들에게 '가서 보라'고 한 것이다. 때때로 고귀한 세계에서 내려와 평범한 사람들이 하나님을 잘 섬길 수 있도록 최선의 방법을 찾아 그들을 인도해야 하기 때문이다(아보다트 이스라엘[Avodas Yisrael]).

올바른 길과 곧은 길 사이의 차이점은 무엇인가?

일찍이, 랍비 예후다 하나시는 "사람이 선택해야 할 곧은 길(Straight Path)은 무엇인가?"라고 물었다(2:1). 표면적으로는 '가서 사람이 따라야 할 올바른 길이 무엇인지 찾아보라'와 같은 것으로 보인다.

그러나 언어의 차이를 분석해보면, 의도에서 서로 차이가 있음을 알게 될 것이다. 라쉬바쯔는 이 문구들이 인간 발달의 두 단계를 의미한다고 이해했다. 랍비 예후다가 라반 요하난보다 훨씬 뒤에 살았지만, 그가 인간 발달의 첫 번째 단계를 말했기 때문에 먼저 언급된 것이라고 한다.

사람이 인생의 여정을 시작하고자 할 때에는 누구나 일반적인 사명을 선택해야 한다. '곧은 길은 어느 것인가?' 즉, 올바른 목표지점까지 사람을 이끌 수 있는 유일한 길은 무엇인가? 그 답은 '영광스럽고 사람의 존경을 얻을 수 있는 길이어야 한다.'가 틀림없다.

그리고 사람이 자신의 목표를 정했다면, 그것을 성취할 수 있는 최선의 길을 선택해야 한다. 이것이 라반 요하난이 이야기하는 두 번째 단계이다. 이 특정한 길들은 다 같은 목표에 도착하는 유사한 수단이기 때문에 이 미쉬나의 질문에 대한 답은 다양하게 나올 수 있다. 이러한 차이 외에 랍비 예후다의 질문은 관념적이지만 반면에 라반 요하난의 질문은 실용적이다.

젊은이와 노인의 길

다음의 해석에서도 두 문구의 차이점을 볼 수 있다.

미드라쉬 슈무엘은 랍비 예후다의 질문이 성인식을 치를 나이에 도달한 젊은이를 향한 것이라고 한다. 젊은이가 의미 있는 결정을 내려야 할 순간이 되면, 반드시 곧은 길이 어디 있는지 찾아서 그 길을 선택해야 한다는 것이다.

반면, 라반 요하난의 질문은 이미 올바른 방향으로 가고 있으면서 미묘한 차이를 구분할 수 있는 어른들을 위한 것이다. 이 미쉬나의 다른 사본은 라반 요하난의 질문을 '선한 길'로 표현한다. 선하다는 말은 상대적인 의미의 단어이다. 윤리·도덕적 감수성이 뛰어난 사람만이 비슷비슷한 경로를 보여주는 다양한 길 중에서 최선의 길을 선택할 수 있다.

이와 같은 이유로, 랍비 예후다는 길을 선택하는 것에 초점을 맞추고 있는 반면, 라반 요하난은 끝까지 따라야 할 한 길에 대해 말하고 있는 것이다. 젊은 사람이 인생에 올바른 길을 선택할 수는 있어도 그 동기까지 순수하지는 않을 것이다. 하지만 진심으로 하나님을 섬기는 나이 든 사람의 경우 진정으로 선함을 얻을 수 있기를 기원한다. 그래서 라반 요하난은 순수한 마음과 성실한 의도로 하나님을 따르기 위해 끝까지 따라야 할 길을 찾는 것에 대해 이야기하는 것이다.

전형적인 뿌리

가장 위대한 단계의 완전함에 이르는 길(온전히 하나님을 따르는 길)이 무엇인지에 대한 라반 요하난의 질문에, 한 가지 선한 자질을 얻는 것만으로도 충분한가? 그렇다. 그와 같이 위대한 목표를 이루기 위해서는 완전한 자기 변신이 필요하기 때문이다.

라베이누 요나는 인간이 넓은 캔버스에 자신의 완벽한 영혼의 초상화를 그리는 것은 불가능하다고 설명했다. 누구든 반드시 한 가지 자질을 선택하여 거기에 맞춰 자신을 바꿔야 한다. 그리고 어떤 특성들은 다른 자질에서 비롯된 것이기 때문에, 라반 요하난은 제자들에게 다른 모든 자질들의 뿌리가 되는 궁극적인 자질이 무엇인지를 묻고 있는 것이다

(메이리도 이를 간략하게 언급했다. 또한 '랍비 아브라함 예샤야 카렐리쯔'[Rabbi Avraham Yeshaya Karelitz, 하존 이쉬]의 '에무나 우비타혼'[Emunah Uvitachon] 4장에서 이 개념을 좀 더 확장 설명했다).

***

또한 한 사람이 모든 부문에 완전함을 얻는 것은 불가능하기 때문에, 자신의 완전함을 이룰 수 있는 최소한 한 분야를 선택해야 한다고 말할 수도 있다. 랍비 바루흐 할레비 엡스타인은 그의 바루흐 셰아마르에서 모든 사람이 최소한 한 가지 계명이라도 완전히 숙달되어 있어야 한다는 개념을 뒷받침하는 근거를 찾아냈다.(예루샬미, 키두쉰 1:10) 한 가지 계명이라도 완벽히 지켜서 얻는 보상은 많은 계명들을 대충 지켜서 받는 보상보다 더 클 것이다. 그래서 랍비 엡스타인은 완벽하게 지켜진 계명이 모든 위험으로부터 솔로몬 왕을 지켜주었기 때문에 솔로몬 왕이 '명령을 지키는 자는 불행을 알지 못하리라'(전 8:5)고 가르쳤다고 한다.

랍비 엘리에제르는 말한다. "선한 눈"

'선한 눈'이란 무엇인가? 초기의 많은 주석가들은 사람이 적게 가지고 있어도 만족할 줄 아는 자질이라고 보았다. 더불어 선한 눈을 가진 사람은 타인의 행복과 성공을 보며 즐거워한다는 것이다.

야베쯔는 선한 눈을 가진 사람은 물질적인 성공을 부차적인 것으로 여기기 때문에 토라 연구에 성공할 수 있었다고 기록했다. 자신이 가진 것에 만족하는 사람은 세상적인 쾌락을 쫓는 데 세월을 낭비하지 않는다.

세상은 아직 오지 않은 현실의 준비단계라고 인식하기 때문이다. 대신 그는 토라 연구에만 집중하며, 그의 유일한 목표는 토라를 연구하고 계명을 지키는 것이기 때문에 물질적 성공을 거둔 사람을 부러워하지 않는다.

***

미드라쉬 슈무엘은 토라를 연구할 때도 선한 눈을 가져야 한다고 덧붙였다. 자신의 재능(장점과 단점)을 파악하고, 자신이 누구인지를 받아들이며, 자신이 성취할 수 있는 능력에 대해 만족해야 한다.

후한 정신

초기의 주석가들은 다른 사람들을 돕기 위해 아낌없이 베풀려는 욕구가 '선한 눈'이라고 설명했다.

랍비 핀하스 메나헴 알테르(R'Pinchas Menachem Alter, 구르의 랍비이며, 프네이 메나헴[Pnei Menachem]으로 알려져 있다)를 방문한 안과 의사가 있었는데, 그는 최근 동향에 대해 논하는 국제회의에 참석할 예정이라고 말했다. 랍비는 "당신이 발표할 차례가 왔을 때 회의에 참석한 의사들에게 '이스라엘 땅에 있는 한 랍비가 전해달라고 했는데, 안과 의사는 타인의 눈을 치료하지만 자신의 눈도 '선해야' 한다고 말하더군요.'라고 시작해 주시오"라고 부탁했다.

안과 의사가 발언할 차례가 되었을 때 수줍어하며 게레르 랍비의 메시지를 전달했다. 그 다음 차례는 유고슬라비아에서 온 의사였는데, 특정한 안과 질병을 치료할 의학기술을 발명한 의사였다. 하지만 다른 의사들이 모방할 것을 두려워하여 그것을 숨겨왔다. 그 의사는 "저는 애초에 특허의 자세한 사항을 공유할 의도가 없었습니다. 하지만 예루살렘의 랍비가 한 말이 저에게 깊은 감명을 주었습니다. 그 랍비의 말이 지당하기 때문에 지금 이 자리에서 제가 특허를 받은 신기술을 공개하도록 하겠습니다."라고 말했다.

랍비 여호수아는 말했다. "선한 동료"

    선한 동료란 긍정적인 모범이 되는 친구를 말한다. 그는 동료의 삶이 좀 더 나아지도록 영향을 주며, 그 앞에서 최선의 모습을 보이지 못한 사람들은 부끄러움을 느끼게 만드는 사람이다(메이리, 라베이누 바흐야).
    라쉬바쯔는 선한 동료는 선한 눈보다 더 상위에 있다고 한다. 선한 동료는 다른 동료의 잘못을 볼 수 있도록 도와주고, 개선해야 될 점에 대해 일러주며, 자기 기만을 걷어내도록 도와준다.
    선한 동료는 사람에게 새로운 가능성과 관점을 깨닫게 하고, 정신을 새롭게 하는데 도움을 준다. 랍비 여호수아 자신도 선한 동료였다. 그가 죽은 뒤에 현인들은 "조언이 사라지고 말았다"(소타 49b)라며 한탄했다고 한다.

***

    그러나 라베이누 요나는 이 해석에 이의를 제기했는데, 이는 동료를 얻는 것이 가능하다(여호수아 벤 프라흐야가 1장[1:6]에서 말했듯이)고 해도 사람이 좋은 동료를 찾을 수 있는 것은 사람의 손에 달린 것이 아니기 때문이다. 그는 선한 동료를 '찾아야 한다.'는 것이 아니라, 타인에게 선한 동료가 '되어야 한다.'고 말했다. 이를 위해 선한 자질, 긍정적인 태도, 그리고 건전한 인격을 함양해야 한다고 말했다(참조. 리 리르마[Ri Lirma], 하시드 야베쯔).

선한 동료가 되는 것은 선한 눈을 얻는 것보다 더 어렵다. 무의식적으로 타인을 멀리하지 않도록 겸손함을 배워야하고, 현명한 조언을 위해서는 지혜도 갖추어야 하며, 반드시 신뢰할 수 있어야 하고 침착해야 한다. 랍비 여호수아도 선한 동료로서 모두의 사랑과 존경을 받았기 때문에 '그를 낳은 여인은 복 되도다'라는 칭송을 받았다는 것이다.

'그는 네 짝이요 너와 서약한 아내로되'(말 2:14)

많은 주석가들은 '선한 동료'가 남자의 아내를 말하는 것으로 이해했다. 이는 현인들이 말했듯이, 아내 없는 남자는 '선함이 없는 사람'(버레이쉬트 라바 17:2)이기 때문이다. 따라서 남자는 사명을 완수하고, 삶에 영원한 의미를 불어넣기 위한 영적인 노력을 지원해줄 수 있는 아내를 반드시 찾아야 한다.

랍비 요세이는 말한다. "선한 이웃"

랍비 요세이 하코헨은 선한 이웃을 칭찬했다. 선한 이웃의 지속적인 영향력은 선한 동료의 영향력보다 더 큰 의미가 있다. 선한 이웃은 가정 전체에 영향을 준다. 매일 만나고 아이들끼리도 서로 어울려 놀기 때문이다(라베이누 바흐야, 미드라쉬 슈무엘, 메이리). 솔로몬 왕도 '가까운 이웃이 먼 형제보다 나으니라'(잠 27:10)라고 말했다.

***

그러나 우리는 어떤 사람이 이웃이 될지 결정할 수 없다. 그래서 랍비 요나는 이 구절을 다르게 이해했다. 선한 이웃을 찾으라는 것이 아니라, 내가 타인에게 선한 이웃이 되어야 한다는 뜻이라는 것이다.

선한 이웃이 되기 원하는 사람은 율법의 조문을 넘어서야 한다. 그래서 이 미쉬나를 율법의 조문에 얽매이지 않는 경건으로 유명한 사람이 가르친 것이다. '내 것은 너의 것이고, 너의 것은 너의 것이라고 말하는 사람은 경건하다'.(5:13) '분노를 쉽게 내지 않으며, 화가 나도 곧 풀리는 사람이 경건하다'.(ibid. 14) '베풀기를 원하며, 타인들 또한 그러기를 바라는 사람은 경건하다'.(ibid. 16) 이 모든 경건한 자질은 선한 이웃의 것이기도 하다. 이 두 부류가 서로 겹친다.

미드라쉬 슈무엘은 경건함과 선한 이웃 사이의 관계를 다르게 설명했다. 하나님을 섬기는 것은 집안에서 개인적으로 행해야 한다. 선한 이웃은 하나님에 대한 헌신을 간섭하지 않으며, 하나님과 독대하는 시간을 방해하지 않는다.

선한 이웃의 영향력

무싸르(윤리적 지침)의 문헌은 자신 안에도 선한 이웃을 가져야 한다고 가르친다. 악한 성향은 태어났을 때부터 우리 안에 내재되어 있다. 반면, 선한 본성은 성인식을 할 나이가 되어야 비로소 자리 잡게 된다. 사람은 선한 본성-생각과 욕망 안에 존재하면서 항상 그들을 안내하는-을 자신의 이웃으로 만들기 위해 노력해야 한다.

랍비 쉬므온은 말한다. "행동의 결과를 고려하는 사람"

지혜로운 사람은 언제나 미래를 내다본다. 그는 자신이 행할 행위의 결과를 예측한 뒤에 행동을 결정한다. 지혜로운 사람이 반드시 특별한 재능이 있는 사람은 아니지만, 주의와 통찰력으로 자신을 돌본다. 현명한 사람은 구덩이에서 빠져나오는 방법을 알고 있지만, 지혜로운 사람은 애초에 구덩이에 빠지지 않는다는 격언이 있다.

솔로몬 왕에 의하면, '지혜자는 그의 눈이 그의 머리속에 있고 우매자는 어둠 속에 다니지만.'(전 2:14)이라고 한다. 하지만 현인들은 "어리석은 자라고 머리에 눈이 안 달렸는가?"라고 묻는다. 랍비 아바 메이르는 '머리'라는 단어가 '시작'이라는 의미도 있기 때문에 지혜로운 사람은 어떤 일을 시작할 때 이미 그 결과를 예측할 수 있다고 설명했다.

랍비 쉬므온 벤 느탄넬은 미래를 내다볼 수 있는 능력을 사람이 따라야 할 길이라고 한다. 왜냐하면, 예지력이 없는 사람은 영적으로 성장할 수 없기 때문이다.

***

현인들의 견해를 따르면, '지혜로운 사람은 누구인가? 미래를 내다보는 사람이다'에서, 미래를 내다보는 사람은 문자 그대로 탄생하는 것을 보는 사람이라는 의미이다. 크네세트 이스라엘은 선한 행위는 선한 천사를 만들고, 또한 선한 천사가 선한 행위를 유도한다는 가르침을 인용했다.(4:13) 즉, 자신의 행위에서 어떤 천사가 태어날지를 아는 통찰력을 가진 사람이라면, 악을 멀리하고 선을 고수하게 된다는 것이다.

걱정과 신뢰

'누가 지혜로운 사람인가? 미래를 내다볼 수 있는 사람이다'라는 구절은 윤리적이고 종교적인 문제뿐만 아니라 인간의 모든 노력을 가리킨다. 라쉬바쯔는 이 교훈과 현인들의 격언인 '너는 내일 일을 자랑하지 말라. 하루 동안에 무슨 일이 일어날는지 네가 알 수 없음이니라'(잠언 27:1)라는 구절 사이에 모순이 아니라고 설명했다.(산헤드린 100b, 예바모트 63b) 또한 본 미쉬나는 랍비 엘리에제르의 '바구니에 빵이 가득한 사람이 내일 무엇을 먹을지를 묻는다면 믿음이 적은 사람이다'(소타 48b)라는 구절과도 충돌하지 않는다.

사람은 반드시 미래에 대한 계획이 있어야 한다. 하지만 자신의 능력을 벗어나는 문제에 대해서는 더이상 걱정하지 않아도 된다. 오직 하나님을 믿기만 하면 되기 때문이다.

랍비 엘아자르는 말한다. "선한 마음"

람밤과 대부분의 동료들은 마음이 사람의 의지이나 그의 행동과 욕구의 근원으로 이해했다. 마음은 장군이 군대를 지휘하듯이 사람의 팔다리를 인도하는 지휘자이다(라베이누 이쯔하크 벤 랍비 슐로모).

솔로몬 왕은 '모든 지킬 만한 것 중에 더욱 네 마음을 지키라 생명의 근원이 이에서 남이니라.'(잠 4:23)라고 말했다. 사람이 선한 마음을 갖고 있을 때, 다른 사람들을 우호적으로 보며, 사랑하며 사랑받으며, 성격은 원만하고 태도는 부드러우며, 생각은 건전하고 행동은 유쾌하다. 마하랄은 랍비 엘아자르가 '샘'(2:11)과 같이 모든 것의 근원과 연결되어 있기 때문에 선한 마음이 개인적인 발전의 시작이라는 점을 깨달았다고 한다.

'마음이 즐거운 자는 항상 잔치하느니라(잠언 15:15)'

선한 마음이 포괄적인 자기 개선의 핵심이라고 이해한 람밤과 달리, 라베이누 요나는 오직 겸손을 자질의 완전함으로 보았다. 겸손은 인내와 깊은 연관이 있으며, 인내가 있어야 다른 자질들도 개선될 수 있다는 것이다.

아보트 데랍비 노손(1:5)의 평행구절에서 이를 '하늘에 대한 선한 마음과 인간에 대한 선한 마음'이라고 구체적으로 제시했다. 라베이누 요나에 의하면, 이 미쉬나는 하나님과 사람에게 받은 모든 것을 기쁘게 받아들이는 것을 의미한다는 것이다. 인내는 겸손에서 자연스럽게 나온다. 다른 사람들에게 그 어떤 것도 요구할 수 있는 자격이 없다고 느낀다면, 원한을 품을 이유가 없기 때문이다.

선한 눈과 선한 마음 사이의 차이점은 무엇인가?
'너희를 방종하게 하는 자신의 마음과 눈의 욕심을 따라 음행하지 않게 하기 위함이라'(민 15:39)고 토라는 명령한다. 현인들은 눈을 인식과 이해의 기관이라고 부르고, 마음은 감정의 기관이라고 했다. 그래서 하나님은 인간에게 "내 아들아 네 마음을 내게 주며 네 눈으로 내 길을 즐거워할지어다."(잠언 23:26)라고 말씀하셨다.

하시드 야베쯔(티페레스 이스라엘과 유사하다)는 선한 눈을 가진 사람과 선한 마음을 가진 사람의 차이를 다음과 같이 설명했다:
선한 눈을 가진 사람은 진정으로 선한 것을 그의 삶의 중심에 둔다. 그런 사람은 세상의 덧없는 쾌락이 아무런 가치가 없다는 것을 지적으로 구별하기 때문에 가진 자들을 결코 부러워하지 않는다. 하지만 선한 마음을 가진 사람은 더 나아가 '[거룩함]을 가까이 하기 위하여 다른 모든 쾌락을 경멸한다.' 이러한 사람은 단지 세상의 덧없는 쾌락이 가치가 없다고 생각하여 밀어내는 것이 아니라, 아예 관심이 없는 것이다.

그[라반 요하난 벤 자카이]는 그들에게 말했다
"나는 너희 네 사람들의 말 보다는 엘아자르 벤 아라크의 말을 선호한다.
왜냐하면 너희들의 말은 그의 말 안에 포함되어 있기 때문이다."

왜 랍비 엘아자르의 4명의 동료들은 선한 마음이라고 답하지 않았을까? 그들 또한 선한 마음의 중요성을 깨닫지 않았을까? 그들 또한 선한 마음의 우월함에 대해 알고 있었지만, 그들 자신이 아직 그것을 얻지 못했다고 느꼈기 때문이다. 그래서 감탄할 만한 정직함과 겸손함으로, 그들은 자신들이 구현해 낸 진리만을 대답했던 것이다.

이것이 랍비 엘아자르의 정확한 답과 라반 요하난이 그에 동의한다는 말을 듣고도, 제자들이 라반 요하난의 두 번째 질문(미쉬나 14절)에 대해서도 여전히 그들의 처음(미쉬나 13절) 이해를 반영하여 답을 제시하는 이유이다.

미쉬나 14절　　　　　　　　　　　　משנה יד

אָמַר לָהֶם: צְאוּ וּרְאוּ אֵיזוֹהִי דֶּרֶךְ רָעָה שֶׁיִּתְרַחֵק מִמֶּנָּה הָאָדָם. רַבִּי אֱלִיעֶזֶר אוֹמֵר, עַיִן רָעָה. רַבִּי יְהוֹשֻׁעַ אוֹמֵר, חָבֵר רָע. רַבִּי יוֹסֵי אוֹמֵר, שָׁכֵן רָע. רַבִּי שִׁמְעוֹן אוֹמֵר, הַלֹּוֶה וְאֵינוֹ מְשַׁלֵּם. אֶחָד הַלֹּוֶה מִן הָאָדָם, כְּלֹוֶה מִן הַמָּקוֹם בָּרוּךְ הוּא, שֶׁנֶּאֱמַר (תהלים לז) לֹוֶה רָשָׁע וְלֹא יְשַׁלֵּם, וְצַדִּיק חוֹנֵן וְנוֹתֵן. רַבִּי אֶלְעָזָר אוֹמֵר, לֵב רָע. אָמַר לָהֶם, רוֹאֶה אֲנִי אֶת דִּבְרֵי אֶלְעָזָר בֶּן עֲרָךְ מִדִּבְרֵיכֶם, שֶׁבִּכְלָל דְּבָרָיו דִּבְרֵיכֶם.

그(라반 요하난 벤 자카이)가 그들에게 말했다:

나가서 사람이 멀리해야 할 악한 길을 분별하라.

랍비 엘리에제르는 말한다. "악한 눈"

랍비 여호수아는 말한다. "악한 친구"

랍비 요세이는 말한다. "악한 이웃"

랍비 쉬므온은 말한다. "빌리고는 갚지 않는 사람"

　사람으로부터 빌린 사람은 전능하신 이에게 빌린 사람과 같다.

　악인은 꾸고 갚지 아니하나 의인은 은혜를 베풀고 주는도다.

　(시 37:21).

랍비 엘아자르는 말한다. "악한 마음"

그(라반 요하난 벤 자카이)는 그들에게 말했다.

　나는 너희들의 말 보다는 엘아자르 벤 아라크의 말을 선호한다.

　왜냐하면 너희들의 말은 그의 말 안에 포함되어 있기 때문이다.

미쉬나 14절

> **그가 그들에게 말했다:**
> **"나가서 사람이 멀리해야 할 악한 길을 분별하라."**

라반 요하난은 그의 두 번째 질문에서 제자들에게 선함의 반대를 어떻게 이해하고 있는지를 보이라고 했다. 바르테누라의 랍비 오바댜는 선함의 반대 개념이 언제나 악은 아니라고 설명했다. 예를 들면, 겸손함의 반대는 자만이고, 열정은 지적인 초연함의 반대 개념이다. 하지만 자만과 열정이 반드시 악한 것만은 아니다. 이들은 조화로운 풍부함을 갖추고 있으며, 좋은 일을 위해 종종 쓰일 수 있기 때문이다. 그럼에도 불구하고 이 미쉬나에 열거된 부정적인 자질들(악한 눈, 악한 동료, 악한 이웃, 그리고 그 외에 여러 악한 것들)에 대한 변명의 여지는 없다.

랍비 엘리에제르는 말한다. "악한 눈"

악한 눈에 괴로움을 당한 사람은 절대 만족할 수 없다. 그는 다른 사람들을 부러워하고, 까다로워지며 인색해진다. 아마도, 어떤 사람은 인색하다는 것이 도둑질과 같이 공식적인 죄로 여기지 않기 때문에 나쁘지 않다고 생각할지도 모른다. 하지만 라베이누 요나는 인색함을 "모든 악한 성향의 근간이며, 인색한 영혼을 가진 사람은 모든 악을 저지르게 될 것이다"라고 말했다.

이와 유사하게, 질투는 사람으로 하여금 미움과 부정한 소득을 얻게 만든다. 악한 눈은 윤리적 타락을 가져오며, 다른 사람들의 행복을 시기하고, 우울함과 분노, 그리고 마지막에는 창조주를 향한 회복할 수 없는 분노를 드러내게 한다.

랍비 여호수아는 말한다. "악한 동료"

악한 환경은 사람의 선한 자질을 파괴하여 회복할 수 없는 윤리적 타락으로 이어지게 한다. 그런 환경 속에 사는 것은 사람의 영혼을 바짝 마르게 하며, 생명력을 우려 먹는다. 몇몇은 이 조항이 스스로 악한 동료가 되는 것에 대해 경고하는 것이라고 말한다. 다른 사람들을 타락시키거나 해를 끼치지 않기 위해서 세심한 주의를 기울여야 한다. 왜냐하면, 악한 동료는 일상 속에서 지속적으로 많은 원칙들을 위반하기 때문이다.

랍비 요세이는 말한다. "악한 이웃"

악한 이웃의 영향은 매우 심각하다. 그는 언제나 우리의 주변에 있기 때문에 그의 수치스러운 행동에 익숙해져서 그를 흉내낼지도 모른다.

게다가, 하늘이 악인을 심판할 때, 그의 이웃들도 함께 엮일지도 모른다. '악인에게 재앙이 있으라. 그리고 그의 이웃에게 재앙이 있으라.'(민 16:26)

더불어, 스스로 악한 이웃이 되지 않기 위해서 노력해야 한다. 사람의 삶을 황폐하게 하고, 도덕적 기준을 파괴시키는 무례한 행동과 천박함을 과시하는 곳에 끼어들어서는 안 된다.

랍비 쉬므온은 말한다. "빌리고는 갚지 않는 사람"

빌리기만 하고 갚지 않는 사람은 미래에 대해 생각하지 않는다는 것이 명백하다. 반면, 그의 보잘것없는 장래는 모든 사람에게 선명하게 보인다. 그는 자신의 행동과 거기서 비롯되는 결과 사이의 연관성을 분명하게 인식하지 못한다. 결국, 그는 빈곤해지고 절망하여 범죄를 저지를 수밖에 없게 된다.

게다가 그런 사람은 배은망덕함의 상징이며, 문명사회의 기초에 대한 모욕이다. 감사하지 않는 사람은 궁극적으로 그에게 내려진 하나님의 축복을 깨닫지 못할 것이다. 그래서 현인들은 '배은망덕은 하나님의 완전한 부정(否定)으로 이어진다.'(예루샬미, 베라호트 9)라고 말한다.

"성경도 '악인은 꾸고 갚지 아니하나 의인은 은혜를 베풀고 주는도다'(시 37:21) 라고 기록했기 때문이다"

이 미쉬나의 다른 현인들은 그들의 첫 번째 답과 대비되는 것(긍정적인 성향에 정반대되는 성향)을 답한 데 비해, 랍비 쉬므온은 그의 이상적인 특성(미래를 내다보는 이)의 반대 되는 특정한 예시로 '빌리기만 하고 갚지 않는 사람'을 들었다. 이는 미래를 내다보는 사람의 반대(즉, 앞을 내다보지 못하는)는 지혜롭지 않을지는 몰라도, 꼭 악하다고 볼 수는 없기 때문이다.

자신이 진 부채를 부정하는 것은 명백한 잘못이다. 그렇다면 랍비 쉬므온이 말하고자 하는 의도는 무엇인가? 피르케이 아보트는 특정한 할라하와 연관된 발언을 위해 지면을 할애하지 않는다. 랍비 쉬므온이 지적한 '빌리기만 하고 갚지 않는 사람'은 능력이 없어서 갚을 수 없게 된 사람을 가리키는 것이 아니라, '갚을 의도가 전혀 없는 사람'을 뜻하는 것이다.

같은 맥락에서 다윗 왕도 '악인은 꾸고 갚지 아니하나.'(시 37:21)라고 한 것이다. 악인이 꾸는 그 순간에 이미 갚을 의도가 없었기 때문에 갚지 못하는 것이 아니라 갚지 않는다는 것이다. 라베이누 요나는 한 단계 더 나아간다. 이는 돈을 빌려주는 이를 속일 특별한 의도가 있는 것은 아니었지만, 빌린 돈을 갚을 수 있는 돈을 언제, 어디서 구할 수 있는지에 대해 전혀 알지 못하는 사람을 가리키는 것이라고 한다.

하나님에 대한 빚

빌리기만 하고 갚지 않는 사람은 돈을 빌려준 사람뿐만 아니라, 하나님에게도 빚을 진 것이다. 이는 하나님에게는 돈을 빌려준 사람이 그 빌려준 만큼을 되돌려 받을 수 있도록 해야 할 책임이 있기 때문이다. 또 다른 의미에서(람밤이 말하듯이), 돈을 빌려준 사람은 그것이 하나님의 명령이기 때문에 빌려준 것이다. '내 백성 중에서 가난한 자에게 돈을 꾸어 주면 …'(출 22:25). 돈을 빌린 이가 갚지 않는다면, 그는 하나님과 돈을 빌려준 사람 사이의 관계에 부정적인 영향을 주게 될 것이고, 하나님의 이름을 모욕하게 된다. 비슷한 예로, 라쉬바쯔는 빌리기만 하고 갚지 않는 사람은 잠재적으로 빌려주는 사람들(채권자들)로 하여금 대부를 거부하게 하여, 결국 하나님의 토라를 위반하게 한다고 덧붙였다.

하나님으로부터 빌리는 것

세상의 쾌락을 즐기면서 하나님을 섬기지 않거나 계명을 지키지 않는 사람은 하나님으로부터 빌리기만 하고 갚지 않는다고도 말할 수 있다. 그 결과, 양심의 괴롭힘을 당할 수도 있고, 그것의 살을 찌르는 고통으로부터 자신을 보호하기 위하여 하나님의 존재 자체를 부정할 수도 있다. 하나님이 존재하지 않는다면 섬길 의무도 없기 때문이다!

왜 하나님을 '마콤(מָקוֹם)'이라 부르는가?

본 미쉬나에서 하나님을 부르는 호칭은 '마콤'(문자적으로 '장소')이다. 이는 '하나님은 세상의 어느 장소에나 계시지만, 세상은 그분이 머무시는 장소가 아니다'라는 현인들의 가르침과 연관이 있다(라쉬, 라베이누 이쯔하크 벤 랍비 슐로모). 이는 다른 말로, 하나님의 거룩한 존재가 머물기에 이 세상은 충분히 넓지 않다는 것이다. '하나님이 참으로 땅에 거하시리이까 하늘과 하늘들의 하늘이라도 주를 용납하지 못합니다.'(왕상 8:27)

또한 야곱이 '한 곳에 이르러는'(창 28:11)이라고 말하는 구절에서 하나님이 같은 형식으로 언급된 것을 볼 수 있다. 이는 현인들이 언급했듯이, 그가 세상의 장소이시고, 존재의 근본이신 하나님을 만났다는 뜻이다(예루살미, 마코트). 하나님은 모세에게 '내 곁에 한 장소가 있으니'(출 33:21)라고 말씀하셨다. 즉, 이 세상은 하나님의 곁에 있는 대리자라는 것이다.

하나님을 장소로 말하는 것은 숫자로 말할 수도 있다. 테트라그라마톤(Tetragramatton, 성스러운 네 글자 이름)의 각 글자의 숫자를 곱하면 186이 된다. 이는 장소를 뜻하는 '마콤'이라는 단어의 수와 일치한다(테트라그라마톤의 네 글자는 요드[Yud, 10], 헤이[Hei, 5], 바브[Vav, 6], 그리고 헤이[Hei, 5]이다. $10^2+5^2+6^2+5^2=186$). 또한, 하나님의 이름 '엘'(El)을 6으로 곱하면(세상의 여섯 방향) 186이 된다.

랍비 엘아자르는 말한다. "악한 마음"

람밤은 악한 마음을 가장 경멸스러운 자질로 기술했다. 선한 마음이 사람의 선함을 뒤에서 밀어주는 힘인 것과 같이, 악의 추진력 또한 부패한 마음 안에 있다. 선한 마음이 사람의 인생을 긍정적인 정신으로 받아들이는 자질이지만 악한 마음은 손해를 보거나 기대가 좌절될 때 적개심을 품는 것으로 받아들이는 자질이다. 악한 마음을 가진 사람은 고통과 분노, 원한으로 인해 캄캄한 절벽을 마주하는 삶을 살며, 하늘에 대한 인식을 닫아버린 채 주변에 있는 모든 사람들에게 해로운 영향을 끼친다.

악에서 돌아서는 것과 선한 행위를 하는 것 중에 어느 것이 앞서는가?

라반 요하난은 먼저 제자들에게 선함을 찾고 그 다음 악을 찾으라고 했다. 하지만 이 견해는 다윗 왕의 권면과는 반대이다. 다윗 왕은 '악을 버리고 선을 행하며 화평을 찾아 따를지어다.'(시편 34:14)라고 악에서 돌아서는 것을 먼저 언급했다. 이 명확한 대립은 미쉬나의 다른 곳에서도 등장한다. 토라는 소타(sotah)의 법을 먼저 보여주고 그 다음에 나지르(nazir) 법을 보여준다. 현인들의 가르침에 의하면, 이는 부끄러운 일을 했을 때, 소타를 먼저 보는 사람은 포도주를 멀리할 것을 맹세해야 한다는 것이다(베라호트 63a, 나지르 2a). 즉, 먼저 소타에서 규정하는 악에서 돌아서야 하고, 그 다음에야 나지르에서 권하는 선함으로 나아가야 한다는 것이다.

그러나 랍비 예후다 하나시가 미쉬나를 하나로 통합할 때, 그는 소타에 관한 문헌을 나지르에 관한 문헌 '앞'이 아니라 '뒤'에 놓았다. 이 순서에 대한 랍비 이쯔하크 메이르 로텐베르그 알테르(히두셰이 하림)의 설명은 본 미쉬나에 대한 우리의 질문에 대한 답을 변칙적으로 제공해준다.

랍비 알테르는 미쉬나가 편집될 때(제2성전의 파괴 이후), 유대 민족의 악한 성향에 대한 취약함이, 먼저 악을 정화하고 그 다음에 순수한 선함을 계발해야 한다는 원래 계획을 방해한 것은 명확하다. 유대인들은 결국 실패했고, 그리고 그것과 함께 본래의 이상향 또한 실패했다.

군대가 적이 예상할 수 없는 새로운 전략으로 대응하듯이('너는 전략으로 싸우라'[잠 24:6]), 유대민족 또한 자신들의 전략을 바꿔야 한다. 이제부터 그들은 선함을 먼저 행하여 악한 성향을 밀어내고 약화시켜 순하게 만든 다음에야 악한 성향을 완전히 근절시키는 일로 돌아서야 한다. 그래서 라반 요하난은 선을 행하는 질문을 먼저 다루고 그 다음에야 악을 제거하기 위한 질문을 다루었던 것이다.

미쉬나 15절 משנה טו

הֵם אָמְרוּ שְׁלֹשָׁה (שְׁלֹשָׁה) דְבָרִים.
רַבִּי אֱלִיעֶזֶר אוֹמֵר,
יְהִי כְבוֹד חֲבֵרְךָ חָבִיב עָלֶיךָ כְּשֶׁלָּךְ,
וְאַל תְּהִי נוֹחַ לִכְעֹס. וְשׁוּב יוֹם אֶחָד לִפְנֵי מִיתָתְךָ.
וֶהֱוֵי מִתְחַמֵּם כְּנֶגֶד אוּרָן שֶׁל חֲכָמִים,
וֶהֱוֵי זָהִיר בְּגַחַלְתָּן שֶׁלֹּא תִכָּוֶה,
שֶׁנְּשִׁיכָתָן נְשִׁיכַת שׁוּעָל, וַעֲקִיצָתָן עֲקִיצַת עַקְרָב,
וּלְחִישָׁתָן לְחִישַׁת שָׂרָף, וְכָל דִּבְרֵיהֶם כְּגַחֲלֵי אֵשׁ.

그들은 각각 세 가지 가르침에 대해 말했다.

랍비 엘리에제르가 이르기를:

네가 존경 받기를 원하는 것만큼 네 동료를 존경하라.

쉽게 화를 내지 말라.

네가 죽기 하루 전에 회개하라.

현인들의 불 가까이서 몸을 녹여라, 하지만 그들의 숯불에 타지 않도록 조심하라.

그것의 아픔은 여우가 이빨로 물어뜯는 것과 같고,

그 따끔함은 전갈이 쏘는 것과 같고,

그 독은 독사의 독과 같고, 그들의 모든 말은 불타는 숯과 같다.

미쉬나 15절

랍비 엘리에제르의 칭호들

랍비 엘리에제르는 '위대한 랍비 엘리에제르'로 알려져 있는데, 이는 그가 스승에게서 들은 것만 가르치고자 했던 겸손함에 대한 찬사이다. 또한 그는 '나는 모른다'(예루샬미, 네다림, 10장의 마지막 부분)라고 인정하는 것을 망설이지 않았다. 또한 그는 랍비 엘리에제르 샤무시(Shamusi, 샤보트 130a)로도 불렸다. 토사포트는 예루샬미의 가르침을 인용하여, 랍비 엘리에제르가 샴마이의 관점에 맞춰 할라하를 결정했다고 설명한다. 하지만 라쉬는 이 칭호가 아람어 샴타(Shamta)의 뜻인 '파문당하다'를 의미한다고 했다. 이는 랍비 엘리에제르가 훗날 동료 현인들에 의해 파문당했기 때문이다.

아흐나이(Achnai)의 오븐

가장 위대한 현인들 가운데 많은 이들이 랍비 엘리에제르를 자신의 스승으로 여겼다. 다음 이야기에서 그가 얼마나 높은 평판을 받는지 알 수 있다.

어느 날, 랍비 엘리에제르가 병에 걸렸을 때, 랍비 타르폰, 랍비 여호수아, 랍비 엘아자르 벤 아라크, 그리고 랍비 아키바의 병문안을 받았다.

랍비 타르폰은 "당신은 유대인들에게 내리는 비보다 더 유익한 사람입니다. 비는 현세에서만 이로움을 주지만, 당신은 현세는 물론 내세에서도 우리에게 이로움을 주시는 분입니다"라고 말했다.

랍비 여호수아는 "당신은 유대인들에게 태양보다도 더 나은 사람입니다. 태양빛은 오직 현세에서만 우리를 비춰주지만, 당신은 현세는 물론 내세에서도 우리를 비춰주시는 분입니다"라고 말했다.

마지막으로 랍비 엘아자르 벤 아라크는 "당신은 유대인들에게 부모보다도 더 좋은 사람입니다. 부모는 오직 현세의 생명만 주실 뿐이지만, 당신은 현세는 물론, 내세의 생명까지도 주시는 분입니다" 라고 말했다(산헤드린 101a).

그러나 언젠가 현인들은 랍비 엘리에제르의 가르침이 틀렸다고 확신하여 그와 격렬한 논쟁을 벌였다. 그가 대다수의 의견을 받아들이길 거부했을 때 그들은 결국 랍비 엘리에제르를 추방했다.

어떻게 이런 일이 일어나게 되었는가?

성전이 파괴된 후에 랍비 엘리에제르는 산헤드린이 추방될 때 함께 야브네로 왔고, 그곳에서 그는 지도자 현인들 가운데 하나로 사역했다. 모든 중요한 할라하 질문은 산헤드린으로 가져왔고, 그곳에서는 백성들이 할라하에 대한 통일된 견해를 따르길 원했다. 당시 산헤드린의 나시는 라반 감리엘이었으며, 그는 랍비 엘리에제르의 처남이었다.

이때 아흐나이의 오븐 사건이 일어났다(바바 메찌아 59a-b). 산헤드린은 다음의 질문을 받게 되었다. 마치 7단을 쌓은 케이크와 같이 평평한

벽돌과 흙으로 만들어진 오븐이 있었다. 이 오븐이 하나의 기기로 간주되어 현인들이 논쟁하는 것과 같이 제의의 부정함을 초래하게 하는 것으로 볼 것인가? 아니면 랍비 엘리에제르가 주장하듯이 분해된 도구로서 제의적인 부정함을 만들어낼 수 없는 것으로 고려되어야 하는가?

이 질문은 악명 높은 사건으로 번져 소위 아흐나이의 오븐으로 알려졌는데, 아흐나이는 아람어로 '뱀'이라는 뜻을 가지고 있다. 이 사건이 그렇게 불리게 된 이유는 뱀이 자기 꼬리를 물듯이 반복적으로 논의되었기 때문이다.

랍비 엘리에제르는 자신의 주장을 변호하기 위해 하루 종일 최선을 다했지만, 다른 현인들은 그의 모든 주장을 무효화했다. 하지만 랍비 엘리에제르는 자신의 뜻을 굽히지 않고, 자신의 주장을 지지하기 위해 담대하게 세 가지 초자연적인 현상을 호소했다.

먼저 그는 "할라하에 대한 내 견해가 정확하다면, 이 캐럽(carob)나무가 확인하게 하라"라고 말했다. 이때, 그 캐럽나무가 100큐빗을 움직였다고 한다(400 큐빗이라고 하는 사람들도 있다). 그러나 현인들은 아무렇지 않게 "우리들은 캐럽나무의 증거는 받아들일 수 없다"라고 대답했다.

랍비 엘리에제르는 "할라하에 대한 내 견해가 정확하다면, 이 수로가 확인하게 하라"라고 다시 한 번 외쳤다. 이때, 마치 홍해가 모세를 위해 갈라지고, 여호수아를 위해 요단 강이 밀려나듯이 수로가 거꾸로 흘렀다고 한다. 그래도 현인들은 여전히 아무런 감명도 느끼지 못한 채 "우리는 수로의 증거도 받아들이지 않는다"라고 대꾸했다.

랍비 엘리에제르는 "할라하에 대한 내 견해가 정확하다면, 학당의 벽들이 확인하게 하라", 라고 또 다시 외쳤다. 이때, 벽들은 쓰러질 듯이 기울어졌다. 하지만 랍비 여호수아 벤 하나니아는 "토라 현인들이 할라하에 대해 논하고 있다면 네 관심사는 무엇인가?"라고 반박했다. 랍비 여호수아에 대한 존경으로 벽들은 떨어지지 않았지만, 랍비 엘리에제르에 대한 존경으로 똑바로 서진 않고 비뚤어지게 서 있었다.

그러나 랍비 엘리에제르는 실망하지 않았다. 오히려 그는 "할라하에 대한 내 견해가 정확하다면, 하늘이 확인하게 하라"라고 당당하게 말했다. 그러자 하늘에서 '하나님의 음성'(바트 콜[bas kol])이 들려왔다. "할라하는 언제나 그의 견해를 따르는데, 왜 랍비 엘리에제르와 말다툼을 하느냐?"

그럼에도 불구하고 랍비 여호수아는 일어나 "하늘에 있는 것이 아니니"(신 30:12)라고 말했다. 랍비 이르미야는 토라가 시내 산에서 주어진 이후에 현인들이 할라하를 결정할 때 그들은 바트 콜을 포함하지 않으며, 이는 토라가 '다수를 따라 악을 행하지 말며 송사에 부당한 증언을 하지 말며'(출 23:2)라고 명령하기 때문이라고 했다. 현인들은 결국 랍비 엘리에제르의 견해를 거부했다.

당시 엘리야후 하나비와 현인 랍비 노손의 대화에서, 노손은 엘리야후 하나비에게, "거룩하시고 복되신 하나님이 어떻게 이 모든 것에 응답하셨습니까?"라고 물었다. 엘리야후는 "하나님은 기뻐하시며 말씀하시길, '내 아이들이 나를 이겼구나!'라고 응답하셨다"고 말했다.

랍비 엘리에제르의 파문

그러나 랍비 엘리에제르가 자신의 견해를 철회하지 않았기 때문에 사건은 끝나지 않았다. 현인들은 토라 지도자들의 견해가 통일되지 않으면, 그들의 논쟁이 유대인 민족의 분열로 이어질 것이라 생각하여 두려위했다. 따라서 그들은 즉각적으로 단호한 조치를 내렸다.

탈무드에 의하면, 바로 그날, 그들은 랍비 엘리에제르의 관점을 공식적으로 반박하기 위해 그가 제의적으로 순수하다고 말한 물건들을 모두 모아 불태웠다. 그러나 랍비 엘리에제르는 합의로 결정되는 것은 진리가 아니라고 믿었기 때문에 그들의 판결을 받아들이지 않았다. 현인들은 그가 자신들과 하나가 되지 않을 것을 알았기 때문에 그를 파문시키는 것 외에 다른 방법이 없다는 데에 의견의 일치를 이루었다. 파문이 결정되자 그들은 딜레마에 빠졌다. 누가 감히 당대의 토라 지도자인 랍비 엘리에제르의 파문을 당사자에게 말할 수 있겠는가?

이때, 랍비 엘리에제르의 제자인 랍비 아키바가 앞으로 나서서, "만약 그의 슬픔이 제어할 수 없을 정도로 깊어진다면, 그는 세상을 파괴할 것입니다"라고 했다. 이는 랍비 엘리에제르가 강력한 하나님의 사람이기 때문에, 그의 개인적인 감정들이 세상에 재앙과 같은 부정적인 영향을 줄 수도 있었기 때문이었다.

랍비 아키바는 검은색 옷을 입고 검은색으로 몸을 감싼 다음, 랍비 엘리에제르의 앞에 4큐빗의 거리를 두고 앉았다(파문당한 사람 앞에서 4큐빗 이내에 앉아서는 안 되었다). 랍비 엘리에제르는 "아키바, 오늘은 왜 이리 행동하느냐?"라고 물었다. 랍비 아키바는 "레베시여, 제가 보기엔 당신 동료들이 당신에게서 떠난 것 같습니다"라고 대답했다.

랍비 엘리에제르는 그의 말을 이해했다. 그는 애곡하는 사람처럼 옷을 찢고 신발을 벗고 바닥에 앉았다. 그가 울기 시작하자, 그 즉시로 그해의 올리브, 밀, 귀리 수확량의 1/3이 파괴되었다. 어떤 사람들은 여인들이 치대고 있던 밀가루 반죽이 도중에 상했다고도 한다. 그러나 그것이 전부가 아니었다. 그날 랍비 엘리에제르가 바라보는 것은 모두 불타버렸다. 또한 폭풍이 라반 감리엘이 타고 있던 배를 가라앉힐 정도로 거세게 몰아쳤다. 라반 감리엘은 이 일이 랍비 엘리에제르 때문에 일어났다는 것을 깨달았다. 그는 일어나 "세상의 주인이시여, 당신께서는 제가 제 자신의 명예나 아버지의 부(富) 때문에 랍비 엘리에제르를 파문하지 않았다는 것을 알고 계십니다. 이는 오직 당신을 위하여, 유대민족이 분열로 인해 고통 받지 않도록 하기 위함이었습니다"라고 기도하자, 폭풍이 잠잠해졌다. 랍비 엘리에제르는 야브네를 떠나 로드(Lod)로 갔고, 그는 그곳에서 남은 생애를 보냈다.

그러나 이것이 이야기의 끝이 아니다. 랍비 엘리에제르의 아내인 임마 샬롬(Imma Shalom)은 남편의 위대한 영적인 힘에 대해 인식하고 있었고, 그의 슬픔이 하늘에 큰 영향을 미칠 것이라는 점을 알았다. 그래서 그날 이후로 남편이 자신의 비극을 생각하지 못하도록 절대로 '네필라트 아파임'(Nefilas Apayim)을 낭송하지 못하게 해달라고 하나님에게 기도했다. 이는 그녀의 오빠인 라반 감리엘을 위험에 처하게 할 것이기 때문이었다.

그러나 어느 날, 그녀는 그날이 달의 첫 날이며 네필라트 아파임을 낭송하지 않는 '로쉬 호데쉬'(Rosh Chodesh)'라고 착각하였다. 그날 그녀는 남편이 네팔라트 아파임을 낭송하는 것을 막지 못했고, 그녀는 쓰러져서 울었다. 어떤 사람들은 이 사건이 다소 다르게 일어났다고 말한다. 임마 샬롬이 남편이 네필라트 아파임을 낭송하지 못하게 막으려고 하는데, 가난한 사람이 그들의 집을 방문했다. 그녀는 그에게 먹을 것을 가져다주려고 안으로 들어갔다. 그녀가 음식을 가지고 돌아왔을 때, 남편이 네필라트 아파임을 낭송하고 있는 것을 보았다. 임마 샬롬은 "일어나세요! 당신은 제 형제를 지금 막 죽이셨습니다!"라고 외쳤다.

바로 얼마 뒤 라반 감리엘이 죽었다는 소식이 들려왔다. 랍비 엘리에제르는 아내에게 어떻게 그가 죽었다는 것을 알았는지 물었다. 그녀는 "친정에 전해 내려오는 이야기가 있는데(그녀는 다윗 왕가의 후손이다) 모든 하늘의 문이 닫혀있어도 상처받은 마음의 문은 항상 열려있다고 했거든요"라고 대답했다.

"그들은 각각 세 가지 가르침에 대해 말했다"

미쉬나는 라반 요하난의 수제자들이 각각 가장 좋아하는 세 가지 가르침이 있다고 말하지만, 랍비 엘리에제르는 네 가지를 제시한다. 메이리는 '세 가지'의 의미를 '최소한 세 가지'라는 뜻으로 설명했다.

다른 이들은 미쉬나가 본래 랍비 엘리에제르의 첫 세 가르침만을 나열했는데, 후에 레베 예후다가 마지막 가르침을 목록에 더했다고 한다. 이 주장에 대한 근거는 아보트 데랍비 노손에 기록된 평행구절에서도 확인할 수 있다. 그곳에서는 랍비 엘리에제르의 첫 세 가르침에 대해 한 장(Chapter) 전체를 할애했고, 그 다음에 네 번째 가르침을 더하면서 처음에는 다른 사람의 이름으로 언급했다가 몇 세대를 거슬러 랍비 엘리에제르까지 올라갔다는 것이다.

레베 예후다 하나시가 네 번째 가르침을 더했다고 추정할 때, 그는 왜 그렇게 했는가? 이 미쉬나의 또 다른 해석인 '네 제자를 같은 존경으로 대하라'고 하는 것에서 그 답을 추정할 수 있다. 랍비 엘리에제르는 첫 번째 가르침에서 제자에 대해 이야기하고 있었기 때문에 스승과 제자 사이의 관계에 대한 구절보다 더 잘 어울리는 부록이 없었다.

분노와 무례함 사이의 연관성

그러나 라쉬와 바르테누라의 랍비 오바댜는 이 미쉬나에는 오직 세 가지 가르침만 있다고 반박한다. 왜냐하면 첫 번째 가르침은 다른 이들을 존경하라는 훈계와 쉽게 화를 내서는 안 된다는 경고를 둘 다 포함하고 있기 때문이다. 이 둘 사이의 연관성은 유기적이며 직관적으로 이해할 수 있다. 분노는 다른 사람들을 모욕하기 쉬우며, 그들이 받아야 할 존경을 빼앗아 버린다.

이와는 달리, 미드라쉬 슈무엘은 다른 사람들을 존경하지 않고 오히려 멸시하고 조롱한다면, 또한 자신을 제외한 모든 사람이 자신의 욕구를 채워주기 위해 창조되었다고 느낀다면, 그리고 결국 자신의 욕망들이 채워지지 않는다면, 그에게는 오직 좌절로 인한 절망과 분노만 남게 될 것이 분명하다고 말한다.

다른 사람들을 존경하게 되고, 자기중심적인 이기심에서 벗어나서 다른 사람들을 자신의 욕망을 위한 도구로 여기지 않을 때에야 비로소 분노를 넘어설 수 있을 것이다.

"네가 존경 받기를 원하는 것만큼 네 동료를 존경하라"

토라는 '네 이웃 사랑하기를 네 자신과 같이 사랑하라'(레 19:18)고 명령한다. 하지만 이 고귀한 단계에 오기 전에 먼저 중간에 있는 목표들을 성취해야 한다. 그 가운데 하나는 다른 사람들이 나를 해치지 않는 것을 원하듯이 나 역시 그들에게 해를 끼쳐서는 안 된다는 것이다. 힐렐은 "네가 하고 싶지 않은 것은 남에게도 시키지 말라. 이것이 토라 전부이다"(샤보트 31a)라고 가르쳤다. 또한 랍비 엘리에제르는 다른 사람들이 나의 자아를 걱정하듯이, 나 또한 그들의 자아를 걱정하라고 말한다.

람밤은 "모든 사람은 자신을 사랑하듯이 다른 모든 유대인을 사랑할 의무가 있으며 … 타인에 대해 좋게 말해 주어라. 네가 네 돈을 아끼듯이, 타인이 그 자신의 돈을 낭비하지 않도록 도와라. 또한 이러한 가르침은 명예에 관한 것에도 적용된다. 다른 사람을 부끄럽게 하여 명예를 얻은 사람은 내세에 보상을 받을 수 없을 것이다"라고 주장했다.

현인들은 "단 한 분야에서라도 자신보다 뛰어난 사람을 안다면, 그를 존경해야 한다"(페사힘 113b)라고 가르쳤다. 그렇게 되기를 원한다면 랍비 엘리에제르가 앞선 미쉬나(13절)에서 칭찬한 '선한 눈'을 가지고 있어야 한다.

다른 사람들이 받는 영광에 기뻐하라

혹자는 '네가 존경 받기를 원하는 것만큼 네 동료를 존경하라'는 말이, 다른 사람이 영광을 받는 것을 보게 된 상황을 두고 말한 것이라고 주장한다. 즉, 다른 사람이 영광을 받게 되었을 때, 질투와 같은 어떤 성향도 초월하여 마치 자신이 영광을 받을 것처럼 기뻐해야 한다는 것이다.

이를 성취하기 위해서는 모든 유대인을 형제로 여겨 그들의 성공에서 기쁨을 얻어야 하며, 그의 성공이 나에게 손해가 되지 않는다는 것을 깨달아야 한다. 모든 개인은 자신이 마땅히 받아야 할 것을 받을 것이고, 그의 성공을 위해 다른 사람들의 성공을 빼앗지는 않을 것이다. '다른 사람을 위해 준비된 것은 그 누구도 건드릴 수 없다'(쉬르 하쉬림 라바 3:5).

다윗 왕은 '보라 형제가 연합하여 동거함이 어찌 그리 선하고 아름다운고, 머리에 있는 보배로운 기름이 수염, 곧 아론의 수염에 흘러서 그의 옷깃까지 내림 같고'(시 133:1-2)라고 기록했다. 여기서 '수염'이 반복되는 것은 무엇 때문인가? 현인들은 조금은 과장스럽게 "아론에게 수염이 두 개가 있었나?"라고 물었다. 그들은 "모세가 아론의 머리에 부은 기름이 아론의 수염을 타고 흐르는 것을 보았을 때, 기름이 모세 자신의 수염에 흐르는 것처럼 기뻐했다"라고 대답했다(바이크라 라바 3:6).

온화한 시선을 가꾸어라

사람들은 자신들에 대한 칭찬을 당연하게 받아들이며, 심지어는 이러한 존경의 표시들이 그들의 진정한 가치를 인식하지 못한 것이라고 여기기까지 한다. 그래서 다른 사람들이 칭찬을 받으면, 그들을 의심의 눈초리로 쳐다본다.

일부는 랍비 엘리에제르가 바로 이러한 상황에 대해 언급한 것이라고 말하며(미드라쉬 슈무엘 참조), 다른 사람이 영광을 받는 것을 보게 된다면 그는 마땅한 보상을 받은 것이며, 그에 더하여 그의 공로는 그 가치가 훨씬 더 큰 것이라 생각해야 한다고 조언했다.

***

이와는 달리, 어떤 사람이 비난을 당하고 있다면, 자신이 중상모략을 당했을 때 처리하기 위해 노력하는 것처럼 신속하게 그를 변호해야 한다(미드라쉬 슈무엘).

이는 '쉽게 화를 내지 말라'는 구절 뒤에 왜 이 구절이 오는지를 설명해

준다. 다른 사람들에 대한 불평등에 반박할 때 화를 내서는 안 된다. 다른 사람들을 돕는 계명은 불필요한 논쟁적인 결과에서 나온 것이 아니다.

칭찬에 대한 태도

랍비 슈무엘 할레비 호로위츠(Shmuel Halevi Horowitz, 레베 랍비 슈멜케[Shmelke]로 잘 알려져 있다)는 그의 형제 랍비 핀하스 호로위츠(Pinchas Horowitz, 하플라아[Haflaah]의 저자)와 함께 메제리치의 마기드의 제자들 가운데 하나로 알려져 있다. 두 형제는 저명한 토라 학자들이었고, 두 곳의 중요한 유대인 공동체(프랑크푸르트[Frankfurt]의 랍비 핀하스와 니콜스부르크[Nikolsburg]의 랍비 슈멜케)에서 랍비로 섬기도록 초청받았다.

랍비 슈멜케가 처음 니콜스부르크에 왔을 때, 시민들은 그를 맞이하기 위해 도시 밖으로 마중을 나왔다. 그 지역의 장관과 함께 랍비 슈멜케를 맞이한 시민들은 도시의 중심에 있는 커다란 학당 겸 예배당으로 그를 데려갔다. 그는 그곳에서 공식적으로 임명장을 받고, 첫 연설을 할 예정이었다.

랍비 슈멜케는 행사가 시작되기 전에 자신의 개인 집무실로 안내해 달라고 부탁했다. 사람들은 랍비 슈멜케가 여행의 고됨 때문에 쉬거나 연설을 준비할지도 모른다고 생각하여 그의 요청에 기꺼이 응했다.

마을 주민들 가운데 하나가 호기심을 감추지 못하고 방 안을 들여다보았다. 놀랍게도 랍비 슈멜케는 텅 빈 방 안에서 "어서 오세요, 위대한 랍비시여, 당대의 지도자 한 분이 저희와 계시니 영광스럽습니다. 우리의 스승이자 주인이시여, 자리에 앉으십시오" 등을 혼잣말로 하고 있었다.

랍비 슈멜케가 방에서 나왔을 때, 이 호기심 많은 유대인은 그에게 다가가 실례를 무릅쓰며 방금 전 집무실에서 한 행동에 대해 물어보았다.

랍비 슈멜케는 "예배당에 들어서면 크나큰 영광과 찬사들이 제 머리 위로 쌓일 것이라고 생각했습니다. 제가 자만심에 빠질까 두려워 제 자신을 보호하기로 결심했습니다"라고 대답했다.

이어서 "사람들이 저에게 뭐라고 말할지 생각하고, 그 말들을 크게 말해보고, 그리고 그 말들이 저의 정체성을 바꿀 수 있는지 자문해 보았습니다. 하지만 그 대답은 '아니다, 단지 그것은 소리였을 뿐이다'라는 것이었습니다. 이 말들을 크게 말하여 제 자신이 들었기 때문에, 저는 다른 사람들이 같은 말을 해도 감정적으로 반응하지 않을 것입니다"라고 덧붙였다.

또한 미쉬나의 지침인 '네가 존경 받기를 원하는 것만큼 네 동료를 존경하라'는 의미는 문자 그대로 '네 동료의 영광을 네 자신의 영광과 같이 중요하게 여기라'고도 읽을 수 있다. 그리고 이는 '네 동료가 너에게 내려준 영광이 네가 네 자신에게 내려줄 영광만큼 의미 있게 하라'라고 해석할 수도 있다.

"쉽게 화를 내지 말라"

분노는 사람을 동요시켜 생각 없이 행동하게 하며, 공격적인 행동을 취하도록 만든다. 라베이누 요나는 사람이 쉽게 분노한다는 것을 알고 있는 지혜로운 사람이라면, 자신의 인격을 완성하기 위해 최선의 노력을 다할 것이며, 설사 그가 분노를 발하더라도 곧바로 그 분노를 누그러뜨릴 수 있을 것이라고 말했다.

솔로몬 왕도 '급한 마음으로 노를 발하지 말라. 노는 우매한 자들의 품에 머무름이니라'(전 7:9)고 말했다. 분노는 매 순간마다 터져 나올 듯이 위협하는 동반자가 될 것이다. 하시드 야베쯔는 '우매한 자들의 품에 머무른다'라는 구절을 다르게 설명한다. 즉, 어리석은 자는 자신의 분노가 곪도록 하여 조절할 수 없는 증오와 함께 폭발하도록 만든다는 뜻이라고 한다.

분노가 허용될 때가 있는가?

람밤은 그의 힐호트 데이오스(1:4)에서 "사람이 쉽게 화를 내서는 안 되지만, 도발적인 행동에 무조건 반응을 보이지 않는 것도 잘못이다. 중요한 사항과 연관되어 있다면, 분노를 발해서라도 그러한 사건의 재발을 방지해야 한다"(ibid. 1:4)라고 했다. 미쉬나 또한 '쉽게 화를 내지 말라'에서 알 수 있듯이 분노를 완전히 없애라고 하는 것은 아니다. 그러나 더 나아가면, 람밤은 "화가 나지 않도록 자신을 다스려야 하며, 진정 화를 내어야 할 주제에 대해서도 참을 줄 알아야 한다"라고 가르쳤다.

이 두 입장 사이의 대립은 람밤이 가장 이상적인 단계를 말한다고 가정할 때 해결된다. 때에 따라서는 분노를 나타내야 한다. 하지만 자신의 감정에 사로잡히지 않고 분노를 낼 수 없다면, 그 분노 자체를 피하는 것이 좋다.

미드라쉬 슈무엘은 분노를 소금과 같다고 표현했다. 적당한 양의 소금은 음식을 맛있게 하지만, 너무 많으면 음식이 짜서 먹을 수 없게 하고 너무 적으면 싱겁고 맛없게 만든다.

"네가 죽기 하루 전에 회개하라"

랍비 엘리에제르의 제자들이 '네가 죽기 하루 전에 회개하라'는 교훈에 대해 들었을 때, 그들은 "자신이 죽을 날을 알 수 있습니까?"라고 되물었다. 이에 랍비 엘리에제르는 "알 수 없다. 내일이 네 마지막일지 모르니 매일 회개해야 한다"라고 훈계했다(샤보트 153a, 아보트 데랍비 노손의 15장 마지막 부분). 그리고 그는 다음의 우화를 들어 이 개념에 대해 설명했다.

옛날 옛적에 어떤 왕이 신하들을 만찬에 초대했는데, 시간을 알려주지 않았다. 지혜로운 신하들은 "왕께서 무엇이 부족하신가? 궁전에는 모든 것이 준비되어 있고, 왕은 언제든 우릴 부를 수 있을 것이다"라고 자문자답했다. 그래서 그들은 가장 좋은 옷을 입고 왕의 부름을 기다렸다. 반면, 어리석은 신하들은 "준비 없이 만찬이 있을 수 있겠는가?"하며, 식사가 준비되는 모습도 보이지 않고 초대장조차 받지 않았기 때문에 아직 시간이 많이 남았다고 생각하여 다른 일을 하고 있었다.

갑자기 왕이 신하들을 만찬에 불렀다. 지혜로운 신하들은 가장 좋은 옷을 입고 왕의 앞에 설 준비가 되어 있었기 때문에 곧바로 만찬에 참석할 수 있었다. 하지만 어리석은 신하들은 때 묻은 작업복 차림으로 만찬장에 들어왔다. 왕은 지혜로운 신하들을 보고 기뻐하며 음식을 먹도록 허락했으나, 어리석은 신하들에게는 서서 구경이나 하라고 했다.

이 우화가 뜻하는 바는 결국 우리 모두는 죽게 된다는 것이다. 이때 지혜로운 자들은 '네 의복을 항상 희게 하며'(전 9:8)와 같이 언제나 내세를 위한 준비가 되어 있기 때문에 보상을 받을 것이다. 하지만 어리석은 자들은 분명치 않은 보상을 위해 그들의 시간을 사용하며, 나이가 들기를 기다려 그때서야 회개하고, 하나님을 섬기며, 토라를 배우려고 한다면, 그는 다른 사람들이 받는 보상을 쳐다보는 구경꾼밖에 안 될 것이다.

딱 하루

왜 랍비 엘리에제르는 '네가 죽기 하루 전에'라고 말하고, '네 죽음 전에'라거나 '오늘 회개하라'라고는 하지 않는가?

메즈보즈의 랍비 모르데하이 메이켈(R'Mordechai Meikel of Mezhbozh)은 그의 '미쉬브레이 얌'(Mishb'rei Yam, 미마야노스 하네짜흐에서 인용)에서, 사람이 다른 세계로 와서 의인들이 받는 보상과 악인들이 받는 심판을 보게 되면, 그는 '딱 하루'만 현세로 돌아가서 자신의 잘못을 회개할 수 있는 기회를 달라고 탄원할 것이라고 말한다. 랍비 엘리에제르는 바로 그 하루를 바로 지금 경험하고 만들어야 한다는 것이다.

한 시간 안에 내세를 얻은 사람

현인들은 죽음 한 시간 전에 회개할 수도 있다고 말한다. 하지만 그토록 늦은 마음의 변화에 어떤 가치가 있겠는가?

라베이누 바흐야는 그의 '호보트 할레바보트'(Chovos Halevavos, 샤아르 하테슈바[Shaar Hateshuvah], 마지막 부분)에서 다음의 우화를 들었다.

어떤 부유한 사람이 금화가 가득 찬 자루를 들고 넓은 강을 건너려고 강가에 서 있었다. 그는 강의 흐름을 막을 수 있을까 하여 금화를 강 속으로 던졌다. 마침내 금화가 한 닢 밖에 남지 않게 되었다.

그때 그는 뱃사공을 발견하고 울면서 그에게 달려가 "내가 가진 것을 받고 강 건너로 데려다 주시오"라고 애원했다. 그는 마지막 남은 금화를 뱃사공에게 주고 강을 건너 반대편으로 갈 수 있었다.

우리들 또한 많은 양의 금화, 즉 우리에게 주어진 삶의 많은 날들을 가지고 있다. 우리는 그 날들을 분별하지 못하고 어리석게 낭비할지도 모른다. 그러나 단 하나의 금화, 즉 단 하루만 남아있더라도 그것을 지혜롭게 쓸 수 있다. 회개는 삶과 죽음을 갈라놓은 강을 건너 데려다 줄 것이고, 하나님은 우리를 용서하고 구원해주실 것이다.

"현인들의 불 가까이서 몸을 녹여라"

토라는 빛과 온기의 근원인 불로 비유된다. '여호와께서 시내 산에서 오시고 … 그의 오른손에는 그들을 위해 번쩍이는 불이 있도다'(신 33:2). 이 미쉬나는 현인들이 토라의 불을 몸 속에 품고 그 빛을 밖으로 비추기 때문에 그들을 불로 비유했다.

그리고 이 미쉬나는 우리에게 '현인들의 불 가까이서 몸을 녹여라'라고 말하고 있다. 즉, 현인들 가까이 가서 그들에게 배우라고 말하는 것이다. 많은 주석가들은 불의 빛뿐만 아니라, 그 열기로 몸을 따뜻하게 덥혀야 하기 때문에 현인들 가까이 다가가야 한다고 강조한다. 우리는 현인들에게 가까이 다가가 그들의 유익한 영향을 받아 따스함을 느끼기 위해 그들의 주변에 살아야 한다. '토라의 섬김이 그 연구보다 더 위대하다'(베라호트 7b). 그럼에도 불구하고, 우리가 현인들 가까이 있다고 해도 그들에 대한 경외심을 잊어버려서는 안 된다. 이는 무례함으로 이어질 수 있기 때문이다.

'그러나 그들의 숯불에 타지 않도록 조심하라'

미쉬나는 현인들을 불로 비유하는 것으로 시작하나 빛나는 숯으로 끝을 맺는다. 왜 그런가?

현인들은 빛과 열기의 원천인 토라의 불을 몸 안에 품고 있다. 게다가, 그들은 숯의 특성도 가지고 있다. 숯은 생명이 없는 것처럼 보이지만, 그 안에 불이 타오르고 있다. 학자를 모욕하는 사람은 학자가 그를 용서하더라도 결국 고통을 겪게 될 것이다. 현인의 불은 항상 눈에 보이는 것은 아닐지라도, 그것에 손을 대는 사람은 화상을 입을 것이다.

'그것의 아픔은 여우가 이빨로 물어뜯는 것과 같고, 그 따끔함은 전갈이 쏘는 것과 같고, 그 독은 독사의 독과 같고, 그들의 말은 불타는 숯과 같다'

왜 미쉬나는 현인들의 비난에 대해 세 가지(여우, 전갈, 뱀) 비유를 거론하는 것일까?

작고 날카로운 이빨을 가진 여우가 양의 목덜미를 물고 가만히 있으면 거의 고통이 없다. 하지만 여우가 양을 문 채로 움직이면 비로소 양은 예리한 고통을 느끼게 된다. 여우의 이빨이 안으로 휘어져있어 살 속으로 파고 들어가기 때문이다. 이와 유사하게, 토라 학자를 모욕한 사람은 그 즉시 어떠한 해로운 영향력을 받는 것은 아니다. 하지만 결국에는 고통이 수반된 처벌을 받을 것이다.

전갈은 입이 아니라 꼬리로 독을 내뿜는다. 마찬가지로 현인을 모욕하는 사람에 대한 처벌은 전혀 예상치 못한 곳에서 올 것이다. 뱀은 예전부터 입에서 희생양이 도망칠 수 없는 독가스를 내뿜는 것으로 명성이 자자했다. 이와 같이, 현인을 모욕하는 사람은 결코 보복을 피할 수 없을 것이다.

네 발에서 신을 벗으라

하나님이 불타는 떨기나무의 모습으로 모세 앞에 현현하셨을 때, '네 발에서 신을 벗으라'(출 3:5)고 말씀하셨다. 디노브의 하시드인 레베 랍비 쯔비 엘리멜렉은 신발에 대한 히브리어 나알(נעל)이 '깨물다', '찔리다', '독'의 머리글자를 조합한 것이라고 한다. 진정한 유대인 지도자는 '신발'을 갖고 있다. 즉, 하늘로부터 권력을 받아 자신을 멸시하는 사람을 처벌할 수 있다. 그럼에도 불구하고 반드시 '[자신의] 신발을 벗어야' 한다. 하늘로부터 받은 힘을 사용하지 않고, 다른 사람들을 친절한 호의를 가지고 대해야 한다.

속에 품은 토라가 분노하다

미쉬나가 말하길 "그들의 모든 말은 불타는 숯불과 같다."

현인들은 "토라 학자가 분노하면, 그 안의 토라가 분노하는 것이다"라고 말했다(타아니스 4a, 참조. 라쉬). 이상적으로, 토라 학자의 분노는 토라와 하늘의 명예를 위한 우려의 표현이다. 하지만 진실한 의도인지가 명확하지 않다면, 그는 (현인들이 조언하듯) 화가 난 것처럼 행동하되 진정으로 분노를 느껴서는 안 된다(샤보트 105b).

미쉬나 16절   משנה טז

רַבִּי יְהוֹשֻׁעַ אוֹמֵר,
עַיִן הָרָע, וְיֵצֶר הָרָע, וְשִׂנְאַת הַבְּרִיּוֹת,
מוֹצִיאִין אֶת הָאָדָם מִן הָעוֹלָם.

랍비 여호수아가 이르기를:
  악의 눈,
  악한 성향,
  그리고 사람들의 증오가
  사람을 이 세상 밖으로 쫓아낼 것이다.

미쉬나 16절

"랍비 여호수아가 이르기를"

레위 사람 랍비 여호수아 벤 하난야는 성전 성가대에서 노래했고(아라힌 11b), 성전에서 정결 예식에 대한 할라하 판결을 내리기도 했다.(제바힘[Zevachim] 113a) 예루살렘이 포위 되었을 때, 그와 랍비 엘리에제르는 그들의 스승인 라반 요하난 벤 자카이를 몰래 예루살렘 밖으로 데리고 나갔다. 산헤드린을 야브네에 이주시키면서 랍비 여호수아는 아브 베이트 딘으로 섬겼다.(바바 카마 74b)

이 기간에 랍비 여호수아는 로드와 야브네 사이의 해안가 저지대인 페키인(Pekiin)에서 가난한 대장장이로(베라호트 28a, 예루샬미 ibid. 4:1) 살았으나, 때때로 돈을 벌기 위해 멀리 떠나기도 했다(호라요트 10a, 참조. 라쉬). 그는 평생(샤보트 152a) 랍비 아키바(후에 그의 동료가 되었다)와 랍비 이스마엘(어린 시절 로마의 노예였던 그를 랍비 여호수아가 구해주었다[기틴 58b, 아보다 자라 29b])을 포함하여 많은 제자를 가르쳤다.

산헤드린에서 랍비 여호수아의 활동

랍비 여호수아는 산헤드린이 최종적인 할라하 조정자가 되기를 원했다. 그래서 랍비 여호수아는 저 유명한 '아흐나이의 오븐' 사건에서 랍비 엘리에제르의 기적 같은 증거에 '[토라는] 하늘에 있는 것이 아니다'라고 대응한 것이다. 그는 랍비 엘리에제르와 오랜 기간 동안 가까운 벗이었지만, 그를 파문시키는데 조금도 망설이지 않았다.

랍비 여호수아는 세 가지 경우에서 나시인 라반 감리엘과 의견을 달리 했지만, 매순간 그의 경건함을 보이고, 산헤드린의 위상에 대해 관심을 가졌다.

"악의 눈"

악한 눈은 다른 사람들의 성공을 선한 눈으로 보지 못하고 오히려 질투한다. 람밤은 미쉬나의 악한 눈을 앞서 랍비 엘리에제르가 언급한 것(14절)과 똑같다고 정의했다. 그는 이것을 '돈에 대한 누그러지지 않는 욕구', 다른 말로는 '인색함'이라고 설명했다.

라베이누 요나와 라쉬바쯔 같은 다른 주석가들에 의하면, 랍비 여호수아가 말하는 의미는 금전적인 인색함이 아니라, 다른 사람들의 행운을 시기하여 그들의 성공을 질투하는 태도에 초점을 맞추었다고 한다.

후자의 가정에 대한 근거는 미쉬나의 특별한 언어 사용에서 찾을 수 있다. 랍비 엘리에제르는 '악한 눈'(Evil Eye)이라고 언급할 때, 랍비 여호수아는 '악의 눈'(Eye of Evil)이라고 말했다. 후자의 어구에서 '악'이라는 단어는 눈을 가리키지 않는다('눈'은 여성명사이지만 '악'은 남성명사이다). 그래서 '악'은 시선을 의미하며, 그것은 적대적이고 인색한 것이다.

"악한 성향"

악한 성향의 영향은 자신의 감정에 지배당하는 상태를 의미한다. 이는 죄를 저지르지 않은 사람 또한 가리키기도 한다. 자신의 욕구에 노예가 된 상태는 윤리적 타락의 시작을 가리킨다.

네 적을 알라

현인들은 악한 성향이란, 인생의 사명을 깨닫고 선한 행동을 하고자 하는 사람의 행동을 저지하는 것이 목적인 영적인 힘이라고 말했다. 그러나 악한 성향은 매우 중요한 것으로써, 이것이 있기 때문에 인간에게 자유의지가 있는 것이다. 영원히 가려지지 않는 맑은 마음을 갖고 있는 사람이라면, 그는 선함만을 선택할 수밖에 없을 것이다.

현인들은 악한 성향의 무자비한 본성에 대한 놀라운 실례를 들려준다(아보트 데랍비 노손 16:3). 태어난 직후부터 위협에 예민한 동물과 달리, 어린 아기는 그런 감각을 가지고 태어나지 않는다. 어린 아기는 오히려 위험을 끌어들일지도 모른다.

태어난지 하루밖에 되지 않은 새끼 염소를 불 앞으로나 구덩이로 끌고 간다면, 새끼 염소는 안간힘을 다해 굽을 땅에 박고 움직이기를 거부할 것이다. 하지만 아기는 계속 지켜보고 있지 않는다면, 빛나는 숯불이나 구덩이를 향해 기어갈 것이다. 왜 그런 것인가? 가장 지혜로운 생물(호모 사피엔스)이 아기일 때 위험에 무감각한 것은 왜일까?

인간은 태어날 때부터 악한 성향이 내재되어 있으며, 그 목적은 육적으로나 영적으로 우리를 파괴하는 것이다. 어린 아기는 악한 성향에 대항하기 위한 필수적인 지능이 아직 없기 때문에 어떠한 방어도 취할 수 없다. 따라서 아기의 목숨은 언제나 위험에 처해있다.

마음의 입구에서

현인들은 악한 성향을 마음의 두 문 사이에 앉은 파리로 비유한다(베라호트 61a). 랍비 이스라엘 카간은 평소에는 이 귀찮은 해충을 쫓아버리는 일이 가능하지만, 쫓겨난 파리는 끈질기게 돌아온다. 악한 성향 또한 사람을 결코 혼자 두는 법이 없다.(참조. 미슐레이 하하페츠 하샬렘[Mishlei Hachafetz Hashalem])

랍비 하임 이븐 아타르(오르 하하임)는 악한 성향이 마음의 입구에 앉아 윤리적 책망이 들어오려 하는 것을 막았다고 한다. '사람에게 완악하고 패역한 아들이 있어 그의 아버지의 말이나 그 어머니의 말을 순종하지 아니하고 부모가 징계하여도 순종하지 아니하거든'(신 21:18) 비유하자면, 악한 성향은 왕궁 앞에 서 있는 부패한 경비와 같아서 그에게 뇌물을 주는 사람만 들여보내는 것과 같다. 그 경비에 대해 왕에게 탄원을 하려는 사람은 그가 들어가지 못하게 할 것이 분명하다.

땅 속에 묻힌 보물

우리의 윤리적 문헌은 한밤중에 깨어나 화려한 보물이 어디에 있는지를 들은 사람의 이야기를 들려준다.

그는 매우 피곤했으며, 추운 날씨에 진눈깨비가 내리고 있었다. 그렇다면, 그는 계속 잠을 잘 것인가? 아니면, 잠옷을 입은 채로 달려가서 다른 사람이 보물을 가져가기 전에 차지하려고 하겠는가? 그는 추위를 느끼지도 않고, 지나가던 사람의 비웃음도 신경 쓰지 않으며, 충분한 체력이 있는지도 고민하지 않고 그곳으로 달려갈 것이다. 사람은 이 땅에 창조된 목적인 자신의 목표를 얻고자 할 때에도 반드시 똑같은 태도를 취해야 한다.

다른 이야기로, 어떤 늙은 하시드 레베가 어느 추운 날 아침에, 그의 마음의 소리가 "일어나지 말라. 밖은 아직 어둡고 추우니 몇 분만 더 쉬어라. 네가 지금 더 오래 쉴수록 나중에 여호와 하나님을 섬길 수 있는 체력을 확보할 것이다"라고 속삭였다. 레베는 침대에서 뛰쳐나와 마음의 소리에 "아직 이르다면, 나보다 나이가 많은 것 같은 너는 왜 벌써 일어나서 바쁘게 일하고 있는가?"라고 반박했다.

"그리고 사람들의 증오가"

많은 주석가들은 '사람들의 증오'라는 어구를 아무런 이유 없이 단지 존재한다는 이유만으로 다른 사람들을 싫어하는 사람을 가리킨다고 설명했다. 그런 악의는 '형제를 마음으로 미워하지 말며'(레 19:17)라는 토라의 계명을 위반하는 행위이다. 람밤은 이 어구가 사회로부터 스스로 소외된 염세주의자를 의미한다고 설명했다.

그렇다면, 그러한 증오의 원천은 무엇인가? 그 답은 뒤의 미쉬나 4장 28절('질투, 욕망, 명예가 사람을 이 세상 밖으로 쫓아낼 것이다')에서 찾을 수 있을지도 모른다. 이 자질들은 본 미쉬나의 것을 반영한다. 질투는 악의 눈이고, 욕망은 악한 성향의 일에서 나온 결과이다. 마지막으로 명예는 사람들의 증오에 대응한다. 이는 다른 사람들이 가진 명예에 대한 욕구가 좌절되면, 그는 그들을 증오하게 되며 궁극적으로 공동체에서 퇴출되게 된다는 것이다.

다른 사람들의 증오를 초래하다

마흐조르 비트리와 라베이누 바흐야는 '사람들의 증오'라는 말이 사람의 악한 성향(그의 자아, 잔인함, 고집 센 마음) 때문에 다른 사람들의 분노를 산다는 뜻으로 설명했다.

라쉬바쯔는 사람이 누군가에게 피해를 입히면, 그에게 피해를 입었던 사람들의 저주를 부르게 되고, 그 저주들이 결국 그에게 피해를 입힐 것이라고 한다. 현인들은 "아무리 평범한 사람이라고 해도 그의 저주를 가볍게 여기지 말라"(메길라 15a)라고 훈계했다.

"사람을 이 세상 밖으로 쫓아낼 것이다"

'사람을 이 세상 밖으로 쫓아낼 것이다'라는 구절은 세 가지를 암시한다. 첫째는 악의 눈, 악한 성향, 혹은 사람들의 증오를 가진 사람의 삶은 살아야 할 가치가 없다는 것이고, 둘째는 현세에서의 그의 생명이 짧다는 것이며, 마지막으로 내세에서의 보상을 잃는다는 것이다.

현인들은, 악한 눈을 가진 사람은 연못에서 물을 마시려 할 때, 먼저 물을 휘젓는 말에 비유할 수 있다. 왜 그런가? 말이 맑은 물에 비친 다른 말의 모습을 보면, 그 다음 말의 물 마실 권리를 시기하여 흙탕물을 만들어 반사된 모습을 가려버린다. 달리 말하면, 이 말은 다른 말과 물을 나누느니, 차라리 흙탕물을 마시겠다는 뜻이다. 악한 눈을 가진 사람 또한 다른 사람이 성공하는 것을 보느니, 오히려 고통스러워하는 편을 택한다. 그래서 다윗 왕도 '너희는 무지한 말이나 노새 같이 되지 말지어다'(시편 32:9)라고 훈계한 것이다.

술탄의 선물

어느 날, 바그다드의 랍비 요세프 하임은 두 사람을 소환한 술탄에 대한 우화를 들려주었다. 한 명은 악한 눈을 가졌고 한 명은 악한 성향을 갖고 있었다. 술탄은 "먼저 말하는 자는 내게 선물을 요청할 수 있고, 나는 들어줄 것이다. 하지만 나는 다른 사람에게 두 배를 더 줄 것이다"라고 말했다.

두 사람은 조용히 있었다. 악한 눈을 가진 사람은 남이 자신의 두 배를 가지게 될 것을 견딜 수가 없었다. 악한 성향을 가진 사람도 상대방이 받을 것의 두 배를 받고 싶은 탐욕스러운 욕망으로 인해 망설였다. 그래서 두 사람 다 아무 말도 하지 않았다. 마침내, 술탄의 기나긴 재촉 뒤에 악한 눈을 가진 사람이 말했다. "제 두 눈 가운데 하나를 뽑아 주십시오."

미쉬나 17절　　　　　　　　　משנה יז

רַבִּי יוֹסֵי אוֹמֵר,
יְהִי מָמוֹן חֲבֵרְךָ חָבִיב עָלֶיךָ כְּשֶׁלָּךְ.
וְהַתְקֵן עַצְמְךָ לִלְמוֹד תּוֹרָה, שֶׁאֵינָהּ יְרֻשָּׁה לָךְ.
וְכָל מַעֲשֶׂיךָ יִהְיוּ לְשֵׁם שָׁמָיִם.

랍비 요시가 이르기를:
　네 돈이 소중하듯 다른 사람의 돈도 소중히 여기라.
　토라 연구를 위해 준비하라,
　그것은 유산으로 물려받을 수 있는 것이 아니기 때문이다.
　그리고 네가 하는 모든 것이 천국을 위한 것이 되게 하라.

미쉬나 17절

랍비 요시가 이르기를:
"네 돈이 소중하듯 다른 사람의 돈도 소중히 여기라"

다른 사람의 소유물에 대해 명확한 할라하적 의무가 없을지라도, 여전히 기본적인 도덕적 의무는 존재한다. 율법의 조항을 넘어가고자 하는 사람은 다른 사람이 돈을 잃어버릴 위험에 처했을 때, 자신이 그와 같은 상황이라면 어떻게 할지를 자문해야 한다. 그 상황을 타개하기 위해 사용한 시간과 노력만큼 다른 사람을 위해서도 그렇게 해야 한다.

종업원은 이 원칙을 명심하여, 고용주의 자원을 멋대로 허비하거나 일을 하면서 시간을 낭비해서는 안 된다(물론 이것은 경건한 행동뿐만 아니라 할라하적 의무이다). 그는 반드시 '만약 내가 고용주였다면, 내 고용인들이 어떻게 행동하기를 바랄까?'라고 생각해야 한다.

다른 사람들이 금전적인 손해를 보지 않도록 도와야 할 뿐만 아니라, 그들의 성공에도 지원을 아끼지 않아야 한다. 예를 들면, 기업가의 상품과 서비스를 칭찬하고, 그의 사업에 대한 중상 모략적인 소문들을 듣지 않아야 한다.

다른 이들의 재산에 대한 현인들의 염려

현인들이 들려주는 일화이다. 어느 날 '마르 주트라'(Mar Zutra)는 어떤 여관에 머물렀는데, 여관 주인의 은잔이 도둑맞은 사건이 일어났다. 잠시 후 그는 자신의 제자 가운데 하나가 손을 씻고 다른 사람의 옷에 손을 닦는 것을 보았다. 마트 주트라는 다른 사람의 소유물에 대해 소중히 여기지 않는 사람이라면, 그가 바로 도둑일 것이라 생각하였다. 그는 그 제자를 붙잡아 잔을 훔쳤다고 실토할 때까지 묶어놓았다(바바 메찌아 24a).

현인들이 다른 사람들의 재산을 보호하기 위해 할 수 있는 한계가 어디까지인지를 보여주는 또 다른 일화가 있다. 어떤 여행자가 랍비 하니나 벤 도사의 집 밖에 닭을 몇 마리 내려놓았다가 깜빡 잊고 그냥 길을 떠났다. 랍비 하니나의 아내가 닭을 발견했을 때, 랍비 하니나는 자신들의 재산이 아니니 달걀을 먹지 말라고 했다. 하지만 닭들의 수가 너무 많아져 랍비 하니나와 그의 아내의 삶을 골치 아프게 했다.

그래서 랍비 하니나는 닭들을 모두 팔아 그 돈으로 염소를 샀다. 어느 날 여행자가 다시 랍비 하니나의 집 앞을 지나가다가 동료에게, "내가 여기서 닭을 잃어버렸다"라고 말했다. 그 말을 듣고 랍비 하니나는 닭을 잃어버렸다는 증거를 댈 수 있느냐고 물었다. 그가 증거를 댔을 때 랍비 하니나는 그에게 염소들을 주었다(타아니스 25a).

"토라 연구를 위해 준비하라"

때때로, 두뇌회전이 빠르고 말을 잘하며, 모든 주제에 대해 해박한 지식이 있지만, 토라에 대해서라면 입을 다무는 사람을 볼 수 있다. 육적인 사고는 영적인 지혜의 심오함을 이해할 능력이 없기 때문이라는 것이 그 이유다. 토라는 하나님의 선물이다. 그래서 토라를 '준다'라고 하는 것이다. 토라를 연구하는 것은 지적인 재능이 있다고 해서 가능한 것이 아니다. 반드시 영적인 동기가 있어야 한다.

토라를 연구하기 전에 네 인성을 준비하라

라베이누 요나는 토라 연구를 원하는 사람은 육체적 쾌락을 줄여야 한다고 했다. 더불어 자신의 인성을 완벽히 해야 한다. 특별히 겸손함이 필수적인 요소인데, 이는 다른 사람들을 스승으로 받아들이는데 필요하기 때문이다. '자신을 사람들이 밟고 지나가는 사막처럼 만든 사람이라면, 그의 연구는 영원할 것이다'(에이루빈 55a).

"그것은 유산으로 물려받을 수 있는 것이 아니기 때문이다"

혹자는 이 미쉬나가 힘을 들이지 않고도 토라를 익힐 수 있다고 믿는 사람들, 특히 유명한 가문 출신들은 토라를 쉽게 얻을 수 있을 것이라고 생각한다. 그래서 그들은 토라가 자신들을 위한 것이라고 여긴다. 그들은 '어느 가문에 3세대 연속 토라 학자들이 나온다면, 토라는 그 가문에서 결코 사라지지 않을 것이다'라는 현인들의 가르침에 의지하고 있다. 하지만 이 구절은 토라를 얻기 위한 어떤 마법 같은 수단은 없다고 항변하는 것이다. 아무리 훌륭한 가문이나 높은 지위를 가지고 있다고 하더라도 대가를 치르지 않고는 결코 토라를 얻을 수 없다.

모든 사람의 손길이 닿는 범위 안에

미드라쉬 슈무엘은 이 미쉬나가 배움에 타고난 재능이 없는 사람들을 응원하는 것이라고 본다. 토라는 그 누구의 유산이거나 사적인 소유물이 아니라, 기본적으로 모든 사람을 위한 것이다.

사람의 운명에 대한 어떤 측면(약함과 강함, 지혜로움과 어리석음, 빈부 등)은 태어나기 전에 결정될지도 모른다(니다 16b). 하지만 토라는 이러한 측면들의 지배를 받지 않는다. 어떤 사람은 다른 사람에 비해 더 많은 연구 시간이 필요할 수는 있어도, 토라를 연구할 수 있는 능력은 모두에게 있다. 잘 알려져 있듯이, 랍비 아키바는 물방울이 바위에 계속 떨어져 구멍을 뚫는 것을 보고 어떤 일에 대한 끊임없는 노력의 힘을 배웠다.

현인들은 '내 교훈은 비처럼 내리고'(신 32:2)라는 구절에서 같은 가르침을 배웠다. 빗방울이 돌에 구멍을 뚫듯이, 현인들은 성경에서 '물은 돌을 닳게 하고'(욥 14:19)라고 하는 것처럼 토라 또한 돌 같은 사람의 심장을 갈아 부드럽게 한다고 말했다(탄후마 ibid. 하아지누[Ha'azinu] 3). 현인들은 사람의 심장이 돌이라면 그것은 부드러워질 것이고, 금속이라면 금이 가서 깨질 것이라고 말했다. 따라서 사람에게 토라에 헌신해 밤낮으로 토라 연구에 몰두하는 것보다 더 좋은 일은 없다(메길라 6b).

사람에게는 토라를 연구할 수 있는 기본적인 능력이 있다. 그 누구에게도 적성에 맞지 않다거나 연구할 의무가 없다고 해서는 안 된다. 모두가 같은 단계의 지식이나 이해를 얻지 못하더라도, 즉 '많이 배우든 적게 배우든 상관없이 마음만 하늘을 향해 있다면, 그들 사이에 차이점은 없다는 것이다'(베라호트 5b).

토라 연구에 성공하는 법

'크라코우의 랍비 도비드 노손'(R' Dovid Nosson of Cracow)이 그의 '미흐타브 레다비드'(Michtav LeDavid)에서 이 미쉬나의 가르침에 대해, 다른 사람의 경제적인 성공을 마치 자신의 것처럼 기뻐하는 사람은 토라 연구에도 성공할 가능성이 높다는 것이라고 강조했다. 그러한 사람은 불필요한 소비를 할 욕구가 없기 때문에, 토라를 연구하기 위해 자리에 앉아 자신을 준비할 수 있는 충분한 시간적인 여유가 있기 때문이다.

랍비 하임 볼로진은 토라 학자들을 경제적으로 지원하는 사람이라도 스스로 토라 연구를 위한 노력을 해야 한다는 것이 본문의 교훈이라고 한다. 오직 그렇게 할 때에만 토라를 얻을 수 있으며, 토라의 계승자가 될 것이다.

"그리고 네가 하는 모든 것이 하늘을 위한 것이 되게 하라"

마하랄은 이 미쉬나에서 거론된 세 가지 속성을 개인적 예배의 세 분야 '1) 나와 타인과의 관계, 2) 자신과의 관계, 3) 나와 하나님 사이의 관계'라고 보았다.

다른 사람의 경제적 행복을 걱정하는 것은 타인과의 관계를 표현하는 것이다. 토라를 연구하기 위해 준비하는 것은 자신을 개선하고자 하는 욕구를 표현하는 것이다. 이는 내적 성찰이다. 그리고 나의 행위가 하늘을 위한 것이어야 한다는 점은 하나님에게 가까이 나아가는 완벽한 수단을 제공한다.

티페레트 이스라엘은 이 세 가지 속성을 세상을 떠받치는 세 기둥에 비할 수 있다고 한다(1:2). 다른 사람의 돈을 걱정하는 것은 선한 행위에,

자신을 준비하는 것은 토라의 기둥에, 그리고 하늘을 위한 행위는 하나님을 예배하는 것에 비할 수 있다는 것이다.

세 가지 병에 대한 세 가지 치료법

랍비 모세 알샤카르(미드라쉬 슈무엘에 의해 인용)는 본 미쉬나와 이전 미쉬나 구절이 평행을 이룬다고 단정했다. 랍비 여호수아가 '사람을 이 세상 밖으로 쫓아낼' 3가지 자질을 나열한 데 반해, 이 미쉬나에서 랍비 요시는 정반대의 자질을 열거했다. 따라서 악한 눈의 나쁜 영향력(분노와 탐심)은 다른 사람의 경제적 행복에 대한 관대함과 사랑의 배려로 인해 상쇄된다.

앞서 배웠듯이 악한 성향의 반대되는 개념은 토라이다. 하나님은 악한 성향을 창조하시고, 그 해독약으로 토라를 만드셨기 때문이다(키두쉰 30b). 토라를 연구하게 되면, 악한 성향의 유혹의 계략으로부터 벗어나게 된다. 그래서 현인들은 '혐오스러운 악한 성향이 너를 공격한다면, 학당으로 끌고 가라'(ibid.)라고 조언한 것이다. 마지막으로, 하늘을 향한 행위가 증오를 상쇄시킨다. 그 행위로 인해 영적인 어두움과 감춰진 폭력적인 충동에 빠지지 않게 된다.

משנה יח   미쉬나 18절

רַבִּי שִׁמְעוֹן אוֹמֵר,
הֱוֵי זָהִיר בִּקְרִיאַת שְׁמַע (וּבִתְפִלָּה).
וּכְשֶׁאַתָּה מִתְפַּלֵּל, אַל תַּעַשׂ תְּפִלָּתְךָ קֶבַע,
אֶלָּא רַחֲמִים וְתַחֲנוּנִים לִפְנֵי הַמָּקוֹם בָּרוּךְ הוּא,
שֶׁנֶּאֱמַר (יואל ב) כִּי חַנּוּן וְרַחוּם הוּא
אֶרֶךְ אַפַּיִם וְרַב חֶסֶד וְנִחָם עַל הָרָעָה.
וְאַל תְּהִי רָשָׁע בִּפְנֵי עַצְמֶךָ.

랍비 쉬므온이 이르기를:
  슈마를 낭독할 때와 기도할 때 주의를 기울여라.
  기도할 때, 네 기도가 부담이 되지 않게 하고,
  다만 하나님의 긍휼을 구하는 기도가 되어야 한다.
  성경에 기록되어 있듯이,
  '그는 은혜로우시며 자비로우시며,
  노하기를 더디하시며 인애가 크시사,
  뜻을 돌이켜 재앙을 내리지 아니하시나니'(욜 2:13).
  그리고 스스로를 악한 사람이라고 판단해서는 안 된다.

미쉬나 18절

> **"랍비 쉬므온이 이르기를:
> 슈마를 낭독할 때와 기도할 때 주의를 기울여라"**

라베이누 요나는 이 미쉬나를 '기도할 때 보다 슈마를 낭독할 때 더 주의하라'라고 달리 해석했다. 코즈니쯔의 마기드는 그의 아보트 이스라엘에서 기도할 때 어떤 격려가 필요한 것은 아니라고 한다. 기도할 때 자연스럽게 용서와 치유, 지지와 구원 등 여러 가지를 하나님에게 간구하기 때문이다. 하지만 슈마를 낭독할 때(즉, 천국의 멍에를 받아들일 때)에는, 하나님의 이름을 거룩하게 하기 위해 필요하다면 자신의 생명과 전 재산을 바칠 준비가 되었다고 선언하는 것이다. 따라서 특별한 준비와 격려를 필요로 한다.

슈마와 기도를 낭독하는 것: 하나님을 예배하는 것의 기본

그러나 할라하적 의무에 대해 언급하는 이 경고가 어떻게 윤리적 지침과 영적인 영감에 관련된 문헌인 피르케이 아보트에 들어가는가? 많은 주석가들이 이 질문에 관심을 가지고 다루었다. 그들의 설명을 통해서 확인할 수 있는 핵심 아이디어는, 이 두 계명이 신앙과 하나님을 예배하는 데에 있어서 필수적인 요소를 구성한다는 것에서 독특하다는 것이다.

모든 계명은 사람에게 각각의 고유한 영향력이 있고, 자질을 완벽하게 하며, 특정한 방식으로 영적인 단계를 성숙하게 한다. 그러나 슈마와 기도에 관한 계명은 영혼의 뿌리이며, 여기에서 나무와 무수한 가지들이 뻗어 나온다. 슈마를 낭독하는 목적은 내면을 유일하신 하나님의 존재에 대한 인식으로 채우고, 하나님의 주권을 인정하며, 모든 것이 하나님으로부터 비롯되었고, 오직 하나님 외에는 그 무엇도 존재하지 않는다는 것을 깨닫게 하기 위해서이다.

슈마의 낭독은 거룩하신 하나님에 대한 순종에 필요한 것은 무엇이든지 공급받을 수 있도록 준비시킨다. 라쉬바(Rashba)는 슈마를 낭독할 때, "하나님은 한분이시고, 그분이 우리의 하나님이시라는 것과 우리의 삶과 욕망, 그리고 모든 것을 그분께 드려야 하며, 이 조건을 입술뿐만 아니라 온 마음으로 알아야 한다."라고 주장했다(레스폰사 5:55).

기도 또한 하나님에 대한 예배의 중요한 원리이며, 사람의 내면에 신앙과 믿음, 그리고 하나님에게 빚진 것에 대한 감사의 인식을 심는다. 기도할 때 우리는 하나님과 가까이 붙어있는 것처럼 느낀다. 그래서 현인들은 기도를 '마음의 예배'(타아니스 2a)라고 부른다. 기도는 육체의 주관자이자 감정과 자질, 그리고 초월적인 욕망의 근원인 마음을 변화시킨다.

∗∗∗

야베쯔는 다른 모든 계명이 우리의 영혼을 아름답게 가꾸어준다고 해도, 생존에 필수적인 것은 아니라고 한다. 반면에, 기도와 슈마의 낭독은

물과 빵에 비유할 수 있으며, 이 두 가지가 없다면 사람은 죽을 수밖에 없다. 비록 계명은 지킬지라도 슈마와 기도를 소중히 여기지 않는 사람은, 집에 금과 은이 가득 차 있으나, 먹을 빵과 마실 물이 없는 부자와 같다.

유대인들의 힘

아이러니하게도, 슈마 낭독의 중요성에 대한 것을 블레셋의 거인 장수인 골리앗으로부터 배운다. 골리앗이 유대인들을 침략했을 때(삼상 17장), 그는 유대인들의 힘이 그들의 무기가 아니라 하나님을 향한 예배에 있다는 것을 알았기 때문에, 그들의 정신을 무너뜨림으로써 승리를 얻고자 했다. (실로, 후에 다윗이 "나는 만군의 여호와의 이름 곧 네가 모욕하는 이스라엘 군대의 하나님의 이름으로 네게 나아가노라"[삼상 17:45]라고 골리앗을 향하여 외쳤다).

성경은 '그 블레셋 사람이 사십 일을 조석으로 나와서 몸을 나타내었더라.'(삼상 17:16)고 기록하고 있다. 골리앗은 매일 같이 유대인과 블레셋을 구분하는 경계선에 서서 하나님을 모욕했다. 현인들은 골리앗이 아침과 저녁이라는 특정한 시간을 고른 이유에 대해서, 유대인들을 화나게 하여 슈마를 낭독하는 것을 방해하기 위해서였다고 한다(얄쿠트 쉬모니 ibid., 115).

기도 또한 슈마와 같이 유대인들의 무기이다. 현인들은 '유대인들의 힘은 오직 그들의 입에 달려있다'라고 가르쳤다. 즉, 기도와 하나님을 향한 탄원에 있다는 것이다(얄쿠트 쉬모니, 베샬라흐 231 그리고 기타). 우리의 힘은 천국의 멍에를 받아들이고, 하나님이 모든 것을 다스리신다는 점, 그리고 그분께서 우리를 구원하러 오실 것이라는 데에 있다고 단언한다.

왜 하루에 세 번 기도하는가?

랍비 예후다 할레비는 그의 쿠자리(Kuzari, 3:5)에서 영혼은 기도, 즉 하나님과의 깊은 교제를 통해서 그 힘을 이끌어낸다고 말했다. 기도할 때 사람의 사고는 순수해지며, 그의 분별력은 높아지고, 일상의 걱정에서 벗어난다. 기도할 때에 육체의 껍데기를 벗어버리고, 영적인 갈급함에 특별히 예민해지게 된다.

비슷한 예로, 라베이누 바흐야는 그의 호보스 할레바보스(헤쉬본 하네페쉬[Cheshbon Hanefesh] 3)에서 "기도에 담긴 우리의 탄원은 하나님에게 우리의 영혼을 완전히 바치는 것이나 다를 바 없으며, 이는 그분에 대한 완전한 항복이다 … 마치 하나님에게 우리의 무거운 짐을 내려놓은 것처럼"이라고 주장했다. 이것을 다윗 왕은 '고난 당한 자가 마음이 상하여 그의 근심을 여호와 앞에 토로하는 기도'(시편 102편 표제)라는 표제로 나타내고자 하였던 것이다.

그러나 시간이 지나면서 너덜너덜해진 속박이라는 족쇄를 차고, 세상 속의 삶으로 돌아간다. 따라서 영혼을 위한 더 많은 영감과 지원이 필요하기 때문에 또 다시 기도해야 한다. 이와 마찬가지로, 라베이누 바흐야는 육체가 건강과 활력을 유지하기 위해 정기적으로 음식을 먹어야 하듯이, 영혼을 풍요롭게 하는 기도를 해야 한다고 한다. 즉 기도는 영의 양식이다.

그래서 쿠자리는 기도하는 시간이 '하루의 삶에서 가장 귀중한 시간'이 되어야 한다고 한다. "우리의 매순간은 기도하는 시간으로 이어지는 길이 되어야 한다. 우리의 기도에서 하나님에게 다가갈 수 있기를 강력히 소원해야 한다 … 하루 중에서 가장 소중한 순간이 세 번의 기도 시간이어야 한다." 또한 "이는 우리의 몸과 같다. 우리의 몸이 음식을 필요로 하듯이 우리의 영혼 또한 기도를 필요로 한다. 몸이 다음 식사를 할 때까지 한 번의 식사로 견디는 것과 같이, 영혼도 다음 기도를 할 때까지 한 번의 기도로 견딘다."

적당한 때에 기도 할 의무

어떤 사람들은 아침에 늦게 일어나 기도하는 시늉만 하고 곧바로 끝내 버린다. 이는 일을 하고 돌아온 남편에게 콩 수프(약간의 준비만 필요한 간단한 음식)를 내놓는 아내에 비유할 수 있다. 어느 날 그녀는 남편에게 "식사가 준비되지 않았으니 기다려 주세요"라고 말했다. 남편은 식탁에 앉아서 음식이 나오기만을 기다렸다. 30분이 지나고, 1시간이 넘어가고, 2시간이 지나도 음식은 나오지 않았다. 그는 배가 고파질수록 아내가 준비하고 있을 근사한 음식에 대한 환상 때문에 괴로웠다. 마침내 그녀가 식탁으로 왔을 때, 그녀는 평소와 똑같은 수프 한 그릇을 내려놓았다. 남편은 "이게 뭐요! 이렇게 시간이 오래 걸리기에 당신이 귀한 음식이라도 만든다고 생각하여 배가 고파 죽을 지경이었지만 침착하게 기다렸소. 하지만 당신은 달랑 콩 수프 한 접시만 가져왔단 말이오?"라고 화를 냈다.

하나님도 우리의 지루한 기도에 익숙하실지 모른다. 하지만 아침 일찍 일어나 하나님께 기도한다면, 마치 우리가 "만물의 주인이시여, 이것이 저희의 최선입니다"라고 말한 것 같이 우리의 예배를 받아들여 주실 것이다.

그럼에도 불구하고, 유대인이 아침에 기도를 위해 서두르지 않는다면, 그는 기도에 대한 열정이 없는 사람이라고 볼 수 있다. 마침내 그의 기도가 시작되었을 때, 평소와 다름없이 서두르며 얼렁뚱땅 기도했다면, 무슨 변명을 할 수 있겠는가?

"기도할 때, 네 기도가 부담이 되지 않게 하고, 다만 하나님의 긍휼을 구하는 기도가 되어야 한다"

현인들은 '부담스러운 기도'에 대한 세 가지 정의를 내렸다(베라호트 29b).

첫째, 기도가 걸림돌이 될 때이다. 그러한 기도에 얽매인 사람은 기도가 아무런 의미 없이 마지못해 이행할 의무가 되며, 시계를 보며 조바심을 내면서 인내해야 할 불쾌한 고난으로 여겨질 것이다. 이러한 사람은 일꾼이 일을 하듯, 즉 '종이 저녁 그늘을 몹시 바라는'(욥 7:2) 것처럼 기도하는 사람이라고 야베쯔는 주장한다.

둘째, 소원이 깃들어 있지 않은 기도이다. 그러한 기도를 암송하는 사람은 아무런 감정도 없이 그렇게 한다. 첫 번째 예시의 사람과는 달리 기도의 시간을 두려워하지 않는다. 하지만 이런 사람에게 기도는 마음에 감동을 주지 못하기 때문에 정작 그에게는 별 의미가 없다. 그에게 기도는 하나의 습관에 불과하고, 하루 일정의 일부분에 지나지 않으며, 자신이 유대인임을 정의하는 수단일 뿐이고, 공동체의 다른 일원들에게 자신도 똑같다고 확인하는 방식의 하나일 뿐이다. 하지만 하나님으로부터는 어떠한 친밀감도 느끼지 못한다.

셋째, 새로운 것이 없는 기도이다. 그런 기도를 하는 사람은 자신의 마음과 영혼을 기도에 쏟아 부어도, 그의 감정과 통찰력은 어제나 그제나 다름이 없을 것이다. 이런 사람에게는 결코 영적인 성장이 일어나지 않는다. 내적인 삶의 성장이 억제되고, 영적인 슬럼프에 빠지게 된다. 바알 셈 토브가 그런 예배에 대해 제기한 다음과 같은 질문이 전해지고 있다.

"기도 후에 이전의 너와 달라진 것이 없다면, 기도를 왜 하는가?"

기도는 '마음의 예배'라고 할 수 있다. 기도는 집중과 부단한 주의가 필요하기 때문이다(참조. 베라호트 32b). 기도서의 단어에 초점을 맞추는 것은 어려운 일이다.

어느 날, 베르디초프의 랍비 레비 이쯔하크는 어떤 유대인이 기도하는 것을 보았다. 그가 기도를 끝냈을 때, 랍비 레비 이쯔하크는 그에게 걸어가 악수를 건네며 진심을 다해 "어서 오시오!"라고 환영의 인사를 건넸다. 남자는 놀라워하며 "전 마을을 떠난 적이 없습니다. 제가 매일 예배당에 오는 것을 보셨지 않으셨습니까?"라고 반박했다.

랍비 레비 이쯔하크는 "당신이 기도하는 동안 나는 당신이 생각에 푹 빠진 것을 볼 수 있었소. 당신은 다른 나라로 가서 사업을 해서 돈을 많이 벌어 고국에 돌아와 당신의 부를 가난한 이들에게 나눠주는 것을 생각하는 것 같았소. 그래서 당신이 그런 긴 여행을 떠났다 돌아왔으니, 내가 당신을 환영해야 하지 않겠소?"라고 대답했다.

랍비 이스라엘 카간은 다음의 우화를 이용하여 사람이 집중력을 유지할 능력이 없음을 보여주고자 했다(하페쯔 하임 알 아보트, 하를롭 판 [Charlop edition]).

한때 부유한 장서가가 살았다. 어느 날, 어떤 사람이 그의 방대한 서책들을 팔길 원했고, 그 장서가는 서재를 감정하기 위해 대리인을 보냈다. 대리인이 도착했을 때, 그는 수천 권의 책을 보게 되었다. 하지만 책의 대부분이 상태가 아주 안 좋은 것을 알게 되었다. 더럽고, 얼룩지고, 접혀지고, 찢어지고, 구겨지고, 바스러지고, 앞표지가 없거나, 중간이나 끝에 몇 장이 빠져 있고, 인쇄가 번진 곳도 있었다. 결국 손에 꼽을 정도의 책만이 그의 눈에 들어왔다.

마찬가지로, 사람이 천상의 법정에 가게 되면, 평생 동안 매일같이 하루에 세 번씩 기도했다고 말할 것이다. 그러나 법정이 그의 기도를 조사해보면, 대부분이 결코 이상적이지 않다는 것을 알게 될 것이다. 그의 기도는 부족한 감정, 소원의 부재, 부적절한 생각, 부정적인 묵상, 그의 마음을 스쳐지나가거나 그가 집중한 천박한 욕구 등으로 훼손되었다. 늦게 도착하여 기도해야 하는 많은 기도의 제목들을 생략한 것은 말할 필요도 없었다. 따라서 천상의 재판장은 그의 수천 번의 기도 가운데 오직 몇 가지만을 받아들일 것이다.

> "그는 은혜로우시며 자비로우시며 노하기를 더디 하시며 인애가 크시사 뜻을 돌이켜 재앙을 내리지 아니하시나니"(욜 2:13)

미쉬나에 인용된 '그는 은혜로우시며 자비로우시며 노하기를 더디 하시며 인애가 크시사 뜻을 돌이켜 재앙을 내리지 아니하시나니'라는 구절은 하나님이 가지신 몇 가지 속성들에 대해 이야기한다.

티페레트 이스라엘의 첫 번째 속성은 그는 은혜로우시며 자비로우시며이다. 우리의 짐을 그분께 내려놓으면, 그분은 우리에게 용서, 거룩한 사랑의 고귀한 선물, 그리고 천국의 심판을 사면해 주신다.

두 번째 속성은 노하기를 더디 하시며이다. 우리가 하나님에게 용서를 구하면, 회개하도록 도와달라고 간절히 원하면, 깨진 마음과 약점에 대한 선명한 감각을 갖고 대면하면, 하나님은 우리의 죄에 대한 심판을 더디 하실 것이다.

세 번째 속성은 인애가 크시사이다. 우리는 하나님에게 친절히 대해 주실 것과 소원에 응답하실 것을 간구한다. 그리하면 하나님은 우리에게 부족한 것을 베풀어 주실 것이다.

네 번째 속성은 뜻을 돌이켜 재앙을 내리지 아니하시니이다. 하나님은 우리의 기도를 들으시고, 악한 명령을 취소하시며, 우리의 죄를 사면해 주실 것이다.

***

우리가 기도할 때 취해야 할 올바른 태도는 '내가 기도를 통해 무엇을 얻을 수 있느냐'가 아니라, '내 기도가 나와 함께 무엇을 성취할 수 있는가'이다. 내 기도가 어떻게 나를 고귀하게 하고, 나의 세속적인 사고방식을 바꾸고, 내가 하나님을 더 잘 이해할 수 있도록 도우며, 현세에서의 내 임무를 깨닫게 해 줄 수 있는가? 하나님은 회개의 심령과 스스로 변화되고자 하는 간절한 소원의 기도를 들으시고 반드시 응답해 주실 것이다.

"그리고 스스로를 악한 사람이라고 판단해서는 안 된다"

바르테누라의 랍비 오바댜는 자신을 악한 사람이라고 판단해서는 안 된다는 지침에 대해 세 가지 해석을 제시했다.

첫째, 사람은 다음날 자신을 비난할 일을 해서는 안 된다. 자신의 감정에 쉽게 흔들리는 사람은 지금 이 순간의 행위가 다음날 어떤 판단을 받을 것인지를 반드시 생각해야 한다.

    둘째(람밤에 근거하여), 자신을 악한 사람이라고 여겨서는 안 된다. 그런 자아는 스스로 성취해 버릴 예언이 되기 때문이다. 자신이 쓸모없는 인간이라고 생각되면 절망할 수밖에 없다. 구원과 영적 성장, 그리고 보상도 기대하지 않고, 스스로를 존경받을 만한 인물로 받아들일 수가 없기 때문에 낙담이 되는 조언에만 귀를 기울이게 된다. 토라 연구와 기도, 그리고 선행을 하는 이유를 알지 못하고, 그것에서 얻는 기쁨을 경험하지 못할 것이다. 그 대신 천박한 행동으로 인한 무감각한 지루함에 스스로를 재워서 잠시 동안이나마 자기혐오의 고통을 줄이려고 할 것이다. 혹시 부정적인 자화상이 겸손하고 정직하다고 생각할지 몰라도, 미쉬나는 유대교가 보여주는 가치를 마비시켜버리는 삐딱한 겸손이라고 규정한다.

    세 번째 해석은, 마흐조르 비트리의 가르침대로 '자신의 눈에' 오직 자신만이 중요하다고 여기고, 집안 사람들을 멀리해서는 안 된다는 것이다. 그런 이기주의를 치료하는 약은 우리의 기도가 모두 복수형으로 되어있다는 것을 깨닫게 하는 것이다. 유대인은 자기 자신뿐만 아니라 전체 공동체를 위하여 기도하기 때문이다.

미쉬나 19절   משנה יט

רַבִּי אֶלְעָזָר אוֹמֵר,
הֱוֵי שָׁקוּד לִלְמוֹד תּוֹרָה,
(וְדַע) מַה שֶׁתָּשִׁיב לָאַפִּיקוֹרוֹס.
וְדַע לִפְנֵי מִי אַתָּה עָמֵל.
וְנֶאֱמָן הוּא בַּעַל מְלַאכְתְּךָ
שֶׁיְשַׁלֵּם לְךָ שְׂכַר פְּעֻלָּתְךָ.

랍비 엘아자르가 이르기를:
  토라 연구에 대한 열정을 지속하라.
  그리고 에피코루스(apikorus[무신론자])에게 어떻게 대응할지를
생각하고 있어라.
  누구 앞에서 수고하고 있는지를 알라.
  그리고 고용주가 누구인지 [알라],
  임금을 지불하실 분이다.

미쉬나 19절

셋인가, 넷인가?

일부 주석가들(라쉬, 랍비 아브라함 프리쭐, 랍비 이스라엘을 인용한 미드라쉬 슈무엘)은 마지막 두 문장을 한 문장으로 이해했다. 또 다른 이들(라베이누 요나, 라베이누 이쯔하크 벤 랍비 슐로모, 라쉬바쯔)은 처음의 두 문장을 하나로 본다. 어떤 경우이든, 이 미쉬나는 위에 제시된 형식에 따라 세 가지 주장을 제시하고 있다.

"랍비 엘아자르가 이르기를: 토라 연구에 대한 열정을 지속하라"

슈케이다(shkeidah, 위의 '열정을 지속하라'로 해석됨)의 의미는 무엇인가? 주석가들은 이 단어에 대해 두 가지 해석을 보여준다.

첫째, 슈케이다는 지속적으로 토라 연구에 헌신해야 한다는 뜻이라고 한다. '누구든지 내게 들으며 날마다 내 문(학당의 문) 곁에서 기다리며 문설주 옆에서 기다리는 자는 복이 있나니'(잠 8:34). 여기에 쓰인 이 동사의 형태는 지속적으로 토라를 연구할 뿐만 아니라, 내면으로 흡수하여 자신의 일부가 되도록 해야 한다고 말한다.

둘째, 슈케이다는 최선을 다해라는 뜻으로써, 간절하게 소원하는 것을 위해 열심을 내는 것처럼 토라 연구에 몰두하라는 것이다.

'네 명철을 의지하지 말라'(잠 3:5)

탈무드는 랍비 엘아자르가 편안하게 살고자 현인들 곁을 떠났을 때, 그들은 그의 가르침을 잊었다고 한다. 그래서 자신이 그랬듯이, 과거에 얻은 지식에 의지하지 말고 부지런히 토라를 연구하라고 그들을 재촉한 것은 매우 적절한 조치이다.

복습의 중요성

망각의 천사는 328가지 능력('망각하다'의 히브리어 שכה[샤카흐]의 수적 가치는 328이다)을 가지고 있는데, 기억의 천사는 오직 227가지 능력('기억하다'의 히브리어, זכר[자카르]의 수적 가치는 227이다)만 가지고 있다. 그래서 자신이 배운 것을 잊어버리지 않고 기억하기 위해서는 101번 이상 복습을 해야 한다. 그렇게 해야 망각의 천사를 이길 수 있기 때문이다(328-227=101이므로). 이러한 이유로 현인들은 무언가를 101번 배우는 것은 100번 배우는 것보다 비교할 수 없을 정도로 위대하다고 말했다. 이 차이는 단지 숫자가 크다는 것을 나타내는 것이 아니라, 망각의 천사에 대한 승리를 나타내는 것이다.

***

다얀 이쯔하크 야아코브 바이스는 그의 민하스 이쯔하크(6권의 서두)에서, '여기(내세)에 자신이 연구한 것을 손에 들고 오는 사람은 복되도다'(페사힘 50a)라는 탈무드의 구절을 언급했다. '여기(르칸[Ikaan])'의 수적 가치는 101이다. 사람이 자신의 배움을 101번 복습하면 진정 그의 손안에 들어올 것이다.

동일한 숫자적인 개념이 모세가 유대인들에게 한 말에도 적용될 수 있다. 모세는 "이는 너희에게(직역하면 '너희로부터') 헛된 일이 아니라"(신 32:47)라고 말했다. 현인들은 이 구절에서, '어떤 일이 헛되다면, 그것은 너희로부터 온다'(예루샬미, 페아 1:1, 베레이쉬트 라바 1:14, 22:2)라고 추측했다. 네가 배운 것이 아무것도 기억에 남지 않는다면, 그것은 '너희로부터'(מכם[미켐]) 온 것이며 그 수적 가치는 100이다. 이것은 네가 101번이 아니라, 단지 100번만 복습했기 때문이다.

"그리고 에피코루스(Epikorus[무신론자])에게 어떻게 대응할지를 생각하고 있어라"

많은 주석가에 의하면 에피코루스(Epikorus)라는 단어는 본래 기원전 3세기의 에피쿠로스(Epikuros)라는 그리스 철학자를 일컫는다. 그는 그리스 철학 최고의 세 학파 가운데 하나인 에피쿠로스 학파의 창시자였다. 그의 세계관(weltanschauung)은 많은 부분에서 토라와 차이가 있다. 그는 하나님의 섭리, 내세, 영혼의 영원성, 그리고 초월적 계시 등을 거부한다. 그 대신, 쾌락의 추구와 서로 참견하지 않고 지내는 자유방임적인 태도에 내재된 가치를 최고로 여기는 것으로 잘 알려져 있다.

에피코루스라는 단어에 대한 또 다른 설명은, 토라를 거부하고 권위를 조롱하는 사람을 뜻한다고 한다. 그러한 사람은 고귀한 이상의 정통성을 부정하고, 세상을 우연함의 연속으로 본다. 이에 따르면, 에피코루스는 무법상태를 뜻하는 헤프케르(hefker)라는 단어에서 파생된 것으로 보인다. 마지막으로, 에피코루스는 문명인으로서 마땅히 해야 할 행위와 금지된 법을 무시하고, 미래에 다가올 심판에 대한 어떠한 공포도 없이 쾌락과 욕망의 바다에 빠진다고 한다.

***

람밤은 여기에서 언급하는 에피코루스가 탈무드(산헤드린 38b)에는 유대인이 아니라 이교도로 기록되어 있다고 말한다. 토라가 익숙하지 않은 이교도라면, 이전에 몰랐던 것을 배우려고 할 수도 있다. 하지만 토라를 거부한 유대인은 다른 사람과 토라에 관한 토론이 벌어지면 더욱 강하게 저항할 수도 있다.

하늘의 영광을 높이기 위해
마하랄은 지식을 얻고 하나님의 뜻을 행하기 위해, 널리 퍼져 있는 매력적이고 거짓된 신앙에 대항하기 위해 토라를 배우고 연구해야 한다고 기록했다. 하늘의 영광을 높이고 악의 힘을 제거하는 것은 모든 유대인의 목표이다. 진리의 지혜가 세상에 퍼져갈수록 거짓의 힘은 점점 더 약해질 것이다.

네 자신에게 어떻게 대답할지를 알고 있어라
어떤 이들은 이 미쉬나의 의도가 다른 사람들과 빈번하게 토론을 해야 한다는 것이 아니라, 지식을 통해 얻은 확신을 가지고 있어야 한다는 것으로 이해했다. 또한 미쉬나는 '에피코루스에 대응하라'라고 하지 않고, '에피코루스에게 어떻게 대응할지를 생각하고 있어라'라고 한다.

에피코루스에 대항하기 위해 토라를 연구한다면, 그의 신념은 더욱 강해질 것이다. 이 주제에 대해, 라베이누 바흐야는 그의 호보스 할레바보스(책의 인사말과 '샤아르 하이후드'[Shaar Hayichud])에서, "네가 부모와 조부모를 비롯하여 세대를 거슬러 올라가 모세까지 도달하여, 그들에게 받았거나 받아들인 진실되고 선한 믿음을 갖고 있다고 해도 그것으로 충분하지 않다. 거기에 자신의 지혜와 지식의 산물로서의 믿음을 더해야 한다. 오직 자신이 배우고 받아들인 믿음만을 가진 사람은 이단자들의 말을 쉽게 받아들이고, 그들의 사상에 설득당할 수 있다"라고 주장했다.

바흐야에 의하면, 분별력 있고 건설적인 원리와 지식을 얻고자 하는 의무는 토라의 긍정적인 명령이라고 한다(랍비 요세프 야베쯔 같은 다른 이들은 동의하지 않으며, 전 세대로부터 받아들이는 단순한 믿음을 선호했다).

라베이누 요세프 벤 슈샨(미드라쉬 슈무엘에서)은 토라 연구를 위한 방법으로 질의응답 방식을 권한다. 연구한 내용들을 받아들이고, 숙달될 수 있도록 하는 데에는 이 방식이 효과적이기 때문이다. 따라서 자신의 지식을 명확하고 견고하게 하기 위해 머릿속으로 토론을 하는 것이 좋다.

무신론은 왜 창조되었는가?

사쏘프(Sassov)의 랍비 모세 레이브(Leib)는 유대인들에 대한 사랑이 지극한 것으로 유명했던 인물이었다. 그는 임종을 앞두고 하나님에게 다음과 같은 질문을 했다. "만물의 주인이시여, 당신은 악한 자질까지도 포함하여 모든 것을 분명한 목적을 가지고 창조하셨습니다. 분노는 다른 이들을 훈련시키기 위하여 필요하고, 자만은 우리가 겁쟁이가 되는 것을 막기 위해 필요합니다. 그러나 무신론이 창조된 목적은 무엇입니까?"

몇 분의 침묵 후에 그는 다시 말했다. "하나님, 저는 그 목적을 압니다.

어떤 사람이 도움을 필요로 할 때, 우리는 그에게 '하나님을 따르라. 하나님이 도와주실 것이다'라고 신앙적으로 말하지 않을 것입니다. 그 대신, 우리는 마치 그를 도와줄 이가 없는 것처럼, 그의 생명을 오직 우리만이 홀로 도울 수 있다고 행동할 것입니다."

> **"누구 앞에서 수고하고 있는지를 알라;**
> **그리고 고용주가 누구인지 [알라],**
> **임금을 지불하실 분이다."**

우리가 토라를 연구할 때, 우리는 우리의 재능에 초점을 맞추는 것이 아니라, 어떻게 그것을 사용할 수 있는지에 집중해야 한다. 하나님은 우리가 무엇을 성취했는지에 관심을 가지시는 것이 아니라, 우리의 헌신을 보신다.

"누구 앞에서 수고하고 있는지를 알라. 그리고 고용주가 누구인지 [알라], 임금을 지불하실 분이다." 인간사회의 고용주는 종업원이 그 일에 얼마만큼의 수고와 노력을 기울였는가에 관심을 두지 않고, 일의 결과만 놓고 평가한다. 하지만 하나님은 그렇지 않으시다. 그분은 우리의 노력에 비례하여 보상을 베푸신다. 하나님은 자신이 고용한 사람에 대해서 모든 것을 알고(그의 근면함과 지성적인 면), 그가 토라 연구에 헌신한 공로에 대해 적절한 보상을 베푸신다.

자비를 베푼 대가

이 미쉬나는 어찌 보면, 하나님을 섬김으로써 하나님으로부터 보상을 받을 것을 알려주기 위한 것처럼 보인다. 하지만 우리는 앞서서 '보상을 받기 위해 주인을 섬기는 종같이 되지 말라'(1:3)라고 배웠다. 토라 연구 그 자체가 하나의 보상이기 때문에 다른 보상은 불필요해 보일 것이다. 토라는 우리의 영혼을 정결하게 하고, 우리의 인격을 하나님의 뜻과 일치하게 하며, 우리 인생의 여정을 바르게 인도한다.

어떤 이야기에 따르면, 프셰보르스크(P'shevorsk)의 랍비 모세가 손님의 침대를 준비하고 있었다. 손님은 그에게 왜 그런 하찮은 일을 하고 있느냐고 물었다. 랍비 모세는 "나는 당신의 침대를 준비하는 것이 아니라, 내 자신의 것을 준비하고 있소." 바꾸어 말하면, "나는 당신의 침대를 준비하면서, 내 자신에게 돌아올 보상인 '내 자신이 잠에 들어갈 침대'를 만드는 것이오"라고 대답했다.

라베이누 요나는 우리가 토라와 연관되어 있는 자체가 유익이지만, 하나님은 그에 더하여 보상과 자비를 베푸신다고 설명함으로써 이 질문에 답하였다. 우리가 이 거룩한 은혜에 감사할 때, 하나님에 대한 사랑은 커질 것이며, 우리는 그분의 토라와 그분의 계명을 지키기 위해 더 큰 노력을 기울이게 될 것이다.

이와 마찬가지로, 랍비 모세 소페르(하삼 소페르)는 바로 이전의 두 구절을 다음과 같이 이해했다. '누구 앞에서 수고하고 있는지를 알리는 것은 네 수고를 통해 이득을 취할 사람이 바로 네 자신임을 깨달으라는 것이다.'

하나님은 예배와 토라 연구를 필요로 하지 않으신다. 그럼에도 불구하고, "고용주가 누구인지 [알라], 임금을 지불하실 분이다."라고 미쉬나는 기록 했다. 하나님은 마치 우리의 노력을 통해 이득을 보실 것처럼 행동하시고, 그에 비례하여 보상을 주실 것이다(토라트 모세, 메초라 [Metzora]의 마지막 부분).

***

라베이누 요나는 이 미쉬나가 악한 성향의 목소리를 상쇄하기 위한 것이라고 기록했다. 토라를 밤낮으로 연구하는 것은 쉽지 않다. 즉, 모든 사람이 자신의 노동의 대가에 대한 확신 없이 일에 매진할 수 있는 것은 아니다.

라베이누 요세프 벤 슈샨은 미쉬나가 두 종류의 사람에 대해 이야기한다고 덧붙였다. 먼저, '누구 앞에서 수고하고 있는지를 알라'는 것은 창조주의 위대함을 깨닫고 그분을 사랑과 두려움으로 섬기고자 하는 이들에 대해 말하는 것이라고 한다. 그들은 어떠한 추가적인 보상을 바라지 않고 하나님의 뜻을 행하고자 한다. 단지 하나님의 위대함을 바라보는 것만으로도 충분하며, 그것 자체가 그들로 하여금 토라 연구에 열정을 바치게 할 것이다. 그들은 토라 연구에 내재된 즐거움을 아직 경험하지 못했기 때문에, 그들이 하나님을 섬기게 됨으로써 받을 보상에 대한 확증을 미쉬나에서 찾게 된다.

미쉬나 20절　　　　　　　משנה כ

רַבִּי טַרְפוֹן אוֹמֵר,
הַיּוֹם קָצֵר וְהַמְּלָאכָה מְרֻבָּה,
וְהַפּוֹעֲלִים עֲצֵלִים,
וְהַשָּׂכָר הַרְבֵּה,
וּבַעַל הַבַּיִת דּוֹחֵק.

랍비 타르폰이 이르기를:
　날은 짧고, 일은 많으며,
　일꾼들은 게으르고,
　임금은 높고,
　고용주는 다급하다.

미쉬나 20절

"랍비 타르폰이 이르기를"

랍비 타르폰은 탄나임의 두 번째와 세 번째 세대에 살았다. 그는 젊었을 때에는 성전에서 제사장으로 섬겼다. 성전 파괴 이후, 그는 제물과 같이 제사장들에게 주어진 선물들을 계속 받았고, 그는 그것을 성전 예배와 같이 생각하여 정결 의식을 행한 후에 먹었다.(페사힘 72b, 토세프타 케투보트 85a).

일부 주석가들은 랍비 타르폰이 라반 요하난 벤 자카이의 제자였기 때문에(토세프타 하기가 3:11) 타르폰의 미쉬나가 여기에 위치한 것이라고 했다. 하지만 그는 라반 요하난의 제자라고 여기기엔 무리가 있다. 왜냐하면 샴마이 학파의 제자들에게도 배웠기 때문이다.(예바모트 15a, 라쉬, 베라호트 10b, 길리욘 하샤트)

성전 파괴 이후에 랍비 타르폰은 야브네에서 가장 뛰어난 현인 가운데 하나였다. 이시 벤 예후다(Isi ben Yehudah)는 그를 '콩 한 더미'(a heap of nuts)라고 재미있게 표현했다. 한 더미에서 콩을 하나 빼내면 다른 콩들도 전부 움직인다.(기틴 67a) 마찬가지로, 제자가 랍비 타르폰에게 질문을 하면, 랍비 타르폰은 후마쉬, 미쉬나, 미드라쉬, 할라가, 그리고 아가다를 인용해서 대답을 했다.(아보트 데랍비 노손 18:1) 또한 이러한 모습은 그의 풍부한 영성을 보여주는 것이다.

랍비 타르폰은 로드에 살았고(하기가 18a), 로드는 위대한 랍비 엘리에제르의 고향이기도 하다. 랍비 타르폰의 제자 가운데 '랍비 예후다'(R'Yehudah)(메길라 20a), '랍비 하니나 벤 감리엘'(R'Chaninah ben Gamliel), '랍비 엘아자르 벤 마시아'(R'Elazar ben Masia), '랍비 하니나 벤 하히나이'(R'Chaninah ben Chachinai), '쉬므온 벤 아짜이'(Shimon ben Azzai), 그리고 '쉬므온 하테이마니'(Shimon Hateimani)(토세프타 베라호트 4:14)가 있었다. 랍비 타르폰과 함께 연구한 인물은 랍비 아키바였다. 하지만 아모라임은 랍비 아키바를 그의 제자나 동료로 여기는 데 동의하지 않았다.(케슈보트 84b)

그의 공의가 영구히 서 있으리로다(시 112:3)

극심한 기근을 겪고 있을 때, 랍비 타르폰은 제사장으로서의 지위를 이용하여 300명의 여성들의 빈곤함을 덜어주고 난 후 그녀들과 결혼하여 테루마를 먹을 수 있도록 했다.(토세프타 케투보트 5:1)

언젠가 랍비 타르폰은 랍비 아키바에게 어마어마한 양의 금(180 칸타림[kantarim])을 맡겼으며, 그 금을 팔아 땅을 구입하라고 지시했다. 그 땅은 토라를 연구하는 사람들을 지원하기 위한 것이었다. 랍비 아키바가 땅을 구입하지 않고 모든 돈을 기부했다는 것을 알았을 때, 랍비 타르폰은 그 상황을 침착하게 받아들였다.

또 다른 경우에, 랍비 타르폰이 제자들을 가르치고 있을 때, 남루한 옷을 입은 가난한 신부가 지나갔다. 랍비 타르폰은 그녀를 자신의 집으로 데려와 아내와 어머니에게, "신부를 씻기고, 기름을 바르고, 옷을 입히고, 그리고 새 신랑의 집으로 들어갈 때까지 신부 앞에서 춤을 추어 주십시오."(아보트 드랍비 노손 41:13)라고 부탁했다.

타인에 대한 감수성

랍비 타르폰은 그에 제자들에 대한 감수성으로 잘 알려져 있었다. 그는 제자들의 지성을 예리하게 하기 위해 그들에게 질문을 던졌고, 반대로, 그들이 랍비 타르폰에게 질문을 했을 때는 '네 자신에게 스스로 답하라'(메힐타 베샬라흐 2:5)고 가르쳤다. 때때로 그는 제자들에게 할 질문을 그들에게 허락받기도 했다.

또한 랍비 타르폰은 각 절기 전에 아내와 아이들을 기쁘게 해주는 사람으로 언급되었다(페사힘 10:1). 또한 그는 특별히 그의 어머니에 대한 효심으로 유명했다. 탈무드에 의하면, 그의 노모가 잠자리에 들고자 했을 때, 자신의 등을 밟고 침대에 올라갈 수 있도록 바닥에 누워 발판이 되어 주었다(키두쉰 31b). 어느 안식일에 그의 어머니가 마당을 거닐고 있었을 때, 그녀의 샌들 끈이 끊어졌다. 그 날은 안식일이어서 샌들을 고칠 수가 없었기 때문에 랍비 타르폰은 노모가 발걸음을 옮길 때마다 양손을 번갈아 가며 노모의 발밑에 대었다. 노모는 돌바닥을 밟지 않고 침상까지 갈 수 있었다.

"날은 짧고"

"날은 짧고": 사람의 하루는 그가 성취할 것으로 기대되는 많은 업적에 비하면 특히나 제한되어 있고 짧은 시간이다. 성경에는 '사람은 자기의 시기도 알지 못하나니'(전 9:12)라고 기록되어 있다. 악한 그물에 걸린

물고기 같이 사람들은 악한 순간이 갑자기 그들 위에 떨어지면 그 덫에 걸리고 만다.

사람들은 '사람이 자기의 영원한 집(무덤)으로 들어가고'(전 12:5)라는 것을 잘 인식하지 못한다. 하지만 그 피할 수 없는 결론으로 이어지는 나날은 솔로몬 왕의 말에 따르면 '지나가는 그림자 같으니이다'(시 144:4). 현인들은 이를 확장하여 이 그림자가 더 오래 머무는 벽의 그림자도 아니고, 사람이 그 아래서 쉴 수 있는 나무의 그림자도 아니며, 날아가는 새의 그림자와 같다고 말했다(버레이쉬트 라바 96:2).

미드라쉬 슈무엘은 랍비 타르폰이 '날은 짧고'라고 말한 것은 인생이 하루 같이 짧을 뿐만 아니라, 겨울의 짧은 하루 같음을 떠올리게 하기 위함이라고 한다.

종말의 그림자 속 삶

오늘이 자신의 마지막 날이라고 생각하고 사는 사람은 세상을 전혀 다르게 본다. 바그다드의 랍비 요세프 하임은 하스데이 아보트에서 이를 우화로 보여주었다.

먼 옛날, 숲으로 사냥을 나간 왕이 있었다. 점심때가 되어 왕은 자신과 함께 식사할 사람들을 찾아오라고 보좌관에게 명령했다. 왕은 많은 사람들과 함께 대화를 나누며 음식을 먹는 것이 익숙했기 때문이다. 보좌관은 우연히 양치기를 만났고, 그는 양치기를 왕에게 데려갔다. 양치기를 본 왕은 그를 식탁에 앉게 하고 같이 식사를 하자고 말했다.

그러나 놀랍게도 양치기는 왕의 식사 제안을 거절했다. 왕이 거절한 이유를 물었을 때 양치기는 식사보다 더 우선되는 의무가 있기 때문이라고 대답했다. 왕은 "나는 자네의 왕일세! 누가 나를 우선하는가?"라고 말했다. 양치기는 "오늘은 제게 성스러운 날이옵니다. 만왕의 왕이신 하나님이 저에게 오늘 단식을 명하셨습니다"라고 대답했다.

왕은 "하지만 자네는 다시 나와 만날 기회가 없을 걸세. 앉아서 나와 식사를 하고, 내일 단식하게나"라고 재차 식사를 하자고 말했다. 양치기는 "왕께서 말씀하시는 대로 따르고 싶지만, 제가 내일 할 수 있을지 어떻게 알겠습니까? 왕께서는 제가 내일 살아있을 것이라 확실히 장담하실 수 있으십니까?"라고 왕의 제안을 다시 거절하였다. 왕은 그의 말을 곰곰이 생각하고 "자네의 말이 맞네. 나조차도 내일 살아 있을지 알 수 없는데 자네에게 그런 약속을 할 수 있겠는가?"라고 말했다.

현세에서의 시간은 제한되어 있기 때문에 모든 목표를 성취할 수 없다. 그래서 우리는 가장 중요한 것부터 먼저 해야 한다. 그리고 우리의 최우선 순위는 하나님의 뜻을 행하는 것이다.

***

한때 랍비 히스다(Chisda)가 토라 연구에 들인 그의 정신적인 노력들은 결국 그를 지치게 만들었으며, 그의 딸은 그에게 쉬라고 권했다. 하지만 그는 "곧, 길고 짧은 날이 올 것이고, 그러면 아주 오랫동안 쉴 수 있단다"라고 말했다(에이루빈 65a).

랍비 히스다는 육신이 무덤 속에 있어야 할 긴 시간에 대해 말한 것이다. 하지만 그 시간은 우리의 영적인 성장에 비하면 짧은 시간이다. 이 단계의 현실에는 하나님을 예배하는 것이나 토라 연구도 없으며, 오직 영원한 생명만이 있기 때문이다.

"일은 많고"

하루는 짧을 뿐만 아니라, 토라 연구는 그 내용이 방대하다. '땅보다 길고 바다보다 넓으니라'(욥기 11:9). 토라는 우리가 상상할 수도 없으며, 우리의 감각과 생각, 그리고 상상으로도 잴 수 없을 만큼 길고 넓다.

미드라쉬는 모세가 시내 산에 올랐을 때, 그는 잠을 자지 않았다고 한다. 그는 왕의 보물창고에 초대되어 할 수 있는 한 많은 금화를 모으려고 한 사람과 같았다. 그는 너무 기뻐하여 먹거나 마시지 않았으며, 만일 자신이 지쳐서 잠이 들게 되면 무언가를 잃어버릴 수도 있다는 것을 끊임없이 되새기며 잠을 쫓았다. 이와 마찬가지로, 모세는 먹고 마시는 것을 잊었고, 피곤하여 지치게 되면, 자신이 오직 40일만 시내산에 있으면 된다는 것을 떠올렸다(셰모트 라바 47:7). 라베이누 요나는 여기에서 토라에 헌신하는 자세와 잠을 쫓을 수 있는 방법을 찾을 수 있다고 주장한다.

그러나 우리가 모세보다도 더 큰 의무가 있다는 것을 어떻게 이 미드라쉬에서 배울 수 있는가? 이 미쉬나에 대한 하페쯔 하임의 해석에서 그 답을 찾을 수 있다. 하페쯔 하임에 의하면, 미쉬나는 세대들의 계속되는 타락에 대한 주석이다. '날은 짧고'라는 것은 '나날이 짧아져 가고 있다'를 뜻한다. 즉, 우리는 주어진 시간 안에 더 이상 이전의 세대가 이해한 것을 알 수 없다. 우리가 주도적으로 경험할 수 있는 하루는 더 짧아졌다. 그래서 우리는 전 세대가 토라를 얻기 위해 기울인 노력보다 더 많은 노력을 쏟아야 한다. 하지만 이와는 반대로 '일꾼들은 게으르다'라는 것이 진실이다. 그는 만약 랍비 타르폰이 자신과 같은 세대의 사람들에게 이 사실을 강권했다면, 우리는 얼마나 더 많은 그의 메시지를 마음에 새겨야 했을지 모른다고 결론짓고 있다.

그래서 라베이누 요나는, 만약 우리의 스승이자 가장 위대한 예언자인 모세가 토라를 배우기 위해 잠을 자지 않는 것이 필요하다고 생각했다면, 영적으로 빈곤한 우리는 얼마나 더 많은 노력을 더해야 하느냐고 말하는 것이다.

"일꾼들은 게으르고"

이 미쉬나는 아예 토라를 배우지 않는 사람들에 대해 이야기하는 것이 아니다. 만약 그랬다면 그들을 일꾼이라고 부르지 않았을 것이기 때문이다. 사람이 토라 교실에 앉아 있을 수는 있다. 하지만 시간이 지나도 수업이 끝나지 않는다면, 수업이 끝난 후에 특별히 할 일이 없어도 지루하고 거북하며, 마치 바늘방석 위에 앉은 것처럼 몸을 이리저리 비틀게 될 것이다. 이처럼 토라를 마지못해 형식적으로 연구한다면, 그는 '게으른' 사람이라고 불린다.

"임금은 높고"

토라의 보상은 어떤 사업이나 공로보다 높다. '그 상품의 가치는 은으로 된 상품보다도 높기 때문에'(이는 지혜를 얻는 것이 은을 얻는 것보다 낫고 그 이익이 정금보다 나음이니라[잠 3:14]) 그 수입은 상상을 초월한다. 이사야 선지자는 토라 연구의 보상은 그 가치를 논할 수 없기 때문에 '주 외에는 자기를 앙망하는 자를 위하여 이런 일을 행한 신을 눈으로 본(당신의 눈을 제외하고) 자도 없었나이다'(사 64:4, 라쉬 참조)라고 기록했다.

하페쯔 하임은 이를 우화로 보여주었다. 중소기업 사장은 책의 완판을 걱정한다. 더 큰 기업의 사장은 그의 과거 판매 기록을 검토하면서 소규모 거래에는 관심을 두지 않고, 좀 더 큰 거래가 이루어지기를 원한다. 하지만 다국적 복합기업의 회장은 수백만 달러의 움직임에만 관심을 가진다.

토라는 무한한 가치를 가지고 있다. 하나님이 보고서(토라 연구를 칭찬하는)를 작성하실 때, 여기에 보잘것없는 가치를 적으신 것이 아니라, 우리의 제한된 이성이 상상할 수 있는 범위를 넘어서는 광대한 보상을 기록하셨다는 것을 알아야 한다.

"고용주는 다급하다"

하나님은 어떤 방식으로 다급하게 그분을 예배하게 하고, 특히나 토라를 연구하게 하시는가? 이미 토라 자체에 '주야로 그것을 묵상하여'(수 1:8)라는 지침을 넣어 두셨다는 것이 그 답이다.

하루에 두 번 우리의 사명 선언(슈마)을 읽을 때, '네 자녀에게 부지런히 가르치며 집에 앉았을 때에든지 길을 갈 때에든지 누워 있을 때에든지 일어날 때에든지 이 말씀을 강론할 것이며'(신 6:7)라는 구절을 생각나게 한다.

***

미드라쉬 슈무엘은 하나님이 우리를 어려움과 고통, 그리고 걱정과 불행 속으로 몰아 넣으셔서 우리의 삶의 목적을 깨닫게 하신다고 주장한다. 분명하고 확실한 절제는 그러한 순간들, 즉, 우리의 운명(죽음)을 진지하고 깊이 숙고함을 통하여 일어난다. 솔로몬 왕은 '초상집에 가는 것이 잔칫집에 가는 것보다 나으니'(전 7:2)라고 권면했다. 사람은 자신에게 시간이 무한정으로 주어졌으며, 죽을 날도 아직 멀었다는 생각을 버려야 한다.

어떤 지혜로운 사람이 필자에게, 사람들은 청년의 죽음에 대해 들으면 슬퍼하지만, 노인이 죽었다는 이야기를 들으면 그들은 냉정하고 침착하게 그가 오래 살았다고 말한다는 것이다. 그 사람은, "그러나 저는 이에 대해 반대로 생각합니다. 청년이 죽었다고 해서 저는 동요하지 않습니다. 제가 아는 한 그런 죽음이 저에게 일어날 리가 거의 없기 때문입니다. 하지만 노인의 죽음에 대해 들으면, 저는 그것이 모든 이에게 다가올 운명임을 알고 있으므로 몸이 떨려옵니다"라고 말했다.

미쉬나 21절   משנה כא

הוּא הָיָה אוֹמֵר,
לֹא עָלֶיךָ הַמְּלָאכָה לִגְמוֹר,
וְלֹא אַתָּה בֶן חוֹרִין לְהִבָּטֵל מִמֶּנָּה.
אִם לָמַדְתָּ תּוֹרָה הַרְבֵּה, נוֹתְנִים לְךָ שָׂכָר הַרְבֵּה.
וְנֶאֱמָן הוּא בַעַל מְלַאכְתְּךָ שֶׁיְּשַׁלֵּם לְךָ שְׂכַר פְּעֻלָּתֶךָ.
וְדַע, מַתַּן שְׂכָרָן שֶׁל צַדִּיקִים לֶעָתִיד לָבוֹא.

[랍비 타르폰이] 말하곤 했다:
 일을 끝내야 할 의무는 없으나,
그것을 그만 둘 자유도 없다.
토라를 많이 연구했다면,
보상도 많을 것이다.
고용주가 임금을 지불한다는 것은 신뢰할 수 있다.
그리고 의인의 임금은
나중에 받게 된다는 것을 명심하라.

미쉬나 21절

"[랍비 타르폰이] 말하곤 했다: 일을 끝내야 할 의무는 없으나"

랍비 '요하난 벤 다하바이'(Yochanan ben Dahavai)는 아보트 데랍비 노손(27:3)에서, '끝을 알 수 없는 분량과 결론이 없는 일을 피하지 말라'고 한다. 즉, 무한히 방대한 토라를 일컫는 말이다. 그리고 그는 "이는 바다에서 물을 길어 땅에 부으라고 고용된 사람에 비유할 수 있다. 그가 그 일에서 별다른 뜻을 발견하지 못하고 그만두고자 할 때, 고용주는 그에게 '왜 그리 혼란스러워 하는가? 나는 그 일에 대한 대가로 매일 금 1 데나르를 주고 있는데'"라고 덧붙였다.

또한 여기에서 랍비 타르폰은 우리의 성공의 기준은 필연적으로 하나님의 기준과 다르다고 알린다. 하나님은 토라를 모두 습득하지 못하더라도 토라를 연구하기를 원하신다. 심지어 토라를 이해할 수 있는 능력과 보존할 기억력이 없다고 해도 그렇게 하기 원하신다는 것이다. 우리의 연약함은 토라를 연구할 이유가 없다고 믿게 할지도 모른다. 하지만 랍비 타르폰과 랍비 요하난 벤 다하바이에 의하면, 하나님은 토라와 그분의 뜻에 대한 우리의 노력을 원하시고, 우리가 그것을 합리적이라고 생각하든 그렇지 않든, 우리의 수고에 대해 후한 보상을 베푸실 것이다.

"그것을 그만 둘 자유도 없다"

하나님이 토라의 무한한 지혜를 전부 습득할 것이라 기대하시지 않더라도, 우리가 토라 연구를 그만 둘 자유는 없다. 이는 조난을 당한 사람들이 구명조끼를 입고 바다에 떠다니는 것을 보고 바다에 뛰어들어 그들을 구하려는 사람에 비유할 수 있다. 어떤 사람이 "저 사람들을 모두 살릴 수는 없습니다!"라고 그를 제지했다. 하지만 그는 "모두를 구할 수 없다는 당신의 말은 사실입니다. 그렇다고 해서 내가 구할 수 있는 사람을 구하지 않은 책임이 없어지는 것은 아닙니다."라고 대답했다.

물 밖으로 나온 물고기와 같이

많은 주석가들이 이 미쉬나가 두 종류의 사람에게 말하는 것이라 했다. 먼저, 연구하는 것에 어려움을 겪는 사람들을 격려하기 위한 것으로써, '일을 끝내야 할 의무는 없다.' 그리고 많이 연구하여 자신의 면류관 위에 안주하고자 하는 유혹을 느끼고 돌아서는 사람들에게 경고하는 것으로써, '그만 둘 자유도 없다.'

탈무드는 랍비 이스마엘의 조카인 벤 다마(Ben Damah)가 "제가 토라 전부를 연구했으니, 이제 그리스 지혜를 연구해도 되겠습니까?"라고 랍비 이스마엘에게 물었다. 랍비 이스마엘은 "이 율법책(토라)을 네 입에서 떠나지 말게 하며 주야로 그것을 묵상하여"(수 1:8)라는 성경구절로 대답을 대신했다. (메나호스 99b)

토라가 생명의 근원이기 때문에 우리는 그것에서 떨어져서는 안 된다. 현인들은 사람은 물고기와 같다고 말한다. 물 밖으로 나와 마른 땅에 던져진 물고기가 죽듯이, 토라 연구와 계명을 지키지 않는 사람 또한 영적으로 죽은 것이다(아보다 자라 3b).

토라가 우리를 위해 수고한다.

우리가 토라의 연구 과정을 시작할 때, 이 연구 자체가 스스로 생명을 가진다. 현인들은 "사람이 여기서 토라를 연구하기 위해 수고할 때, 그의 토라는 다른 곳에서 수고한다."라고 말한다. 이는 토라가 그를 위해 수고하여 그가 할 수 있는 것보다 더 많은 것을 성취할 수 있도록 만든다는 것이다(산헤드린 99b). 또한 현인들이 말했듯이, 사람들이 바늘귀 같이 작은 틈을 만들면, 하늘은 그에게 토라의 선물을 쏟아 부어 준다.

파라오의 딸인 바스야(Basya)가 갈대 사이에 놓여 있는 모세가 들어있는 바구니를 보았을 때, 그녀는 기적적으로 길어진 손을 뻗어 그것을 잡았다. 루블린의 랍비 메이르 샤피로는 바스야가 바구니로부터 멀리 떨어져있었던 것이 분명한데, 왜 굳이 손을 뻗었는지 물었다.

그는 인간으로서 우리의 목표가 현실적이지 않아 보여도 그 목표를 향한 발걸음을 떼어야 한다고 답했다. 그때 하나님은 우리를 위해 기적을 일으켜 주실 것이다. 바스야는 그런 기적이 자신에게 일어날 것이라고 예상할 수 없었지만, 그 일로부터 자유롭지 않기에 자신이 할 수 있는 것을 한 것이다. 그래서 목적을 성취할 수 있을 가능성 여부에 상관없이 손을 뻗었던 것이다.

***

예루살렘의 랍비 요세프 쯔비 두쉰스키(Yosef Tzvi Dushinski, 시편에 대한 '테힐로트 마하리쯔'[Tehilos Maharitz]에서)는 이 개념에 대한 암시를 '사닥다리가 땅 위에 서 있는데 그 꼭대기가 하늘에 닿았고'(창 28:12)라는 성경 구절에서 찾았다. 이는 다소 실망스러울 수 있으나, '또 본즉 여호와께서 그 위에 서서'(창 28:13)라는 구절에서 하나님이 함께 하신다는 것을 알 수 있다. 우리가 토라를 배우고 하나님을 예배할 때, 우리는 혼자가 아니다. 여호와 하나님이 사닥다리의 꼭대기에 서서 우리가 오르는 것을 도우실 것이다.

"토라를 많이 연구했다면, 보상도 많을 것이다"

'코쯔케르 레베'(Kotzker Rebbe), 랍비 메나헴 멘델 모르겐스테른(Menachem Mendel Morgenstern)은 토라가 우리에게 토라 학자가 되라고 명하는 것이 아니라, 그저 토라를 연구하라고 말하는 것이라고 한다.

타나흐는 배움의 속성을 한 가지 단계로 말하는 것처럼 보인다. 이사야서의 '선행을 배우며 정의를 구하며 학대 받는 자를 도와 주며 고아를 위하여 신원하며 과부를 위하여 변호하라 하셨느니라'(사 1:17)라는 지침이다. 하지만 라쉬에 의하면, 이는 사실 '선행을 연구하라'를 의미한다. 즉, 타인에게 선을 베풀기 위해 연구하라는 것이다.

***

　라베이누 요나는 이 미쉬나가 토라를 연구한 만큼 그에 상응하는 보상이 따른다는 것을 말한다고 이해했다. '토라를 많이(much) 연구했다면, 그만큼(much) 보상을 받는다.'

　그러나 마하랄은 그의 데레흐 하하임에서 이에 동의하지 않았다. 그는 랍비 요하난이 랍비 엘아자르의 병문안을 갔을 때의 이야기를 인용했다. 랍비 요하난이 방에 들어섰을 때 랍비 엘아자르가 우는 것을 보고, "왜 우는가? 네가 원하는 만큼 연구하지 못해서인가? 하지만 우리는 '적든 많든 하늘을 위해서 한 것이라면 연구하는 것에 차이는 없다'고 말하지 않는가?"라고 위로했다(메나호트 110a)(베라호트 5b).

　본 미쉬나와 그 이야기를 양립시키기 위해 마하랄은 '토라를 많이 연구했다면'이라는 본 미쉬나의 구절이 토라 연구를 위해 투자한 에너지에 대해 말하는 것이라고 한다. 현인들은 '보상은 노력에 비례할 것이다'라고 말했다.

***

　미드라쉬 슈무엘은 이 미쉬나 구절을 다르게 설명했다. '네가 토라를 많이 연구했다면'의 의미는 토라를 연구하기 위해 가능한 모든 시간을 다 사용했다는 것이며, 그렇다면 크게 보상이 따를 것이라고 한다. 하지만 그렇게 하지 않았다면, 토라 연구를 소홀히 한 대가로 벌을 받게 될 것이라고 한다.

"고용주가 임금을 지불한다는 것은 신뢰할 수 있다.
그리고 의인의 임금은 나중에 받게 된다는 것을 명심하라"

미쉬나는 토라를 많이 연구한 사람에게는 하나님이 많은 보상을 베푸실 것이라고 하면서 시작한다. 그리고 미쉬나는 하나님이 사람의 행동을 보시고 그에게 보상을 하실 것이라 말하고, 다시 임금을 주실 것이라는 말로 끝낸다. 이것을 어떻게 이해해야 하는가?

미드라쉬 슈무엘은 하나님의 보상에는 노력에 대한 보상과 능력을 넘어서는 선물이라는 두 가지 면이 있다고 한다. 미드라쉬 슈무엘에 의하면, 이 미쉬나는 우리가 받을 임금과 추가로 얻을 선물은 별개라고 한다. 즉, 임금과 선물을 동시에 받는다는 것이다. 그러나 이 견해는 왜 하나님이 우리에게 임금을 지불하는지에 대한 질문의 답은 아니다. 우리가 토라를 연구하고 계명을 지킬 때, 하나님을 이롭게 하는 것이 아니라 우리의 변화를 위한 것이다. 사실, 하나님이 생명과 계명을 준행할 능력을 주시기 때문에 우리가 하나님에게 임금을 드려야 한다.

하나님이 우리에게 보상을 베푸시는 이유는, 하나님이 우리 안에 악한 성향(악을 향한 자연스러운 의지)을 심으셨고, 우리는 그에 대항해 매일같이 싸운다는 데에 있다. 우리가 선을 선택할 때마다 내적인 악한 욕망을 거부하고, 우리의 영과 육을 선으로 인도하는 것이다. 이와 같은 승리가 하나님이 보상으로 베푸시는 것이다.

메이르 네시브는, 우리가 계명을 기쁘고 즐거운 마음으로 최선을 다해 지키고, 굳은 의지로 하나님의 뜻을 행하고자 하는 것에 대한 보상을 받는 것이라고 덧붙였다. 그러한 태도는 하나님에 대한 근본적인 사랑을 나타내기 때문에 하나님의 보상을 받는 것이다. 랍비 타르폰은 여기에 덧붙여 '우리는 큰 보상을 받을 것이다'라고 약속했다. 하나님은 우리의 행위로 인해 받아야 할 보상보다 훨씬 더 큰 상을 베푸실 것이다.

에필로그 　　　　　　　לאחר הלימוד

다음은 피르케이 아보트의 각 장을 마치고 낭독한다.

(마코트 3:16)

רַבִּי חֲנַנְיָא בֶּן עֲקַשְׁיָא אוֹמֵר:
רָצָה הַקָּדוֹשׁ בָּרוּךְ הוּא
לְזַכּוֹת אֶת יִשְׂרָאֵל,
לְפִיכָךְ הִרְבָּה לָהֶם תּוֹרָה וּמִצְוֹת,
שֶׁנֶּאֱמַר:
יְיָ חָפֵץ לְמַעַן צִדְקוֹ, יַגְדִּיל תּוֹרָה וְיַאְדִּיר.

랍비 하나니아 벤 아카시아가 이르기를:
　거룩하시고 복되신 하나님은 이스라엘에 가치 있는 것을
　베푸시기를 원하셨다.
　그래서 백성들에게 토라와 풍성한 계명을 주신 것이다.
　성경에 기록된 바와 같이
　"여호와께서 그[이스라엘]의 의로 말미암아
　기쁨으로 교훈을 크게 하며 존귀하게 하려 하셨다".(사 42:21)